道路交通安全技术及附属设施设计

邵景干◎著

湘潭大学出版社
XIANGTAN UNIVERSITY PRESS

图书在版编目（CIP）数据

道路交通安全技术及附属设施设计 / 邵景干著. -- 湘潭 : 湘潭大学出版社, 2023.8
ISBN 978-7-5687-1235-4

Ⅰ. ①道… Ⅱ. ①邵… Ⅲ. ①公路运输－交通运输安全－安全技术②交通设施－设计 Ⅳ. ① U492.8 ② U491

中国国家版本馆 CIP 数据核字（2023）第 166600 号

道路交通安全技术及附属设施设计

DAOLU JIAOTONG ANQUAN JISHU JI FUSHU SHESHI SHEJI

邵景干 著

责任编辑：夏　露　王亚兰
封面设计：夏茜旸
出版发行：湘潭大学出版社
社　　址：湖南省湘潭大学工程训练大楼
电　　话：0731-58298960 0731-58298966（传真）
邮　　编：411105
网　　址：http://press.xtu.edu.cn/
印　　刷：长沙创峰印务有限公司
经　　销：湖南省新华书店
开　　本：710 mm×1000 mm 1/16
印　　张：17
字　　数：300 千字
版　　次：2023 年 8 月第 1 版
印　　次：2023 年 8 月第 1 次印刷
书　　号：ISBN 978-7-5687-1235-4
定　　价：68.00 元

前　言

PREFACE

交通运输业是国民经济中专门从事货物和旅客运送工作的一个重要的社会生产部门，包括铁路、公路、水运、航空等运输部门，在整个国民经济体系中具有十分重要的地位。一方面，人们的生产和生活离不开交通运输，随着综合交通运输的发展，人们的生活水平得以提高；另一方面，交通运输缩短了人和物在时间、空间上的距离，使不同地区之间的接触和交往不断增加，有效促进了区域经济的协调发展。与其他运输方式相比，道路运输具有机动灵活、可以实现“门到门”运输等优势，在综合运输系统中发挥着纽带和桥梁的作用，是支持社会经济总体运行的基础。

道路交通安全是一项系统工程，受人、车、路、环境及管理这五个因素的影响，系统内任何因素的动荡变化，都可能导致冲突与矛盾，产生不安全因素，导致交通事故。道路交通安全涉及全体道路交通参与主体，各道路交通安全参与主体安全素质的高低以及道路交通安全参与个体的安全意识的强弱直接关系到道路交通安全管理最终成效。

本书根据我国道路交通安全现状和特点，分析我国道路交通安全与道路交通安全管理的基本形式，汇总道路交通安全技术的应用方法和路径，构建道路交通安全附属设施设计体系，以期能够通过完整的技术与设施，有效提高道路交通安全管理水平，有效减少我国道路交通安全事故率，构建和谐的交通安全新秩序。

目录

CONTENTS

第一章　道路交通安全管理

第一节　道路交通安全管理规划

随着我国国民经济的快速发展,城乡交通运输活动日益频繁,人流、货物出行更为便捷。但与此同时,随之而来的道路交通安全状况持续恶化,交通事故已成为影响社会发展和人民生活的重大问题,我国连续数年成为世界上交通事故死亡人数最多的国家。如何创造良好的交通环境,预防道路交通事故的发生是我国近一段时期内所要面对的重要课题。国外发达国家的经验以及现有的研究表明,实施道路交通安全管理规划是较为有效的一项措施。

一、道路交通安全管理规划的定义、层次

(一)道路交通安全管理规划的定义

通常认为道路交通安全系统由五大要素组成,即人—车—路—环—管。道路交通事故是在特定的交通环境下,因人、车、道路、环境和管理所构成的动态系统在某些环节上的失调,所引发的意外事件,因此人、车、道路、环境和管理是影响交通安全的基本因素。在道路交通安全管理规划编制过程中要全面从五个因素入手,围绕整个道路交通系统开展工作,从人、车、路、环境和管理等多个环节综合采取措施。

在此基础上,对道路交通安全管理规划做出如下定义:道路交通安全管理规划是对历史及现在的道路交通安全状况进行调查,主要包括道路使用者的交通安全行为、道路交通路网条件、道路交通安全设施合理布局、道路交通安全管理时效性等,分析规划区存在的道路交通安全问题,探讨交通流在时间上及空间上的安全特性,对未来道路交通安全需求进行科学预测,依据《中华人民共和国道路交通安全法》(以下简称《道路交通安全法》)及有关法规、

标准等，运用现代化技术、方法、措施，确定未来道路交通安全设施合理结构与布局，提出道路交通安全法规意识建设规划和交通安全管理高效一体化规划方案，并对不同方案进行评价比选，确定推荐方案，同时提出管理实施方案。

道路交通安全管理规划的目的在于指导各级政府及其职能部门科学地开展道路交通安全工作。防止道路交通安全工作决策的随意性和盲目性，从而尽可能地预防道路交通事故，保障人民生命财产安全。

（二）道路交通安全管理规划的层次

1.按道路交通安全管理规划的性质分为道路交通安全战略规划和道路交通安全综合规划，其内容和年限如下：

（1）道路交通安全战略规划，期限一般控制在10～20年。主要的内容为：确定道路交通安全管理发展的目标、水平，重要策略的实施，以及先进安全管理技术的引进和应用。

（2）道路交通安全综合规划，可分为两个阶段来考虑。一是近期实施计划，规划期限为1～3年；二是中长期规划，规划期限为3～10年。综合规划的主要内容包括：道路交通安全行政管理规划、道路交通安全技术规划、道路交通安全设施规划和道路交通安全预警系统规划。

2.按道路交通安全研究体系不同，可分为道路交通事故预防体系规划、道路交通行车安全保障体系规划、道路交通事故处理及救援体系规划等。

3.按照道路交通安全管理对象可分为道路使用者安全行为管理规划、道路交通安全设施管理规划、机动车行驶安全管理规划、警力布局及内部机构联动协调安全规划。

4.按道路交通安全管理规划研究的时限不同，可分为近期规划（2～5年）、中期规划（6～10年）、远期规划（11～15年）。

近期规划：主要是有计划、有重点、分层次地解决目前道路交通安全的实际问题，重点在于《道路交通安全法》的普及和交通安全行为指导，主要交通安全设施建设及有效的交通安全管理。

中期规划：系统地、有计划地进行交通安全需求分析及交通安全预测，科学合理地制定交通安全法规教育计划、合理布局交通安全设施、有效落实交通安全设施投资、科学组织交通安全管理。

远期规划：主要确定规划区远期交通安全管理目标、水平，确定规划区交通安全系统结构、功能；系统地提出交通安全存在的问题，并预测交通安全发展动态，提出相应对策，制定交通安全设施网、交通安全调度指挥中心以及智能交通安全系统的建设。

5.根据道路交通安全工作的特点及规划范围和规划侧重点的不同，道路交通安全管理规划又可分为道路交通安全管理战略规划、道路交通安全管理实施行动规划和道路交通安全专项整治规划。在同一行政区域内，道路交通安全管理实施行动规划应服从于道路交通安全管理战略规划，道路交通安全专项整治规划应服从于更高层次的两类规划。地方政府可根据实际需要，单独编制某个层次的规划，或者将各个层次的规划融合在一起（即根据不同的规划期着重对应不同层次的规划需求）。

道路交通安全管理战略规划的期限一般为5年或10年。其主要任务是：通过深入的调查、必要的实地勘测和科学的定量定性分析，在剖析、评价道路交通安全和安全管理现状、揭示其内在矛盾及预测、分析道路交通安全发展趋势的基础上，提出规划区域规划期的交通安全水平和交通安全管理目标，提出确保实现规划目的道路交通安全管理战略及相应的实施行动。

道路交通安全管理实施行动规划的期限一般为3至5年。其主要任务是：通过调查分析，确定区域道路交通安全水平和存在问题；预测区域道路交通安全发展趋势，确定道路交通安全管理目标，提出道路交通安全管理实施行动的内容；列出分期实施优先顺序，提出在具体实施时存在的问题和需采取的政策和措施。

道路交通安全专项整治规划是针对道路交通安全问题突出的某一特定区域或交通主干线制定的实施行动规划，或是针对道路交通安全管理某一环节制定的实施行动规划（如交通安全管理设施设置规划、道路交通事故多发点段整治专项规划等），期限一般为1～3年。

二、道路交通安全管理规划原则、技术路线

（一）道路交通安全管理规划原则

编制道路交通安全管理规划，必须根据《道路交通安全法》《中华人民共和国道路交通安全法实施条例》及国家、省、市现行的政策、法规、标准和规范

的有关规定，与当地的社会经济发展规划和城市总体规划相适应，与城市综合交通规划、城市道路交通管理规划相协调，以系统工程的方法为指导，制定道路交通安全管理规划。

道路交通安全管理规划的编制应遵循以下原则：

1.依法规划

必须遵守道路交通安全法律、法规和国家的有关政策，必须与城市社会经济发展计划、城市总体规划、城市综合交通规划、城市用地规划和城市道路交通管理规划相匹配。

2.前瞻性原则

站在战略高度，明确道路交通安全管理的发展方向和城市道路交通安全管理发展战略，使道路交通安全管理规划与当地的社会经济发展战略相适应，与城市总体规划、城市综合交通规划和城市道路交通管理规划相协调。

3.系统性原则

按照系统工程原理，围绕道路交通安全系统五大要素，针对道路交通安全存在问题，从总体上找出解决问题的办法，将人—车—路—环—管有机的整合起来。

4.实用性原则

规划要立足当前，以减少交通事故为目标，从宏观和微观的角度，定性定量地分析诊断道路交通安全存在的问题，在此基础上形成相应的操作性强、有针对性的交通安全管理措施、对策，力求在短时间内改善道路交通安全状况。

5.以人为本的原则

通过实施道路交通安全管理规划，实现事故的事前预防，为居民创造有序、安全、畅通、舒适的出行环境和交通安全文化氛围。从城市可持续发展的角度出发，减少交通环境污染，提高市民生活质量，改善城市环境和面貌。另外，应考虑所有出行群体的安全问题。

6.滚动性原则

规划要求在交通安全现状分析、交通安全预测、交通安全系统规划中体现规划的滚动性，在充分解决当前交通安全问题的基础上又为未来发展留有余地，以适应城市建设的飞速发展，满足道路交通条件和需求不断发展的要求。

7.阶段性原则

由于存在交通运输安全发展不平衡问题，制定交通安全管理规划时，应密切结合本地实际情况，依据交通运输发展阶段性理论，提出相应的管理规划方案。

8.智能化原则

应结合道路交通违法和交通事故的时空分布，制定“监—控—管”合理布局规划，建立智能化监督、控制处罚系统，并基于该地区交通安全发展水平，充分利用国内外智能交通安全管理技术，建立交通安全管理智能化、科学化系统。

9.分级管理原则

交通安全管理规划立足于当前，兼顾中长期规划，规划过程中应体现出分级管理的原则。各级目标明确，评价指标体系规范化。在方案实施过程中，分主次、有先后，合理、有序地实现各级规划目标。

10.辩证统一

坚持问题症结“标本兼治”，安全事故“防治结合”，管理手段“软硬兼施”，方案拟定“需要与可能相结合、宏观与微观相结合、近期与中远期相协调”，方案评价“定性与定量分析相结合”的原则。

（二）道路交通安全管理规划的流程

交通系统是涉及人、车、路、环境、社会、信息技术等多种因素的复杂性和多变性的巨型系统，具有高度不确定性和非线性。为保证道路交通安全管理规划的科学性和可行性，规划应按照一定的技术路线（见图1-1），遵循相应的规划原则，科学地制定。对于规划中拟出台的政策、措施、标准应该采取试行的办法，在一定的时间与范围内，根据反馈的信息，补充、修改、调整后正式出台。

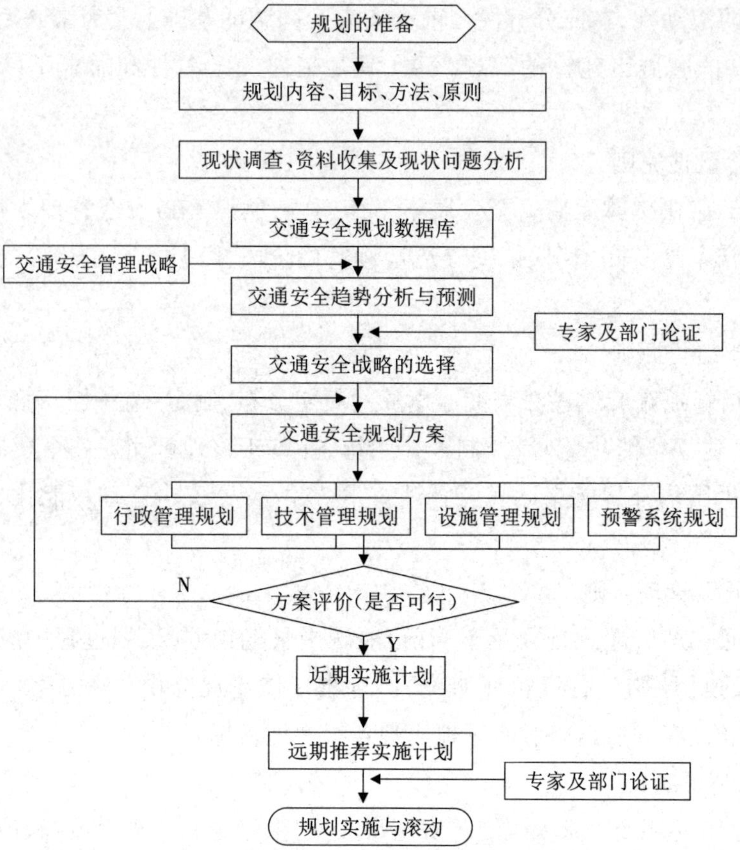

图1-1　道路交通安全管理规划流程图

三、道路交通安全管理规划的内容

鉴于道路交通系统和交通安全问题的复杂性，编制道路交通安全规划需要全面掌握规划区域内道路交通安全的现状，系统分析影响道路交通安全的主要症结，深刻认识交通安全问题演变的内在规律，科学预测道路交通安全的发展趋势，明确道路交通安全的发展目标，从而去设计、评价和优化为实现该目标而制定的具体规划方案，用以指导道路交通安全管理工作走向科学化、现代化、规范化和社会化。

因此，道路交通安全规划的内容通常包括以下几部分。

(一)道路交通安全现状调查及分析

在充分调查研究的基础上，全面概述规划区域的社会经济和道路交通状况;统计分析道路交通事故各项指标的分布特征与变化特点,揭示造成规划区域道路交通事故的主要成因;客观分析道路交通安全管理工作中各个环节(包括交通安全设施建设、车辆和驾驶员管理、交通安全宣传教育、道路交通安全执法等)的基本情况及其发展特点;综合评价规划区域的道路交通事故水平和交通安全管理水平,指出道路交通安全管理存在的主要问题以及应注意研究的重大变化。

(二)社会经济和道路交通安全发展预测

科学分析社会、经济和道路交通发展的特点和趋势,预测规划期内社会、经济和道路交通发展水平;全面分析道路交通安全与经济社会发展、道路交通发展和交通安全管理的关系。考虑国家现有或未来可能采取的政策对未来道路交通安全的影响,以社会经济发展规划和交通运输发展规划为依据,通过多种方法(包括专家法和模型法等)科学地预测未来道路交通安全的发展趋势。

(三)道路交通安全管理规划方案设计

在全面掌握规划区域的道路交通安全现状、科学预测道路交通安全发展趋势、明确近中远期的道路交通安全发展目标之后,从人、车、路、环境、管理等环节综合入手,根据交通事故"预防为主、防治结合",管理手段"软硬兼施",安全隐患"标本兼治"的原则,集成法规、行政、技术和工程手段,设计兼备科学性、全面性、前瞻性和可操作性的道路交通安全管理规划方案,并细化为分期实施行动和专项整治计划,安排近期实施重点和实施顺序,概算所需资金并提出相应的保障措施。

规划方案主要涉及以下环节:

1.交通安全管理体制与政策

完善道路交通安全工作综合协调机构;强化道路交通安全联席会议制度;建立和落实道路交通安全管理责任制;建立道路交通安全工作专报和公告制度;建立道路交通安全督察制度等。

2.交通事故统计分析

规范交通事故统计分析工作;提高事故黑点判断能力;建立交通安全管理数据库;开发交通事故决策支持系统等。

3. 交通安全源头管理

加强机动车驾驶员管理和机动车辆管理;增强车辆的安全性能。

4. 交通安全设施建设

依据城市总体规划和交通规划的部署,加强道路基础设施建设,并尽可能改善和提高道路的安全性;完善道路标志、标线等交通管理设施等。

5. 交通安全宣传教育

针对不同交通参与者群体的心理和行为特征,开展具有针对性的安全宣传教育,注重宣传手段的多样化。

6. 交通事故快速反应

建立交通事故快速抢救联动机制;提高事故伤员现场急救护理水平;建立交通事故"绿色通道"等。

7. 交通执法队伍建设

提高交通安全管理人员的素质,提升交通安全执法装备水平,改进交通安全执法部门及相关职能部门的工作效率。

(四)道路交通安全管理规划方案评价

研究建立道路交通安全评价指标体系和评价方法,对道路交通安全管理规划方案进行综合评价,包括技术、经济评价以及规划方案实施后可能产生的社会效益评价,提出评价中存在的问题和建议并反馈于方案制定环节。

(五)实施规划的对策与措施

主要反映道路交通安全管理规划中有关规划实施管理体制、资金和人才的政策问题,以及有待进一步研究、论证的重大技术问题和需要相关部门协调解决的重大问题,并针对问题提出对策与措施。

(六)道路交通安全管理规划的整合与情景分析

道路交通安全问题的解决是一个系统工程,上述的规划内容相互之间必须融为一体、互相配合,形成完整的对策体系。对于对策方案的实施效果,应进行情景分析,以保证对策系统的科学性、有效性和优化选择。

(七)城市道路交通安全规划实施与滚动

市交通系统是一个不断发展变化的系统,需要在未来的规划年中不断进行相应的滚动规划。因此不仅仅需要制定城市道路交通安全规划的实施计划和保证措施,还应针对实施计划的滚动发展提出建议。

第二节　道路交通安全影响因素

道路交通系统是一个由人、车、路、环境和管理构成的动态系统。人是交通活动的主体,车是交通活动的工具,路是交通活动的基础,由系统论的观点可知,该系统在运行中的安全性、可靠性是由系统中的各因素相互作用的结果,而绝不可能是其中的某一个因素单独发挥功能。

道路交通系统安全是指交通参与者在交通出行中遵守交通法规,避免发生人身伤亡或财产损失的过程,其主要内容如下:管理和检查城市交通工具的安全状况;考核、稽查与纠正驾驶人员的技术素质和不安全因素;清除路障和布设城市道路安全设施;城市交通事故处理及交通安全的宣传教育等。

一、人的因素对交通安全的影响分析

道路交通事故的发生是人—车辆—环境系统各要素间协调失效的后果,同时交通管理、驾驶员培训等方面涉及人因的组织管理因素。对道路交通安全中的人因因素分析可分为驾驶员、行人、交通安全管理、车辆等方面。

(一)驾驶员

驾驶员作为机动车辆的操纵者,是引发道路交通事故的最主要原因,由驾驶员直接造成的事故约占总数的44%~84.7%。其基本因素主要包括以下几个方面:

1.工作适应性因素

工作适应性是指工作人员的生理或心理状态满足按预定目标和进度完成工作任务的要求。主要的职业健康因素包括:疲劳、饮酒、生理状态(包括药品及毒品损害)几方面。

(1)疲劳因素:由于汽车驾驶中驾驶员需要处理大量的外界信息,并做出相应的操纵行为,在车辆始终处于运动和振动状态下,易引起驾驶员较快进入生理和心理疲劳状态,导致感知能力与注意力下降,操纵灵敏性降低等。

(2)饮酒因素:酒精对驾驶人员的反应时间、跟踪能力、注意力水平、信息处理、运动技能和驾驶操作能力等均会产生重要影响。当人体的血液酒精浓度超过0.05%~0.08%,将明显导致驾驶员注意力下降;速度、距离判断偏差、反应时延长,精神亢奋或意识水平下降等多种不良状态,是造成交通事故(尤其是恶性事故)的重要诱因。

(3)生理状态:由于生理疾病、服用治疗性药物以及使用毒品均可能导致驾驶员驾驶能力严重下降。此类药物主要指兴奋剂、镇静剂和致幻剂,可能导致驾驶员情绪和意识水平异常,对速度、方向判断差异以及控制的精确性下降等诸多不良后果。

2.驾驶员生理因素

毋庸置疑,驾驶员驾驶能力在个体方面存在一定的差异。年龄、性别因素,反应时、速度和距离的判断能力以及生理节律都对驾驶员的操作行为产生影响。

统计表明:生理节律方面,人存在每天以及大约每月为周期的体力、情绪和智力节律,人的驾驶能力在该生理周期内呈现正弦波形变化;20~25岁是事故率最高的年龄层,事故率最低的年龄层是35~55岁;女性呈现出较高的事故倾向;视力、色觉、速度和距离判断能力低下使部分驾驶员存在更高诱发事故的可能。

3.驾驶员心理因素

驾驶员的心理状态可能对其驾驶行为产生严重影响,不良情绪可导致注意力下降、侵犯性驾驶及动作准确性降低等现象出现。影响驾驶员安全行为的心理因素主要有紧张、麻痹、急躁情绪、心理压力过重、情绪应激几个方面。

(二)行人与骑自行车人

我国是世界人口最多的国家,同时又是自行车王国。由于我国道路交通条件差、交通安全宣传力度不够、人们在学校和社会上基本没有接受过交通安全教育活动,交通安全意识淡薄,行人与骑车人随意横穿马路、闯红灯等违章交通现象极其普遍,给道路交通组织与管理带来了极大的难度,成为交通安全的主要隐患之一。

行人与骑车人的年龄、性别、心理因素、情绪等均会影响到他们的行为,他们是交通参与者中最为复杂的因素,也是最难控制的对象。行人的交通特性是由行人的心理特征决定的，主要表现为以下特点：

1. 行人决定是否开始横穿道路的主要依据是自己与驶近的汽车间的距离。根据国外的调查，如果车速为30～39 km/h，行人开始横穿道路时，与驶近的汽车平均距离为45 m；当车速为40～49 km/h时，平均距离为50 m。

2. 行人结伴而行时，在从众心理支配下，往往互相以对方为依赖，忽视交通安全而导致事故。行人在横穿道路时，有70%～80%是个人单独步行，其余20%～30%是两人或三人结伴步行。调查表明，三人以上结伴步行组合比其他步行组合危险性大。

3. 多数行人横过道路时，往往只注意右方交通而忽视左方交通，使自己闯入了驾驶员的空间也会导致交通事故。有时由于缺乏经验，顾此失彼，往往只顾躲第一辆车而忽视了后边还有第二辆车，或者不注意双向来往车而使自己处于两车流相会的夹缝中，这些都极易导致行人事故。

4. 行人的自由度大，与车辆行驶速度差距很大，在行人捷径心理的支配下，往往会突然闯入驾驶员的空间，特别是上下班怕迟到和着急回家或有急事的行人，表现得更为突出。

5. 部分行人对汽车性能不甚理解，在"自我为中心"的心理支配下，错误地认为汽车是由人掌握的，所以汽车不敢撞人，也不会撞人，听到喇叭声或看到车辆临近也不避让，不知汽车常常会失控而导致行人事故。此外，有的行人心不在焉、注意力分散或思想高度集中在其他事件上，边走边低头沉思，对过往车辆的行驶声、喇叭声和复杂的交通环境听而不闻、视而不见，极易造成行人事故。

（三）交通安全管理方面的人为因素

交通事故主要表征为个人行为，追根溯源，违章驾驶、酒后开车等非安全行为多可归于管理因素。道路交通安全管理因素可归纳为以下几个方面：

1. 交通违章状况突出：违章驾驶主要包括占道行驶，违章停车、倒车、超车、疲劳驾驶、酒后驾驶以及超载、超高等。同时由于行人、非机动车辆违章占道、随意横穿马路等因素，也是引发事故的重要原因。

2. 管理不到位：交通管理重事后管理，轻源头管理。交通执法中缺乏酒精测试、道路监控等必要的设备和手段，导致执法中权威性不够。

3.执法不严:交通管理中缺乏服务意识,不遵章执法,执法效率偏低,有法难依、以权谋私等现象时有发生,执法缺乏长期性和一致性等因素是导致道路交通违章现象屡禁不止的一个主要原因。

4.培训管理和安全教育不到位:车辆行驶证颁发,驾驶员培训、考核等方面的管理存在漏洞,交通法制与道路交通安全教育工作不足。

(四)车辆的人因因素

车辆的人因因素分析主要包括车辆设计、制造;车辆维修保养和安全保护措施等几个主要方面的分析。

1.车辆宜人化的设计

在车辆的设计中应充分考虑人体对作业的耐受性、人体尺寸、人体的生物力学特性、人的认知反应特性、人体的安全保护等方面,着重研究以下几个方面:

(1)车辆人机界面的优化:驾驶人机界面包括车内仪表、倒车镜、灯光与油门、刹车踏板、方向盘等。显示器设计充分考虑人的认知行为特性与生理、心理特征,控制器从形状、尺寸、行程、运动方向、阻尼力及布置等方面充分考虑人因因素。

(2)车辆行车安全性及车内安全保护技术:通过主动安全技术设施(如车道偏离系统、前向车辆碰撞警告系统、夜视系统等)和安全带、安全气囊、行人保护技术(吸能保险杠、软性的引擎盖材料、大灯及附件无锐角等)等被动安全保护设施,有效避免或减轻乘员或行人的身体伤害。

(3)车内环境的舒适性:舒适设计包括座椅能否为驾驶人员提供舒适的坐姿;车辆的温度、振动、噪声、通风控制;驾驶员是否具有良好的视野等。

2.车辆的保养和维修

车辆的维修、保养是车辆保持良好的安全行车性能的重要保障。定期的维修、保养和行车前的安全检查是有效防止车辆出现突发故障、保障驾驶安全的重要手段。常见的检查包括车辆冷却剂、刹车系统、轮胎气压检查等。

二、车的因素对交通安全的影响分析

汽车是道路交通过程中的客体,汽车技术状况是驾驶员行车安全的物质基础,直接影响行车的安全性。影响行车安全的车辆技术性能涉及制动系、转向系、传动系、行驶系、照明和信号装置等。汽车技术性能的不断完善,可预防或弥补驾驶员操作上的失误,从而减少交通事故。

(一)汽车的安全行驶性能

1.汽车的制动安全性

汽车的制动性是指汽车在行驶中能强制地降低行驶速度以致停车,或在下坡时保持一定速度行驶的能力。

制动全过程包括驾驶员看到信号后做出行动反应、制动系统协调、持续制定和制动彻底放松四个阶段,其中制动系统协调时间包括制动滞后和制动力增长时间。一般制动距离是指从驾驶员踩到制动踏板开始到汽车停住为止所驶过的距离,它包括制动系统协调和持续制动两个阶段中行驶的距离。

2.汽车的操纵稳定性

操纵稳定性包括"操纵性"和"稳定性"两方面含义。操纵性是指汽车能够确切地响应驾驶员指令的能力;稳定性是指汽车受到外力扰动后恢复原来运动状态的能力。汽车的操纵性和稳定性两者密切相关,相互影响,它是汽车基本运动性能之一。

操纵稳定性不好的汽车一般有如下表现:

(1)"发飘":在驾驶员未发出指令的情况下,车辆自行不断变换行驶方向使乘员感到漂浮不定。

(2)"反应迟钝":指车辆的转向过程大大滞后于驾驶员的驾驶指令,或转弯动作迟缓的现象。

(3)"丧失路感":正常汽车的转弯程度会通过转向盘以及车身的侧倾使驾驶员产生相应的感觉,但操纵性能不好的汽车,在车速较高或急剧转向时会使驾驶员丧失这种感觉,影响其做出正确的判断。

(4)"失去控制":操纵性差的汽车在车速超过某一临界值后,可能会出现驾驶员不能通过转向盘指令控制行驶方向的现象。

由此可见,汽车的操纵稳定性与交通安全有直接关系。操纵稳定性不好的汽车使驾驶员难于控制,严重时还可能发生翻倾或侧滑而造成交通事故。

影响汽车操纵稳定性的因素很多,除汽车本身结构参数,如汽车的轴距、轮距、重心位置、质量分配、轮胎的特性以及悬架导向装置等设计与结构因素的影响外,还有地面不平、弯道离心力以及驾驶员操纵技能等使用因素的影响。

影响汽车操纵稳定性的因素,归纳起来主要表现为以下几个方面:

(1)轮胎侧偏:汽车轮胎的前进方向并非永远沿着车轮本身的旋转平面,而可能与旋转平面成一侧偏角。轮胎侧偏会改变汽车的既定行驶路线,产生一个不由驾驶员控制的附加转向输入,从而影响汽车的操纵稳定性。

(2)转向悬架系统的弹性:在汽车转弯时路面横向反力的作用下,由于悬架系统的弹性,使车轮会发生附加变形。这种变形往往构成相应车轮附加转向角,影响有效转向输入。

(3)侧倾转向效应:汽车转弯时车身产生侧倾,由于悬架系统与转向系统的导向运动特性关系,车身的侧倾可能造成车轮或整个车轴在水平面内转动,成为可能改变有效转向输入的附加输入。

(4)车轮倾斜效应:对于独立悬架汽车,车身侧倾会引起车轮的侧倾,而车轮侧倾会造成轮胎侧倾偏角的变化。

(5)空气动力影响:不同的影响因素对操纵稳定性能具体项目的影响也不同,往往是相互作用,有时同一影响因素的变化对不同操纵稳定性的作用效果可能相反。

(二)汽车安全装置与结构

汽车的结构对车辆的安全性有较大影响。汽车的结构在设计上应适合驾驶者的心理与生理特点,按照人的有关特性进行布设,同时在发生碰撞事故后,车体结构应有缓解和吸引冲击能量的措施。

1.汽车灯光

汽车灯光的作用是为汽车行驶提供照明并将其行驶状况向其他交通参与者发出信号。

前照灯:前照灯安装在汽车的头部,所以又称头灯或前大灯,前照灯的作用是照亮汽车前方的道路,为安全快速行驶创造良好的照明条件,同时向其他车辆或行人等显示本车的存在。由于在很远以外即可发现前照灯灯光,其他车辆或行人便可以提前做好避让的准备。如果前照灯出现故障,如左侧前照灯不亮,会被对面来车误认为是摩托车,在会车时,可能因未留下足够的间隙而发生正面相撞事故。

其他灯具：照明和信号灯具在车辆上安装的原则是，灯具的基准轴线应平行于地面；侧反射器和侧位置灯的基准轴线垂直于车辆的纵向中心面，其他灯具的基准轴线均应平行于这个纵向中心面，每一方向的允许误差是±3°。

2. 车辆的视觉显示系统

车辆的仪表与信号显示是视觉信息的重要来源之一，对保证汽车行驶安全有重要意义。仪表与信号的设计要考虑人的感知觉和思维的特点及大多数人的习惯，以达到醒目和判断准确、迅速、方便的目的。

(1)车辆的仪表

车辆的仪表用来向驾驶员表示汽车的行驶状态及主要构件的工作状态。一般汽车仪表盘上显示的主要有车速一里程表、电流表、水温表、燃油表、机油压力表(对于气压制动的汽车)。这些仪表各自感应某一物理量并经过转换、传送、指示等工作过程，将测量的数值显示出来，使驾驶员及时、准确地了解车辆的工作和行驶情况。汽车高速行驶时，需要驾驶员注意观察的外部信息量很大，驾驶员不可能用过多的时间去观看仪表显示。因此，仪表的形式、安装位置等必须易于观察判读，使驾驶员用眼一瞥即可正确读出仪表指示。

为了夜间行车时判读仪表，对仪表应有良好的照明，并应注意选择照明方式、亮度、光色、照明方向等。

(2)信号显示

汽车上的信号显示用来向驾驶员及周围环境通告车辆的状态，起提示和警告作用，对保证汽车行驶安全有重要意义。信号的种类和数量较多，其中以视觉信息最多，如汽车的制动信号灯、尾灯、转向指示灯等。听觉信息较少，主要有汽车喇叭及其他声响报警信号。同时出现的视觉及听觉信号的数量不宜过多。信号灯既要醒目，又不致引起目眩，不同作用的信号灯采用不同的灯色，以防产生歧义。

车内各种报警装置用来向驾驶员报知本车的不安全状态，这对于保证安全行车有积极的作用。我国《机动车运行安全技术条件》(GB 7258-2017)中规定，车辆必须设置危险报警闪光灯，车内的各种报警信号，如气压报警灯、车门报警灯、燃料报警灯等，要安装在易于观察的位置，使驾驶员不必转动头部和身体就能看到。

三、道路环境因素对交通安全的影响分析

道路是车辆的载体与行驶的基础,道路的等级质量、线形标准等对交通安全有重要影响。由于环境因素人为很难控制,而在行驶过程中,车辆的技术参数一般是不会发生太大改变,这样一来,道路因素对车辆行驶过程中的安全性就具有相当重要的影响作用,所以不良的道路条件很容易诱发道路交通事故。

(一)道路几何线形

道路几何线形要素的构成是否合理,线形组合是否协调是影响交通安全的重要因素:

1.长直线

长直线具有视野开阔、超车视距大等优点。在长直线上行驶,驾驶行为单一,易使驾驶员精神松弛和心理疲劳,从而反应迟钝。长直线还容易导致高速行车,再者白天易造成眩光,夜间易造成车辆之间车灯相互干扰。综合效果表明,长直线对行车安全极为不利。

2.线形组合

交通安全的可靠性不仅与平面线形、纵坡有关,而且与线形组合是否协调有密切的关系,虽然线形标准都符合规范,但组合不当易发生交通事故。这一方面是因为驾驶员在这种线形上行车时视觉和心理易产生错觉,另一方面则是因为这种线形不易满足车辆行驶的受力要求。从理论上讲,平曲线包含纵坡(或纵坡包含平曲线)时,行驶车辆的受力状态很复杂,不稳定性增加。因此,要增加车辆行驶稳定性,应对平曲线或纵坡度按一定关系折减予以满足。

3.竖曲线

道路竖曲线半径过小时,易造成驾驶员视野变小,视距变短,发生事故,随着视距减小,事故率增多;在竖曲线上行驶时,当凸形竖曲线半径过小时,会影响到驾驶员的视距,使其视野变小,也易酿成事故。在凹形竖曲线处,由于汽车下坡行驶,车速变快,引起车辆左右摆动。若汽车在夜间行驶,车灯照距过短,影响视距,也易造成交通事故。

4.坡度

纵坡过大,对于保持车辆的合理速度,维持连贯的驾驶状态有负面影响。

坡段过陡时，车辆下坡会打滑，更有甚者可能造成车辆的翻覆；坡长过大，车辆上坡会爬坡吃力，严重的可产生倒滑现象。因此，纵坡过大将使得道路的安全特性下降。

5.平曲线

道路平面曲线的曲率越大，转弯半径越小，机动车所受的横向离心力越大，越容易发生侧滑，同时驾驶员的视距也越小，视野盲区也越大。

（二）标志标线

我国高速公路的交通标志标线目前已经相对完善，也比较符合国际标准，但是一、二级和二级以下公路系统的交通标志标线存在较严重的问题，其中由于交通标志不完备而引起的交通事故占很大比例。

目前国内的交通标志标线存在如下问题：

（1）道路“路权分配”标志缺乏正确应用；

（2）我国还有不少地区高等级公路进出口的标志或地面标线是非标准设计，引起车辆进入公路的不平滑运动，进而产生对公路交通流的横向严重干扰，同时导致车辆仓促进入公路出口，形成各种交通安全隐患和引发各种交通事故；

（3）二级以下的公路普遍存在道路中线和地面标线不清晰或退化且更新不及时的问题，由于长期中线和地面标线不清晰，造成驾驶员对交通规则的忽视，进一步引发各种交通安全隐患和造成交通事故。

（三）路侧安全性

目前我国二级和二级以下公路路边防护是交通安全事故防范措施中较薄弱的环节，尤其是在一些山地和路面与路边落差较大的地区，应该设有刚性防护栏的地方，却往往没有这些设施，形成交通安全事故的黑点，有许多特大交通事故发生在这些“黑点”路段。这些公路还在大量采用非车辆防护作用的装置，比如：现在大量采用的离散而单薄的水泥柱和碎石砌成的石墩，它们只能起到安全警示作用，不能起到防护车辆冲出的作用。

（四）道路平面渠化

道路渠化是在道路上采取各种物体分离的措施和方法，使不同方向、不同类型或不同速度的交通流按所划分的道路各行其道，互不干扰。道路渠化作为一种从空间分离交通流的手段,是一种投资少、工期短、效果好的交通组织方式。但是我国二级和二级以下的公路渠化较少,如有的城市道路交叉口处没有渠化或是渠化方法不对,致使"空间路权"分配不明确,驾驶员为了及时找到自己的出路,往往不遵守规则行驶,常在交叉口内与其他方向的车流冲突,造成交通事故,也使事故发生后很难查出事故的责任人。

(五)路面状况

路面状况对交通安全的影响很大。据统计,路面湿润时的事故是干燥路面的2倍,降雪时是干燥路面的5倍,结冰时是干燥路面的8倍。由于路面缺陷而产生的交通事故中,因路面光滑而肇事者占30%。路面光滑会使驾驶员在行车时因方向发飘而控制不住汽车,在制动时发生侧滑或在预定距离内不能减速停车。因此,对路面进行防滑处理,增大其摩擦系数,可以有效地减少交通事故的发生。另外,路面的坑洼不平、人为破坏、施工无明显警示标记也是引发交通事故的原因之一。国家标准《道路交通标志和标线》(GB 5768.2-2022),增加了部分道路交通标志以及道路施工安全设施设置典型示例,对减少交通事故尤其是高速公路事故大有益处。

四、改善道路交通系统安全的对策

由于道路交通系统是由人、车、路、环境和管理等五部分构成的动态系统,因此要改善道路交通系统的安全也要从这五方面着手。

(一)制订政府交通安全战略,加大科技投入,强化交通安全技术

尽快制订我国道路交通安全的策略,明确国家对道路交通安全的措施及阶段性目标,明确交通安全在交通运输中的地位,完善社会保障机制,是政府对交通安全长期、持久和有效的战略对策。在科学技术日新月异的当今世界,加大科技投入,注重交通事故资料的收集、管理和分析研究,探索其发生原因及规律,强化交通安全技术和配套的法律、法规的研究及应用,依法开展交通,无疑是改善全国道路交通安全形势和促进道路交通安全的根本点。

(二)加强全民交通与交通安全的教育,提高交通道德水平

与道路交通法律法规不完善相应的,是我国全民道路交通法制观念淡薄,不理解或不尊重道路交通运行规律和规章,违章行车行路,侵占交通设

施，导致交通事故逐年上扬。因而抓住交通活动中的主体——人的主观能动作用，是治理道路交通安全的关键。驾驶员应有良好的身体素质、技术水平、交通道德、职业道德素质和良好的交通法规意识，严格遵守交通法规。此外，要加强对全社会的安全法规教育，增强人们的交通法规意识。

（三）关注汽车技术

改善车辆行驶性能、保持良好车况；严禁超速行驶，注意保持车距，严禁超载；对违规车辆进行必要的处罚，并进行安全教育。汽车技术体现了人类的现代文明和科学技术，代表了一个国家的科技水平和经济活力。在车辆整体技术性能和功能不断完善及智能技术得到广泛应用的今天，把车辆的安全性能要求放在最重要的位置是不言而喻的。

（四）改善道路线形设计及加强道路安全审计制度

研究表明，约1/4的交通事故是因人与道路/环境不协调引发的。因此，道路线形的几何设计应确保行车安全，要以用路者的行车需求为依据，从交通的角度，用动态的观点分析问题，用协调的方法进行设计，充分考虑用路者的生理、心理特征，符合行车规律，为保证交通安全创造条件。在事故多发地带要设立醒目标志。

道路安全审计制度的目标是：确定项目潜在的安全隐患；确保考虑了合适的安全对策；使安全隐患得以消除或以较低的代价降低其负面影响，避免道路成为事故多发路段；保障道路项目在规划、设计、施工和运营各阶段都考虑了使用者的安全需求，从而保证现已运营或将建设的道路项目能为使用者提供最高使用标准的交通安全服务。

（五）加强交通管理与控制

道路交通是一个内涵十分丰富的范畴，它包括道路规划、建设、维护、运营，客货物运输（客流、物流）即车辆的组织配置、安全检测、环保措施，还包括驾驶人员的培训、检验、考核、教育，以及配套法律法规的制订、宣传、教育等，简而言之包括道路规划、道路建设、路政管理、运政管理、稽征管理和交通安全管理等方方面面。要理顺管理体制，规范运输市场，完善安全设施，有效遏制超速行驶、疲劳驾驶和违章装载现象；设置完善的道路交通标志、标线与防护设施，创造一个与道路实际情况相适应、有利于驾驶员安全行车的信息反馈系统;主动与气象、高速公路部门协商,建立健全交通事故预警机制和以预防和快速反应为目标的勤务机制。

(六)加强道路交通立法

加强道路交通安全法规体系建设是改善道路交通安全整体水平直接、有效的措施。我国目前的道路交通安全法规体系的内容已涵盖在若干不同的法律、法规以及其他交通管理的规范性文件之中,并且在我国目前的道路交通运营实践中发挥着积极和重要的作用。随着时代的发展,法律体系也要相应地加以修正和调整。

(七)建立事故责任追究制度

为了增强交通安全的责任心和自觉性,应对交通安全主管部门、企业负责人等层层建立事故责任追究制度。对发生事故的原因要做深入而详细的调查,由下到上,建立"倒查"制度,追究企业主要负责人、主管领导的行政责任;构成犯罪的,要依法追究刑事责任。

(八)大幅度提高对交通事故伤亡者的赔偿金额,其金额应由多方承担

交通事故发生后,目前我国相关规定对伤亡者的赔偿金额标准较低,甚至出现交通肇事者将伤者故意致死的恶性事件,这是由于赔偿亡者的费用远远低于伤者的费用。加大赔偿金额的目的在于:一是使受害方得到经济上的补偿;二是要在全体公民中树立生命非常珍贵的理念;三是让事故责任者有所醒悟,可能的话,从此不再从事这个职业;四是将企业与政府有机地结合起来,使政府加强对企业的管理。

第三节 道路交通安全事故缘由

一、道路交通事故的定义、分类和特点

(一)道路交通事故的定义

根据《道路交通安全法》第一百一十九条,道路、车辆、交通事故的定义如下:

1.道路:是指公路、城市道路和虽在单位管辖范围但允许社会机动车通行的地方,包括广场、公共停车场等用于公众通行的场所。

2.车辆:是指机动车和非机动车。

(1)机动车:是指以动力装置驱动或者牵引,上道路行驶的供人员乘用或者用于运送物品以及进行工程专项作业的轮式车辆。

(2)非机动车:是指以人力或者畜力驱动,上道路行驶的交通工具,以及虽有动力装置驱动但设计最高时速、空车质量、外形尺寸符合有关国家标准的残疾人机动轮椅车、电动自行车等交通工具。

3.交通事故:是指车辆在道路上因过错或者意外造成的人身伤亡或者财产损失的事件。

从交通事故的定义中可知,构成交通事故需具备六要素:

1.车辆

交通事故各方当事人中,必须至少有一方使用车辆。车辆是造成交通事故的重要条件,如果造成损害的各方当事人中任何一方都未使用车辆,比如行人和行人相撞就不能叫作交通事故。

2.在道路上

道路是构成交通事故的空间条件,没有道路就谈不上交通事故,应以事故发生时车辆所在的位置,而不是事故发生后车辆所在的位置,来判断是否在道路上。

3.在运动中

根据交通事故的定义,车辆必须是在运行过程中互撞或行人、固体物发生碰撞,才能成为交通事故。如果行人碰撞处于停止状态的车辆,乘车人从静止的车上跳下造成的伤害都不能称之为交通事故。

4.发生事态

即发生有碰撞、碾压、刮擦、翻车、追车、爆炸、失火等其中的一种现象。如果未发生上述事态,而是由于行人或旅客因其他原因造成的死亡,则不属于交通事故。

5.有违章行为的人员

当事人有违反《道路交通安全法》和其他道路交通管理法规、规章的行为,这是依法追究其肇事责任、予以处罚的必要条件,即造成事态的原因是人为的,而不是因为人力无法抗拒的自然原因。

6. 有损害结果

即要有人、畜伤亡或车物损坏的后果,没有损害结果不能称之为交通事故,但又不是所有的有损害结果的事件都是交通事故。故意用车撞人制造车祸的就不能作为交通事故处理,而属于故意犯罪行为。

以上六个要素和一定的违章行为可作为鉴别是否属于交通事故的依据。

(二)道路交通事故的分类

道路交通事故的分类有很多种划分的方法。主要分类方法有:根据交通事故的对象分类;根据违反交通规则的对象分类;根据导致事故发生的原因分类;根据交通事故的严重程度和事故造成的后果分类。

1. 根据交通事故的对象来分,可分为车辆间事故、车辆对行人的事故、车辆对自行车的事故、车辆单独事故、车辆与固定物的碰撞事故以及铁路道口事故等。

(1)车辆间事故即车辆与车辆碰撞的事故,包括正面碰撞型、追赶碰撞型、侧面碰撞型以及接触性碰撞型等;

(2)车辆对行人的事故包括车辆在车行道、人行道轧死、撞伤行人的事故,也包括车辆闯出道路以外所发生的轧死、撞伤行人的事故;

(3)车辆对自行车的事故包括机动车辆在机动车行车道和自行车道轧死、撞伤骑自行车人的事故;

(4)车辆单独事故包括翻车事故以及坠入桥下或江河的事故;

(5)车辆与固定物的碰撞事故是指车辆与道路上作业结构物、路肩上的灯杆、交通标志杆、广告牌、建筑物以及路旁树木等相撞的事故;

(6)铁路道口事故是指车辆或行人在铁路道口被火车撞死、撞伤的事故。

2. 根据违反交通规则的对象来分,可分为机动车事故、非机动车事故、行人事故以及其他方事故四种。

(1)机动车事故是指机动车负主要责任的交通事故;

(2)非机动车事故主要指自行车事故,是指骑自行车人过失或违反交通规则所造成的交通事故;

(3)行人事故是指由于行人过失或违反交通规则而发生的事故;

(4)其他方事故是指其他在道路上进行与交通有关活动的人员负主要责

任的事故。

3.根据导致交通事故发生的原因来分,可以将交通事故分为两大类:即主观原因类和客观原因类。

(1)主观原因类是指造成交通事故的当事人本身内在的因素,即主观故意或过失,主要包括:违反规定、疏忽大意、操作技术等方面的错误行为。

①违反规定:是指当事人由于思想方面的原因,不按交通法规和其他交通安全规定行驶或行走,致使正常的道路交通秩序紊乱,发生事故。如酒后驾车、非驾驶员开车、超速行驶、争先抢行、故意不让、违章超车、违章超载、非机动车走快车道、行人不走人行道等原因造成的交通事故。

②疏忽大意:是指当事人由于心理或生理方面的原因,没有正确的观察和判断外界事物而造成的失误。如心理烦恼、情绪急躁、身体疲劳都可能造成精力分散、反应迟钝,表现为瞭望不周、措施不及或措施不当,也有的当事人凭主观想象判断事物,或过高地估计自己的技术,过分自信,引起行为不当而造成事故。

③操作不当:是指驾驶车辆的人员技术生疏,经验不足。对车辆、道路情况不熟悉,遇有突然情况惊慌失措,发生操作错误。如有的机动车驾驶员刹车失误踩加速踏板和有的骑自行车人遇特殊情况不能停车而造成的事故。

(2)客观原因类是指由于道路条件(包括气候、水文、环境等)不利因素导致的交通事故。这类交通事故虽然没有因驾驶人员主观原因发生的事故所占比例高,但在某种情况下,它却常常是产生交通事故的诱因。

4.根据交通事故的严重程度和事故造成的后果两个方面来进行分类,交通事故可分为轻微事故、一般事故、重大事故以及特大事故四类。

(1)轻微事故是指一次事故造成轻伤1~2人;或现场车、物(含牲畜伤亡)损失折款1 000元以下的事故(当事故涉及多方时,包括多方车、物损失)。

(2)一般事故是指一次事故造成重伤1~2人;或轻伤3人及以上;现场车、物损失折款1 000元至30 000元以下的事故。

(3)重大事故是指一次事故造成死亡1~2人;或重伤3~10人;或现场车、物损失折款30 000元至60 000元以下的事故。

(4)特大事故是指一次事故造成死亡3人及其以上;或重伤11人及其以

上;或死亡1人,同时重伤8人及其以上;或死亡2人,同时重伤5人及其以上;或车、物损失折款60 000元以上的事故。

(三)道路交通事故的特点

一般来说,道路交通事故具有以下五个主要特点:

1.阶段性

交通事故的发生及变化过程是多因素(经济增长因素、道路条件因素、安全意识因素、道路交通管理水平、交通技术等)影响的过程。各种因素的影响及多种因素的联合作用使交通在时间上具有阶段特征,即事故的上升期一高峰期一下降期—波动期一平稳期,这对各国、各地区具有普遍性规律,不同的是各阶段的时间不同,峰值不同,水平不同。

2.因果性

事故的发生是由驾驶员、骑车者以及行人等交通参与者的不安全行为,车辆与道路环境的不安全状态或管理的缺陷等原因引起的,是某一或多个事故致因因素交互作用的结果。

3.偶然性

道路交通事故的发生是不可避免的,有其必然性的一面,但就某一事故而言,其将在何时何地发生以及会造成什么样的后果,则具有一定的偶然性。

4.潜伏性

交通事故的潜伏性是指事故尚未发生或尚未造成后果之前,似乎一切均处于"正常"和"平静"状态,但只要交通系统中的危险因素未被消除,交通事故都处于孕育阶段,只要触发条件成熟,事故便可发生。

5.危害性

交通事故总会造成一定程度的人员伤亡以及财物损失,具有社会危害性。在欧洲经济合作与发展组织(Organization for Economic Co-operation and Development,OECD)国家,道路交通事故引起的损失,占国民生产总值(Gross National Product,GNP)的1.5%~2%。

二、道路交通事故形成机理

事故是多层次、多方位的,众多因素在一定环境下相互依存、相互影响、相互作用,致使人、物等要素在一定时空发生冲突及抢救处置不良,导致人员的伤亡。

所有的与交通事故相关的因素，概括起来可以归为三大类，即道路、车辆、交通参与者即道路使用者。这三大类因素相互渗透，形成了彼此的交集，它们的逻辑关系如图1-1所示，而图1-2所示为美国统计的交通事故成因分布比例。

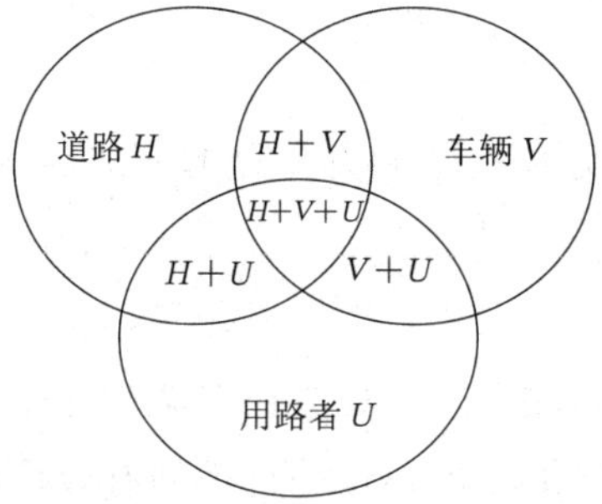

图1-1 交通事故相关因素的逻辑关系

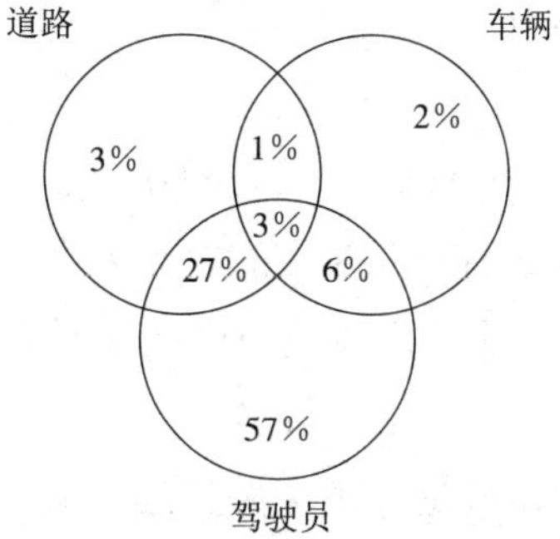

图1-2 美国统计的交通事故成因分布比例

从图中可知，驾驶员的因素是最重要的一个交通事故成因，直接、间接与其相关或与其他因素共同作用造成交通事故，在所有交通事故的成因中占据了93%，这意味着绝大多数的交通事故直接或间接由驾驶员，即人的因素而造成。因此，在分析交通事故机理的过程中，人的因素即驾驶行为的研究，是其中的基础与关键环节。

图中还揭示出，尽管人为因素占据着显著的位置，但其他的影响因素同样不可忽视。这些因素可能单独作用时影响并不强烈，但当与其他因素共同作用时，将对交通安全产生显著的影响。这也表明了交通安全机理中的一个基本原则，即人为活动是最重要的，但并不是唯一的，其他因素与驾驶行为相互作用，对行车安全将产生不可估量的影响，必须加以综合分析。

（一）驾驶行为分析

交通事故统计数据表明，人的因素在诱发交通事故的诸因素中占据着主导地位。而人的因素其实就表现为"驾驶行为"，它是交通事故成因中的首要因素。

1.驾驶行为的层次划分

驾驶行为是由三种基本任务构成的，即导航、指向与控制。三个层次的驾驶行为各自有不同的工作任务和特点。

在导航层次，驾驶员所要完成的主要是出行终点与中间点的选择、起终点之间最短路径的选择等，属于宏观的层面。在指向层次，驾驶员主要完成行驶方向的转换、具体路段的选择、行程时间的掌握等，属于中观层面。在控制层次，驾驶员完成实时的、具体的驾驶任务，例如实时的车速控制，车辆实际行驶轨迹的把握，与道路设施、相邻车间的间距掌握等，属于微观的层面。

在实际的驾驶行程中，控制层驾驶行为直接影响着车辆的实时状态，并且是车辆安全与否的主导因素。

2.驾驶行为中的信息处理模型

在不考虑驾驶技术与车辆机械故障的前提下，驾驶员在驾驶行为中的主要工作量是处理道路交通环境信息，然后转化为指导驾驶行为的有效信息的工作负荷量。信息负荷量对于驾驶效果有着至关重要的影响。驾驶信息与道路信息的关系将直接决定驾驶行为的准确性与连续性，继而决定驾驶行为中潜在的安全性。

研究表明，指导驾驶员行为的是驾驶员经过处理后有效指导驾驶行为的可用信息。由于驾驶员不是随时都能完整、准确地判断并分析道路信息，因此，道路信息与驾驶的可用信息并不是一直都是等同的，二者之间存在着有机的规律性。这一规律性可以用信息处理模型描绘，这一模型是驾驶行为的关键指标，其基本形态如图1-3所示。

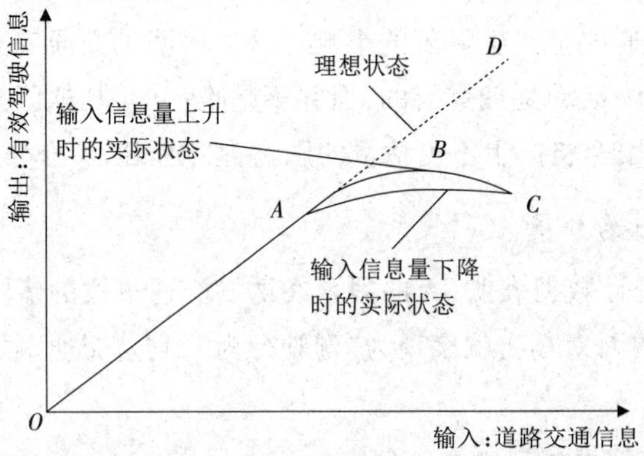

图1-3　驾驶行为中信息处理模型示意图

由图可知，信息处理模型诠释的是驾驶员处理道路交通信息的过程。道路条件、交通流、环境等是驾驶员所需要的输入信息，这些信息的多少称为供给信息量，而驾驶员能够处理完毕，并且可以用以指导驾驶行为的信息作为输出，称为有效驾驶信息量。模型中显示了供给信息量与驾驶信息量之间的关系。

当供给信息量不是太大时，如图1-3中的*OA*段，驾驶信息量等于供给信息量，意味着驾车人可以及时处理所有的信息，并可以相应地作出正确的判断。当供给信息量增大时，会出现一个转点，即图中的*A*点。在*A*点之外，供给信息量继续增大时，输出的驾驶信息量虽然也相应跟随加大，但两个信息量将出现偏差，驾驶信息量开始低于供给信息量。这意味着驾驶员已不能全部、及时地处理道路交通信息，并作出全面、准确地判断。

驾驶信息量跟随供给信息量继续增大的趋势可以坚持到极值点*B*，在*B*点之外，驾驶信息量已开始下降，虽然输入的信息量增大，但经过处理和正确判断的信息量却开始减少。这标志着驾驶员不能适应如此大量的信息输入，出现了信息过载现象。

信息过载现象再持续下去，直至在超过*C*点的区段，供给信息量已经开始回落，但过载仍然有残留的影响，驾驶员依然不能增大其驾驶信息量直至降到*A*点为止。

从上面驾驶行为中信息处理过程可知，供给信息量与驾驶信息量之间的偏差会使驾驶员判断失误，产生驾驶过失，其中包括驾驶员本身因素所造成的驾驶行为能力的缺失，道路、交通、环境条件引发的驾驶过失，驾驶员与道路交通环境互动所引发的过失。车辆在行驶过程中，当道路环境、交通运行状况以及沿线社会环境在某一点或路段范围内变化过于复杂或太快，未能给驾驶员以足够的反应时间并采取措施时，往往就会导致交通事故的发生。

（二）交通事故机理

在道路交通系统中，由于受到涉及驾驶员、汽车、道路环境因素以及三者的道路交通事件的影响，使道路交通系统行为发生变化，如果这种变化是因道路交通事变引起的，即表现为道路交通不安全状态，经特定时间—空间域内状况的转化则形成道路交通事故。由此可知,道路交通事故致因生成模型如图1-4所示。

从这一模型中可以识别道路交通系统安全化功能的实现途径和道路交通事故的生成过程。即道路交通系统安全化功能的实现途径为:道路交通事件引起道路交通系统发生正常变化,表现为道路交通安全状态,这一状态一直持续在道路交通系统中即可实现道路交通系统的安全化功能;而道路交通事故的生成过程则为:道路交通事变使道路交通系统行为恶化,表现为道路交通不安全状态,这一状态在特定时间—空间域内持续后形成道路交通事故。

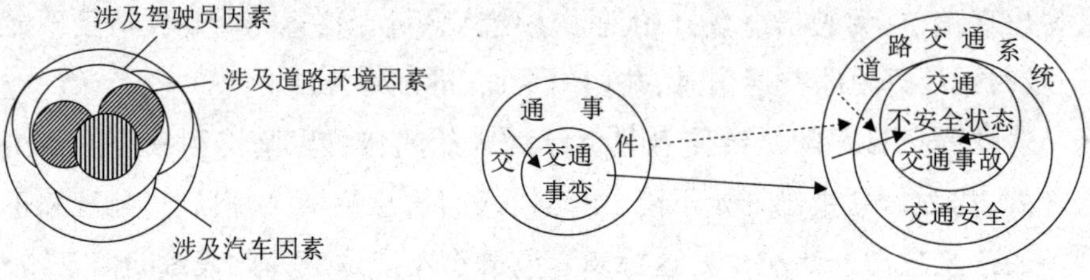

(a)驾驶员、汽车、道路环境因素与道路交通事件、道路交通事变间的关系
注:阴影表示交通事变、非阴影表示交通事件

(b)道路交通系统安全化功能的实现途径和道路交通事故的生成过程
注:实线箭头表示道路交通事故的生成过程,虚线箭头表示道路交通系统安全化功能的实现途径

图1-4　道路交通事故致因生成模型

事故机理指事故发生的结构、形式和作用的逻辑关系及其规律。它探索隐藏在事故背后的规律,追溯事故生成的过程,以便为人们从技术、社会、教育与经济等各个领域改进交通安全工作指明方向和重点。

第四节　道路交通安全事故规律

研究道路交通事故分布规律的目的在于根据道路交通事故分布规律,分析道路交通事故的原因所在,寻找解决问题的方法和措施,以改善道路交通安全状况。

通常用某一条路或某地区交通事故发生的次数、死亡人数、受伤人数等绝对数据来描述这一条路或该地区交通事故的严重程度,因此,交通事故发生的次数、死亡人数、受伤人数等绝对数量成为研究交通事故的特征量。交通事故的特征量是随机变量，不同时间、不同地点的交通事故特征量都不同。

一、道路交通事故的时间分布规律

道路交通事故在一定时间段内的统计结果可看出其变化趋势。交通事故的时间分布规律就是指某一条路或某地区交通事故发生的次数、死亡人数、受伤人数等数量随时间变化的特征，通常有交通事故的年分布规律、月分布规律、周变化规律、小时(日)变化规律。

研究道路交通事故的时间分布规律，目的在于根据道路交通事故时间分布的特点，找出道路交通事故发生的时间规律，讨论导致事故规律性发生的原因，进而针对不同时间的道路交通安全问题制定相应的对策，提出减少交通事故发生的方法和措施，以进行有效的控制和管理，减少事故的发生，改善道路交通安全状况。

(一)交通事故的年分布规律

回顾世界上道路交通事故与汽车保有量的演变过程，不难发现不同国家或地区在汽车化初期，交通事故随时间的增加而上升。随着交通事故的不断增加，日益引起各界人士的关注，继而实行综合治理交通和减少交通事故的措施，使交通事故上升的势头得以缓解。此后，随着各国汽车保有量和车辆行驶里程都有较大幅度的增长，交通事故出现振荡变化(有增有减变化)。随着人们对交通事故问题研究的不断深入，使得交通事故持续下降，最终在一定的水平上处于平稳趋势。交通事故的年分布规律图呈波峰线型，即由逐渐上升达到波峰，然后出现振荡，逐渐下降而趋于平稳。

我国从20世纪60年代以来，国内的道路交通事故次数、交通事故死亡人数、交通事故伤亡人数持续增长。据三十多年的交通事故数据统计，我国交通事故死亡人数总体呈上升趋势。20世纪70年代初，死亡人数为10 000多人；到20世纪90年代中期，已达70 000多人，上升幅度比较均匀。根据国外事故时间分布规律，事故演变过程一般呈波峰线型，即由逐渐上升达到高峰，然后逐渐下降，并趋于平稳，而车辆的增长近似呈直线型。就是说事故变化与车辆发展的关系不是一成不变的，分歧点在事故高发年份。

从1980~2011年的情况来看，随着经济、车辆及运输量的增长，事故总体发展趋势呈上升势头，2003年开始出现下降现象。2012年后，我国交通事故上升幅度将可能有所减少，交通事故次数、伤亡人数年分布曲线可能开始出现振荡现象。

(二)交通事故小时分布规律

受气候、环境、人们生活规律的影响，道路上的交通事故特征量在一年的12个月、一月的31天(30或28、29天)、一天的24小时中各不相同。一旦掌握某一条路或某地区的交通事故特征量的月分布、日分布、周分布规律就可以在不同的时段内采用不同的管理、教育、工程措施，减少交通事故的发生。如同交通量有高峰小时和非高峰小时之分一样，交通事故的小时分布也有明显的交通事故高峰小时和非高峰小时。道路交通事故的分布随时段不同有着明显的区别，这种差别随不同国家，同一国家的不同地区，同一地区的不同年代而各有不同。

例如，2010年，我国交通事故高峰出现在18~20时，事故死亡率最高的时段是凌晨3~6时。

二、道路交通事故的空间分布规律

分析道路交通事故的空间分布规律，了解事故在不同地区、在道路不同位置的分布情况，对于交通管理者根据本地实际情况，有针对性地预防交通事故，改善交通安全状况具有重大意义。

(一)我国道路交通事故的省市空间分布

2010年我国道路交通事故数最多的5个省市分别为广东、浙江、山东、江苏、四川(见表1-1)，发生的道路交通事故总数占全国总量的42.59%，交通事故数最少的几个省市则为西藏、青海、海南、贵州、宁夏；从死亡人数来看，排在前五位的省市分别为广东、浙江、江苏、山东、四川，排最后几位的省市为西藏、宁夏、海南、青海；从事故死亡率来看，最低的是重庆市，仅为10.44%，最高的省市是上海，达35.17%，其次为河北，达31.76%。(数据来源：国家统计局)

表1-1 我国2010年各省、自治区、直辖市交通事故情况汇总表

	事故次数/起	死亡人数/人	受伤人数/人	直接财产损失/万元
北京	4 279	974	4 857	2 431.34
天津	3 165	950	3 671	1 987.1
河北	5 959	2 693	5 785	3 890.78
山西	6 962	2 449	8 200	3 593.68
内蒙古	4 856	1 375	5 202	2 359.84
辽宁	6 781	2 129	6 428	3 124.89
吉林	4 438	1 454	5 178	2 666.05
黑龙江	3 466	1 395	3 740	2 456.6
上海	2 176	1 009	1 860	956.56
江苏	13 793	5 031	13 234	4 951.11
浙江	21 698	5 382	23 589	9 047.23
安徽	7 901	2 877	9 596	2 417.65
福建	12 714	2 822	15 430	4 839.25
江西	4 126	1 603	4 938	4 184
山东	14 560	4 268	14 611	5 261.18
河南	7 890	1 825	8 710	3 186.78
湖北	6 543	1 944	7 884	3 436.46
湖南	8 413	2 162	11 621	4 104.41

续表

	事故次数/起	死亡人数/人	受伤人数/人	直接财产损失/万元
广东	30 370	6 203	36 518	8 048.85
广西	4 351	2 342	5 375	1 678.45
海南	1 488	471	2 205	552.63
重庆	5 908	1 017	8 728	1 225.93
四川	13 072	2 931	16 980	5 398.46
贵州	1 764	1 136	2 906	1 295.96
云南	4 739	1 886	5 900	2 530.23
西藏	781	409	969	620.43
陕西	6 004	1 944	6 144	3 319.8
甘肃	3 090	1 506	3 728	1 116.19
青海	1 206	573	1 494	390.37
宁夏	1 806	442	2 564	657.97
新疆	5 298	2 023	6 028	903.33
合计	219 521	65 225	254 075	92 633.53

通过上述数据分析可以发现,经济发达地区道路交通事故数一般高于不发达地区。经济快速发展、客运量增加、交通密度大,是这些地区交通事故较多的主要原因。但是西藏、甘肃等地区由于气候严寒或地形条件恶劣,事故的严重程度高,死亡率也较高。

(二)城乡事故空间分布

公路和城市道路的交通事故数也存在差异(见表1-2)。城市道路的事故死亡率明显低于公路，这是因为虽然城市道路覆盖地区人口和交通量都很密集，但这些道路车速相对较低，道路交通安全管理设施比较齐全，投资和管理的力度大，交通参与者对安全问题的关注程度高，自觉性高，因此事故率低。

表1-2 我国2010年公路和城市道路事故分布情况

	公路	城市道路	合计
事故次数/起	124 953	94 568	219 521
死亡人数/人	46 534	18 691	65 225
受伤人数/人	149 007	105 068	254 075
事故死亡率/%	23.8	15.7	20.43

第二章　道路交通安全管理基本形式

第一节　路网安全管理

一、路网安全管理的意义

一个高效、安全、快捷的路网，可以将暴露于道路上的交通事故危险因素降至最低。对于汽车而言，绕路意味着要消耗更多燃料，而行人则需要消耗更多体力，因此他们总是选择最便捷和直接的路线。合理的路网可以减少出行距离，同时也能鼓励出行者选择更便利的出行方式，如公共交通。因此，路网安全管理可以有效地提高道路安全水平。

二、路网安全管理的措施

（一）道路分级以及根据功能进行限速

不同等级的道路有不同的功能，供不同种类的车辆和行人使用，不同等级的道路上，车辆的速度、质量也不尽相同。在城市道路上，不同类型的机动车与摩托车、自行车常常发生冲突。因此，从功能上对道路进行分类，如同高速公路中的“等级制”，对于保障道路交通安全非常重要。这种分类需要考虑土地使用状况、事故多发路段、车辆和行人流量及速度控制的目标等相关因素。目前全国很多地方的道路已根据实际情况进行了分级，如国省道、县乡道，并且也在一些道路上实施了限速措施，这对减少交通事故次数和减轻事故损失起到了积极的作用，但道路限速值除了整条道路整体考虑外，还要就具体的事故多发交叉口、事故多发路段尤其是沿线村庄较多，有较多村民穿越道路的路段具体考虑该处是否需采取偏低一些的限速值以及条件是否满足。除此之外，限速标志牌除在交叉口附近设置外，路段每隔一定距离也应设置，以提醒驾驶员，这需要在以后的工作中进一步研究、完善。

(二)限制不同的路网进入途径

预防行人和自行车进入机动车道和预防机动车进入行人区也是减少高速行驶的车辆和没有保护的道路使用者接触的两个完善有效的措施。因为车辆从物理上与行人区隔离,将使得行人安全有保障,同样也会惠及与行人分享道路的骑自行车者。就行驶距离而言,机动车道在整个路网当中的事故发生率最低,原因在于它们仅供机动车使用以及其明确分隔不同车道和车辆交会路口。

(三)在路网中给予执行特殊任务的车辆行驶优先权

让执行特殊任务的车辆优先行驶,一方面可以减少这些车辆的行驶时间,快速高效地完成任务,另一方面也可减少对其他社会车辆的干扰,避免引起其他社会车辆间的紊乱,由此可以减少道路交通安全事故,提高道路交通安全水平。

第二节　路段安全管理

一、道路运行车速管理

道路运行车速管理是指为保证道路行车的顺畅和安全,结合道路、交通、气象等条件,合理确定车辆在各等级道路上行驶时的合理限速值,并采取相应措施控制车辆实际运行速度的管理过程。

国内外的研究表明,在大多数情况下,如无强制措施,驾驶员驾驶车辆在道路上行驶时所采取的车速并不完全受限制车速的限制,而主要是根据自身对道路条件、交通条件、气象条件等的判断选定一个合适的车速,有一个期望车速问题。许多研究认为,道路上70%左右的驾驶员会在限速路段超速行驶。根据国内的一些实地观测,小汽车和性能良好的大客车、空载货车超速行驶现象也非常普遍。因此,在制定车速限制标准时应该考虑限制少数超高速行驶的车辆而满足大多数车辆的行驶要求,选用实测行车速度的第80位车速V80或第85位车速V85作为车速限制的标准。车速限制不宜高于V85同时也不宜低于V67。

另外,同一路段上车辆间速度差的大小与事故率、事故严重程度紧密相关。因此为保证行车安全,在限制最高车速的同时,还应该限制最低车速。在制定最低限制车速时,既要从安全的角度同时又要从运输效率的角度考虑。按安全的观点,要能减小不同车辆之间的行车速度差值,而为了提高运输效率,还要保证一定的运行车速。因此,从安全和高效两方面考虑,要既能提高平均运行车速同时又使不同车辆之间的速度差尽可能小。参照最高车速限制标准的制定,可以选用第20位车速V20或第25位车速V25作为最低车速限制标准。

单单只有科学的道路安全措施还不足以使道路交通安全状况有根本的改变,只有将这些科学的措施真正落到实处才能从根本上改变道路交通安全状况,对此,我们可以通过以下两个方面来保证科学的道路交通安全措施得以实行。

(一)交警部门要加大对车速的管理力度

1.加强交警巡逻

交警巡逻对抑制超速行车的作用显著。在国外的实践中,为了进一步加强驾驶员按限制车速行车的意识,有的国家甚至采用隐性巡逻的方式,即交警巡逻车并不装备警灯等设施,警车与普通车辆无任何差别。这种方式从某种意义上会使超速行驶的驾驶员防不胜防,从而自觉按照限制车速行驶。

2.使用电子拍照系统

在容易超速行驶的地点装备摄像或拍照装置,当车辆超速时自动拍下违规车辆的照片或图像,作为处罚的证据。实验证明,电子警察非常有效。据国外资料统计,在有电子警察的地点,车速平均降低了6.8 km/h,事故率降低28%。另一个优点是它可以全天候地连续工作,还可以使交管人员有更多的时间和精力去完成其他工作。电子拍照也不是万能的,事实证明,有这方面经历的驾驶员有时会在设置电子拍照的地点减速,但过后又会加速行驶。因此,建议此类设备更多地安装在事故多发路段。

3.交通监控

利用高等级道路的监控系统特别是视频识别技术来有效进行车速限制。将视频技术与计算机技术及智能运输系统(Intelligent Traffic System,ITS)技术进行集成,利用布置于道路沿线的外场摄像机监视车辆运行情况,当某一车辆的车速超过限制车速时由主计算机自动根据设定的算法记录下该车的车牌号、车速及超速时的车辆经过的地点。

4.知觉技术

利用视觉和触觉原理,通过设计特别的路面标线,让驾驶员产生行车道变窄或受限的感觉,降低行车速度。

5.限速装置和超速报警装置

在车辆上安装限速装置,直接限制车辆的最高行驶速度。超速报警装置可以直接测定来车的运行速度,当超过设定的限制车速时通过视觉信息向驾驶员发出超速行驶信息。超速报警装置可以是移动式的,也可以是固定式的。

6.管理人性化

设置一些向驾驶员提供建议性操作的标志,而不是冷冰冰的强制性的命令。国外现在已有移动式的车速测试设备,当车辆驶近时自动测定车辆的车速并与限制车速对比,当车速超过限制车速时向驾驶员显示限制车速及车辆的实际车速,提醒驾驶员注意。

(二)加强对交通参与者的宣传教育

安全宣传教育是一项根本的整治超速行驶的有效措施,其最终目的是提高全社会的公共道路交通安全意识,有3种常见的做法:①就车速限制进行立法,并强制实施;②加强驾驶员的安全培训和再教育;③利用媒体广泛宣传,促进全社会都来关心道路交通安全问题。通过相应的宣传和教育可达到以下目的:①使驾驶员意识到按限制车速行驶是行车安全的基础;②使驾驶员明白车速限制不仅对驾驶员自身安全有益,同时也是对其他道路用户负责,是尊重他人人权,特别是健康权和生存权的具体体现;③车速限制是有法律依据的,不按限制车速行驶,将受到相应的惩罚;④通过安全继续教育,进一步强化驾驶员的安全意识。通过相应的车速管理宣传教育,还可以培养道路管理部门工作人员的安全意识和服务意识,使所管理的道路基础设施达到道路安全工程的相关要求并始终处于一个较高的安全水平上。

二、路段安全改造设计

道路路段安全改造设计的主要目的是增强现有路段的安全防范措施,减少事故隐患，降低事故发生概率。对于国内各个城市来说，根据各地的实际情况进行路段安全改造，我们可以从道路功能、路段几何要素以及出入口控制等因素进行考虑。

（一）道路功能的确定

对于已有的城市道路，随着交通量以及区域经济的发展，道路的功能也在发生着变化，道路的功能不能适应交通的需要，也是导致事故的重要原因之一。现在，在进行路网安全核查的时候，要检查道路的等级是否与其所承担的交通相吻合。国省道主要是在各省之间以及省内各市之间起联系作用的道路，主要为远距离交通服务，有较高车速和较大的运送能力；县乡道主要是在各县之间以及县内各乡之间起联系作用的道路，是县域内部的交通动脉，交通量相对较小，道路两旁村庄、出入口相对较多，其上行驶的车辆农用车、小货车较多，性能较差、车速较低。必须分清各条道路的道路性质和具体情况，这样才能针对不同的情况采取不同的交通安全管理措施，使各道路在道路网中安全畅通，充分发挥其功能作用，适应当地经济发展的需要。

（二）道路几何要素设计

在道路平面线形中，直线段的事故风险较低，但要核查相邻出入口之间间距是否过小。发生在平曲线段的平均事故率较高，其中平曲线半径是主要影响因素，如果道路平曲线半径采用极限值，则应该设置急弯警告标志，同时保证满足视距的要求。

随着道路纵坡的增大，事故率和事故严重程度都会增大，纵断面曲线如果与平曲线配合得当，一般凹形竖曲线的事故率较小，但是凸形竖曲线会受视距限制产生安全问题，若视距不满足要增设警告标志。对于县乡道纵坡的设置还应该考虑非机动车的行车需要。

平、纵曲线组合不当是产生危险路段的重要原因之一，组合情况对安全的影响要远远大于单个平、纵曲线的影响，如当一个平曲线正好在一个凸形竖曲线内时，容易产生事故多发路段。道路平、纵断面如果频繁地出现弯、坡线形等，应将这些线形进行适当的组合，化多为少，删繁就简，变突兀为平顺，可将多个连续、频繁起伏的纵断面曲线改为一个较长的竖曲线。

车道宽度情况和道路交通事故也有着一定的联系。车道宽度太窄会产生多车相碰事故;太宽则会导致非法超车。因此对于行车道宽度较宽的道路可以变更车道的宽度或者采取标线的形式从视觉上减小宽度;对于行车道宽度较窄的道路,应考虑拓宽车道,若因道路条件限制无法拓宽时,则应采取限速、严禁超车等标志保障安全。

驾驶员的心理总是期望认为道路线形保持着一定的惯性,或具有可重复的变化规律。引发事故的线形要素中,很多就是由于道路上视线不良、转换突变等原因,使得驾驶员不能及时了解下一路段。因此,道路沿线的线形条件应该保持均衡性,可与驾驶员的预期心理相吻合,从而提高行车安全。反之,线形的突变,如某区段设计标准的波动,大半径平曲线中出现孤立的小半径曲线等,都会造成驾驶员的不适应,容易引发事故。对于道路线形条件不连续、不一致的路段应该设置视线诱导标志、标线,在视觉上自然诱导驾驶员的视线,并保持视觉的连续性。在进行路线改造的时候,可以通过提高视距,舒缓变化点等措施,提高道路的可预见性。

(三)出入口控制措施

道路两侧存在较多的出入口,会导致其他机动车频繁地汇入主线交通,从而干扰主线的交通秩序,同时大量的非机动车和行人经过出入口随意地横穿道路,形成事故多发路段,研究表明事故随出入口的密度增加而急剧增加。针对此,我们可以通过以下途径来解决:

1. 合并减少道路通过村庄时过多的分隔带开口,在原有开口处加隔离桩进行物理隔离。

2. 在出入口处施划人行过街横道线,并设置相应的标志标线。

3. 设连接线和村前道路,将出入口交通量汇总到交叉口,需要时采取交通信号灯控制,减少事故的发生率。

第三节　交叉口安全管理

交叉口是道路交通系统的重要组成部分,是道路网的节点和枢纽。交叉口的存在提高了交通的灵活性和可达性,但由于交叉口交通量大、冲突点多及视线盲区大,所发生的交通事故也多,因此应合理规划、设计交叉口,确保行车安全,提高通行能力。

交叉口内影响道路安全的主要因素有:相交道路数、交叉角度、视距、线形、辅助车道、渠化交通、路面摩擦系数、转弯半径、照明、车道和路肩、机动车道、道路优先权分配(作用、标志、信号灯)、驶进交叉口的车速等。

相交道路数、交叉角度、线形、辅助车道、路面摩擦系数、转弯半径、车道和路肩、机动车道等因素由于改造起来较困难,因此在平面交叉口设计时就需要严格进行规划设计,以符合交通安全要求。而改造的重点则是视距、渠化交通、道路优先权分配(作用、标志、信号灯)、驶进交叉口的车速等内容。

一、视距

为保证车辆能安全通过交叉口,驾驶员必须在进入交叉口前一定距离,能确认交叉口的存在,并能看清交叉口处的交通信号和交通标志等。不同交通管制条件下所需的视认距离不同。对于公路和城市道路交叉口的视认距离,不论设置信号灯还是设置停车与让路标志,都应根据计算行车速度来确定。

对于无控制的交叉口,视距必须足够,使得进入交叉口的车辆能看清其他方向进出交叉口的交通情况。对于有控制的交叉口,若无进行分车道控制,也应提供理想的视距。使用停车让行标志的道路,应为其提供足够的视距,以保证停驶的车辆有时间启动、加速,安全地穿过主线道路,右转或左转。

对视距有限制作用的物体应移除。对于一些绿化程度比较高的交叉口地区,我们要定期对这些路口进行检查,看这些路口是否存在植物遮挡视线的情况,如果发现有遮挡情况,应当立刻移除。此外,标志设置的位置应适当,不能影响主线和支线上交通的视线。

二、交叉口渠化

渠化交通就是人、车分离,各种车辆各行其道,互不干扰,按顺序行驶。渠化设施包括各类标志牌、地面标线以及隔离措施等。

交叉口安全设计的原则之一就是要减少冲突点数量,使冲突区域减小到最低限度。交叉口渠化能减少冲突点数量、减小冲突区域,分离冲突的交通流。在实际情况中,某一特定地点的渠化布置应由当地的交通方式、交通流、地区经济发展、地形、自行车和行人运动、道路发展计划和现有道路布局等决定。在渠化时,应注意使导流岛的数量减少到最低限度,合理的渠化将大大提高交叉口的安全性。对于一些地方存在的畸形交叉口,应进行合理的治理渠化,主要是按不同的方向分离车流,对于每个方向的车流划分出一条独立的车道,尽可能分散车流冲突点;可以通过车道划线或设置渠化岛的方法将车流分离。

三、照明

安装照明设施是减少道路交叉口夜间事故的重要措施,交叉口照明对减少交叉口的夜间事故具有重要意义。

对于有些路段和交叉口事故的多发点,尤其是在夜间,对此类地方可考虑安装照明设施,但应注意司机由暗处驶来以及由亮处驶入黑暗路段的视觉变换问题,另外对于一些机动车、非机动车交通量较大的道路也可考虑安装照明设施,提高安全性。

四、标志标线

在道路交通标志中,禁令标志、警告标志和道路标线对道路交通安全的影响最大。这三种设施配合使用,是除信号控制以外最重要的交通控制手段。标志是交叉口的有效控制措施,科学合理的交叉口标志可以为驾驶人员提供必要的信息,帮助其采取合适的车道变更方式,避免突然忙乱的变道导致事故。

运行车速较高的道路上的交叉口可能使驾驶人员产生"突然变化"的现象,特别是当交叉口的间距较长时。驾驶人员较长距离范围内高速行驶,不期望突然制动或与其他方向进入交叉口的车辆相遇。在这种情况下,应设置必要的措施迫使驾驶人员注意到交叉口的存在,从而改善安全,例如用闪灯信号"前方信号控制"或强制减速橡胶条,可以警示驾驶员前方将遇到信号控制交叉口或其他不常见交叉口(如视距受限的交叉口)。

对于使用停车让行标志标线控制的交叉口,应为停车让行标志标线提供足够的视距。如果由于几何线形和障碍物限制了视线,应提前设置"前方停车让行"的警告标志。以上几种标志可采用闪灯型标志。

五、车速管理

通过交叉口交通流的运行车速主要由道路线形、道路环境、交通流和交通组成、交通控制设施的类型以及冲突点的数量、可能方案的数量、相对速度方案等确定。

相对速度是指车辆向一个冲突点行驶时,他们之间的矢量速度。安全在很大程度上取决于较低的相对速度。当一车流以较高相对速度穿越另一车流时,应使它们之间的角度大约等于90°,这样可以使驾驶员的判断错误达到最小,而且还必须通过线形设计(如使车辆迂回行驶)或控制设施(如交通标志和信号)的方法降低引道速度,使两车流的相对速度降低。在交织、合流与分流方案的选定时,应使两车流的相对速度较低。在这种情况下,驾驶员将接受一个最小的车头时距,这样可以提高行车安全性,减少延误并提高通行能力。交叉口获得较低相对速度一般可考虑设置交通岛(主要是在市区道路),划分转向车道和安全区域,提供变速车道,安装交通控制设备等方法实现。

六、行人交通组织

交叉口行人交通组织的主要任务,就是要组织行人在人行道上行走,在人行横道线内安全穿越道路,使人、车分离,各行其道,互不干扰,保证行人安全。交叉口是人流和车辆汇集的地方,当通过交叉口的人流很多时,经常会在交叉口转角的人行道上拥挤,以致行人不得不从车行道上通过,这样容易产生交通阻塞现象。因此,除了合理布置人行横道外,还应该把交叉口转角处的人行道加宽。交叉口处一般宜在路牙弯道以外即直线部分设置,使行人通过距离最短。信号控制交叉口人行横道位置须与信号灯位置配合,一般在停车线前相距不小于1.5 m。人行横道过长应考虑在道路中央设安全岛或中央分车带(主要是在市区道路)。

第四节 黑点安全管理

一、路段黑点的处理与安全设计

影响道路交通安全的因素很多,对于黑点路段的处理,要结合有关规范和设计指南,针对不同的情况采取不同的处理方法。

(一)总体控制

对于新建道路,所选用的设计标准要能满足交通发展的需要;对于道路交通事故黑点的处理和改造设计,首先要评价目前道路所具有的技术指标是否与现有路网能力匹配,是否能满足目前的交通状况,设计标准过低是否是导致交通事故发生的主要原因。

1.设计车速与实际运行车速

设计车速是道路设计的重要技术指标,其他技术指标都要服从于设计车速。对于黑点路段,可对设计车速和实际运行车速进行对比。若实际运行车速远高于设计车速,则应加以限速标志或采取其他降低速度的措施,如果远低于设计速度,则应进行线形、路面等的处理。

机动车驾驶员在很多情形下,面对不同的路况一般都采用不同的行车速度,以适应路况和道路环境的变化。当道路线形明显较差时,驾驶员还是比较愿意接受一定的速度限制的。在道路几何线形技术指标等无法得到保证的情况下,即在某些特殊地形的路段,必须采取合理的措施来提醒驾驶员,例如设置转弯警告标志、陡坡标志、隧道标志等。

2.道路等级

随着区域经济的发展,现有路网中某些等级的道路已不再适应交通发展的需要,对道路交通安全造成不同程度的影响。统一的设计规范可以减少驾驶员的错误行为,有利于道路交通安全。此外道路设计时应具有一定的容错能力,使驾驶员有纠正错误行为的余地。

3.出入口控制

出入口控制应保证驾驶员在路口有足够的反应时间,并可及时采取相应的补救措施。

事故随出入口密度的增加而急剧增加,国外研究表明出入口控制是减少事故数和降低事故率的一条重要途径。

在我国,由于经济条件、地形限制等方面的原因,道路上许多出入口的设置位置、设计标准不规范,造成许多出入口成为事故的多发点,对道路交叉口处理时应尽量做好以下几点:①对于穿越城镇的路段,应做好连接道路的设计;②适当减少交叉口数量或改变交叉口形式;③增设必要的警告、限制或禁止标志。

（二）路段黑点处理

1. 中央隔离带设置

对于中央隔离带的安全性设置，主要应考察隔离带的宽度、隔离带类型（以路面为准，是高出型、平齐型、还是下沉型）、中央隔离带护栏的有无等。

2. 横断面设置

（1）典型横断面。在我国的道路规范设计中，对不同等级道路的横断面做了相应的要求。

（2）车道宽度。一般情形下，车道设计宽度如果设计太小，会引起交通堵塞和车辆相碰事故；若太宽，又容易诱发违法超车。

我国的公路标准除四级路车道宽度<3.5 m外，其余等级的公路车道宽度均≥3.5 m，与上述要求比较一致。但据统计资料表明，过宽的车道也是不安全的，我国有不少二级公路平丘区路面达到9 m，虽可并行三辆车却仅划分两个车道，随意超车现象严重，反而增加了事故发生的可能性。

（3）路肩宽度。国外的部分研究资料表明，交通事故率随着路肩宽度的增加而减少，并认为最佳的路肩宽度为1.5 m；我国混合交通现象严重，对黑点路段路肩应作适当加宽处理，或移除两侧的障碍物，以充分保证行车的安全。

（4）横坡。路拱横坡与路面排水有关，路面潮湿将会增加事故率。我国相关设计规范对道路横坡做了明确规定，特别是在南方多雨地区的公路设计中，应注意路拱横坡不宜太缓，在北方的多降雪地区，应注意路拱横坡不宜太陡。

3. 视距

在行车过程中，驾驶员应能随时看到前方一定距离范围内的物体，一旦发现前方公路上有障碍物或来车，能及时采取措施，避免相撞，这一必需的最短距离称为行车视距。视距如果受到影响，将会导致驾驶员对前方情况判断不准确和反应不及时，从而引发交通事故。影响视距的因素比较多，如线形、季节性生长的农作物、建筑物、广告牌等。在我国很多低等级公路中，很多地段的视距都得不到保证。

有研究资料表明，公路平面曲线路段的视距，对于公路交通安全具有直接的影响，如果处理得当，不仅投入成本不高，而且会有效改善道路的安全性。

1.平、纵几何线形

(1)平面线形。道路直线段的事故率一般要低于曲线路段,特别是在潮湿或积雪路段。而在设计平曲线时,其技术指标要求与很多其他相关条件相适应,如半径、缓和曲线、超高等。许多国外专家都对曲线设计的要素与交通事故间的关系作了不少设想,归纳了平曲线与有关交通、道路几何线形因素的关系,如曲线半径、曲线长度、曲线路段交通量、车道和路肩宽度、路侧障碍物、停车视距、平曲线内的竖曲线、平曲线间距、交叉口距离及交通控制设施等。其中,曲线半径是尤为重要的一个因素。

在有关曲线的设计中,我国的《公路工程技术标准》(JTG B01-2014)从不同的角度确定了各级道路的最小半径。在地形条件允许的情况下,尽量不要使用极限最小半径。

(2)纵断面。纵断面的设计应经济合理,具有一定的平顺性,这样保证车辆能以一定的速度安全行驶。在纵断面因素中,坡度和半径对事故有着直接影响。一般情况下,随着坡度的增加及半径的减少,事故率和事故严重程度都会随之增大。

纵断面线形包括坡度和竖曲线,如果与平曲线配合得当,一般都很少会产生事故。我国《公路工程技术标准》(JTG B01-2014)对各级公路最大纵坡及纵坡长度作了相关规定,规定了在山岭重丘区的二、三、四级公路中,如果连续纵坡大于5%时,应设置纵坡<3%的缓和坡道,同时高速公路坡度即使达到2%,坡长也不宜过长。这些规定都考虑了经济性和车辆行驶安全性的要求。

(3)平纵组合。平曲线与纵曲线组合不良,即使两者都符合设计规定,也常常会成为道路交通安全隐患。黑点路段中引发的事故与平、纵曲线组合有很大的关系,这些组合对交通安全的影响要远远大于单个因素的影响程度。

《公路路线设计规范》中指出,对于行车速度>60 km/h的道路,必须注重平纵组合的合理性,并提出了下列具体的组合要求:视觉上能自然诱导驾驶员的视线,并保持视觉的连续性;平、纵线形的技术指标应大小均衡,使线形在视觉和心理上保持协调;合成纵坡应组合得当,以利于路面排水和行车安全。

通过近年来的道路设计,专家们已经认识到设计要素连续性与匹配性的重要性，设计时在减少道路不连续性的同时应尽可能避免导致不安全行车的因素。

（三）桥梁、结构物与涵洞处理

在建设高速公路、一级道路、二级道路时，要满足5 m高的净空，三、四级道路要满足4.5 m的净空，并注意与桥梁、结构物和涵洞的协调。

《城市道路工程设计规范》(CJJ 37-2012)和《公路桥涵地基与基础设计规范》(JTG 3363—2019)提到了桥梁结构物的设计标准。根据此标准，事故黑点处理时应考虑以下几点：

(1)桥墩与桥台和路肩边缘的距离等；

(2)桥梁栏杆的硬度和高度及过渡；

(3)桥梁横断面设计与外部边缘的最小距离，紧急路侧停车带的设计等；

(4)窄桥的过渡，护栏的安装设计等；

(5)平行结构物。

（四）路侧安全处理

路侧是指位于道路外路肩边缘与道路路权界线之间的区域，虽然不是正常的行车区域，但对于各等级的道路，路侧设计与道路的安全性有着较大的关系。在道路安全设计中，路侧防护措施的目的就是为了给驶离路面的车辆提供合理的机会，使其重新返回路面，或者找到相对安全的停靠点，并避免给非机动车或行人造成侵害。对路侧的处理，不同地带有着不同的处理方法。

1.净空区内障碍物和隐患的处理

可采用下列方法：①排除障碍；②将障碍物移至边缘以外；③排除隐患，如将涵洞洞口建成可越式；④降低障碍物的危险程度，如：可利用解体消能式灯杆、易断的标志杆等；⑤危险区域内安装防撞缓冲设备，如：安全护栏和防撞垫等。

2.桥梁处理

桥梁对道路使用者也会造成危险，故应考虑以下几方面：①从路面边缘到桥墩、桥台和挡土墙间的净空应尽量扩大；②如果净空比规定的小，则须在路旁设置护栏和防撞垫；③中央分隔带较窄时，不应在里面设置高架桥墩；④两独立结构物如果靠得很近，则应将其合并成一个，以清除中央有两个护栏的潜在危险；⑤引道路侧护栏应与桥梁护栏设计成一体。

3.护栏与边坡

按照国际惯例，边坡坡度等于1∶1.5、1∶2.0或1∶3.0，路堤高度分别高于2 m、3 m或6 m时，就需要设立安全护栏。若边坡≤1∶4.0时，则无须设置安全护栏。

4.中央分隔带护栏

按照国际惯例，分隔带护栏一般不采用单柱双面波纹板护栏；在交通量大、中央分隔带狭窄的地方，一般首选刚性混凝土。车速超过60 km/h的路段，路缘石不应设于波纹板护栏前沿。如果不能满足这个条件，则只能使用可越式缘石或半可越式缘石。

二、交叉口黑点的改造设计

交叉口包括平面交叉、互通立体交叉和分离式立体交叉等类型。据资料统计，道路上有1/3的事故发生在交叉口（如法国24%、英国33%、荷兰28%、德国11%、日本41%、瑞典17%、奥地利34%）。因此，做好交叉口黑点地段的改造设计对交通安全来说是非常有意义的一项工作。

（一）平面交叉口

在道路交通网络中，平面交叉口是最易发生事故的部分，我国以前修建的很多道路交叉口不甚合理，存在的主要问题是：与机动车车流方向不符的锐角交叉连接，特别是在有大量左转车的情况下，行车很不方便。交叉口的改造主要应注意以下几点：

1.平面交叉路线尽量为直线正交，必须斜交时，其交角不宜小于45°，各相交道路距交叉口前后停车视距范围内，应保持通视，受条件限制时视距可减少30%，但必须在醒目的位置处设置减速标志。对锐角相交的特殊车流，可修建一条专门的匝道来协助解决安全问题。

2.平面交叉地点应设在水平路段，且紧接水平路段的纵坡一般不大于3%，困难地段不得大于5%。

3.一、二级公路的平面交叉，根据需要应设置转弯车道、变速车道、交通岛；转弯车道宽度不小于3 m，并根据道路等级设置适当的缓和段，有时还要进行不同程度的渠化。

4.改造不合适的道路连接，这需认真考虑车流方向，在某些情况下还要利用视觉原理,使驾驶员在心理上受其影响而降低车速。

5.减少冲突点。交叉口的冲突点减少后,其事故数会相应减少。

6.控制相对速度。对于交叉口,可采取物理隔离或交通信号控制等措施使交叉口交通流的相对速度降低。

在我国,除少数进出城镇区的平面交叉口采用信号控制外,大部分尚未有控制措施,不少交叉口甚至没有标志标线,仅靠交通法规规定的行驶优先权管理。随着高等级道路的发展和城镇的增加,在平面交叉口,可逐步采取一些控制措施,如对交叉口进行渠化,有条件的采用信号控制等。

初始阶段,可先采用渠化和增设标志等管理与约束手段。标志应有一定的提前量,以警示前方交叉口的存在,这有利于驾驶人员预先减速。

对于交叉口的改造,一般要做好包括减少车辆/行人的冲突点、提高通行能力、提高信息提供质量等工作。

交叉口改善技术处理包括对进入交叉口的路段和交叉口本身(如变更交叉口和路段的几何线形、控制方式、路侧安全等)的改善。

对于交叉口的安全设计,通常从以下几个方面来进行:

1.交叉口的特征

(1)转弯车道。据有关资料分析,对左转和右转设置专门的车道,对提高交叉口的安全十分有利。《城市道路路线设计规范》给出了关于转弯车道的设计标准,包括加、减速车道和渐变段的设计。另外,右转车道会给自行车交通产生一定影响,应采取相应措施协调。

(2)视距。交叉口的视距,要能使驾驶员容易观察到其他各个入口的车流状况,对于有控制的交叉口,若仍有进出交叉口的路线没有控制也应提供理想的视距。对使用停车让行标志的道路,应为其留有足够的视距,以保证停驶的车辆有时间启动加速,安全地穿过主道、右转或左转。

我国《城市道路路线设计规范》对此提出了具体的要求,包括对视距有障碍的物体应予以移除,交叉口要定期加强养护管理等。

2.交叉口的组织管理。道路的安全性和组织管理的效率,经常受制于交叉口和出入口的设计、组织管理、养护等因素。

(1)交通控制设施。交通控制设施要符合一定的标准,包括指示箭头、符号和车道线等,要有利于驾驶员安全通过交叉口。当必须为通过交叉口的驾驶员进行控制或引导时(如错位交叉、复杂的多路交叉或使用多个转弯车道的交叉口),可使用虚线延长,必要时使其连通整个交叉口。

科学合理的标志是交叉口的有效控制措施,能为驾驶员提供必要的信息帮助,使其采取合适的车道变换方式,避免突然变道而导致事故。

对于使用停车让行标志标线控制的交叉口,应为停车让行标志标线提供足够的视距。

(2)照明。安装照明设施是减少道路交叉口夜间事故的又一措施。

(二)道路互通立体交叉

1.基本情况。互通立体交叉与平面交叉形式的路口相比,其安全性更高。但立交形式也会带来另一些不安全的因素,如立交类型与布局、交通控制和立交间距等。反映其特征的主要是匝道、集散匝道的布局,而匝道、连接道的交通事故主要随交通量的增加和其半径的减小而增加。立交的交通控制主要体现在进入立交区的各种分离设施、引导标志标线、警告和禁令标志,这些设施、标志标线设置的位置、尺寸、颜色直接关系到交通安全。

立交是高速公路和一级公路或主干道等大容量车流相交的主要形式。国外专家认为,影响立交范围内道路安全的关键因素为立交特征、交通量和间距,经研究发现:①匝道和连接道路上的事故随交通量增加和半径减小而增加;②上坡匝道具有较低事故率,连接线上跨高速公路或主干道比较安全;③匝道安全设计应该给予货车更多的考虑,因为货车在匝道上产生翻车和侧滑比例较高;④苜蓿叶式匝道、剪刀形匝道和离开中央分隔带的匝道具有较低的安全性能;⑤交通量高的立交,集散道路对其安全十分有利,特别是使用环形和苜蓿叶环形匝道的立交;⑥让交通流在几个出入匝道上汇流或分流比在单个交通流量大的匝道上汇流和分流更安全;⑦将旧立交改造成满足现行标准的立交,对安全很有利。立交与特定的交通环境的适应程度也是影响安全的关键因素。

2.立交的处理。立交的均衡性、车道的连续性、通行能力、视距、标志、速度差异最小化、对驾驶员干扰最小化等等思想,都是立交设计和组织管理时应考虑的重要因素。

(1)设计均衡性。立交设计的均衡性,主要是要考虑驾驶员对道路变化的预估问题。一般来说,驾驶员都愿从右侧进入立交(或驶出),如果左手出口靠近右手,因交通流方向不同而不可避免地需横穿所有车道去下一出口,会严重影响交通安全。

在通常的设计中存在很多不均衡现象,如:左手驶入接右手驶出、有或没有集散车道的组合立交、部分互通立交等。现在新的道路设计中,由于在采用更长加速车道的同时,又保留了原来短的加速车道,也造成不均衡性。

(2)车道连续性和车道平衡。为便于出口和进口方向优化组织和安全运营,应减少车道变化,并用标志标识前方的道路去向,使车道达到平衡。在出口处,车道的平衡要求离开点的车道数等于进入该点车道加一个车道;在入口处,两个车流汇合之前的车道数不小于汇合之后的车道数减一;且车道的终止只能从右侧开始,每次终止一个车道。

(3)立交间距和类型。立交间距大的高速道路、全定向和菱形立交一般事故较小;城区 1.5 km 和郊区 3 km 的立交间距是比较理想的最小立交间距。匝道间距过小,即便使用附加车道,也会因汇流与分流等原因而导致安全问题。从设立交通标志的可行性和易于驾驶员辨识的角度考虑,立交设计应尽量简单。

(4)匝道。匝道的设置次序、间距、出入口的布置、设计速度、视距等对事故有较明显的影响。一般来说,高流量导致高事故率,虽然有些小流量的农村匝道出口的事故率与城区差不多,但事故率一般随交通流量增大而增高。另外,出口匝道比入口匝道的事故率要高。

(三)分离式立体交叉

分离式立体交叉口的处理也要依照一定的路线设计规范。

1.跨线桥应满足桥下道路的净空规定,跨线桥交角最好>45°;当位于平曲线内时,视距要满足停车视距。

2.主干道跨越快车道时,要保证其桥墩不影响次干道的视线,同时桥墩的设置位于次干道中央分隔带时,前后位置需加设防撞护栏;桥墩不得设在双车道中间;桥梁上部应设防撞护栏。

3.主干道下穿时,上跨桥应保证一孔跨越,同时尽量避免中央有桥墩,若不可避免,应在桥墩前后加防撞护栏或防护网,并与车道相协调。

4.在铁路与公路的分离式立交中,道路上跨时保证铁跨净空要求即可;下穿时,其要求与主干道下穿时一致。

第三章　道路交通安全技术预防

第一节　道路交通事故预测

道路交通事故的发生在时空分布上具有一定的规律性，但何时、何地发生何种性质的交通事件很难事先准确预测。交通事故的总趋势和总体走向是可以预测的。

道路交通安全趋势分析与预测，是根据该地区历年交通事故的统计资料，分析道路交通事故的影响因素，运用预测技术和模型确定近期、中期、远期各规划年份的道路交通安全状况，为制定道路交通安全管理目标、战略和政策提供依据。

一、道路交通事故预测的概述

（一）交通事故预测的定义

道路交通事故预测是根据交通事故过去的发展变化的客观过程和某些规律，参照已经出现或正在出现的各种可能性，运用现代系统学、数学方法，对道路交通事故未来可能出现的趋势和可能达到的水平所做的科学推测。

对道路交通事故的预测一般包括三个方面的分布预测，即时间分布预测、空间分布预测、人群分布预测。而在预测过程中，对历史数据信息的依赖程度是很大的，这主要是因为信息是预测的基础，拥有长期积累的准确而又全面的历史数据是进行预测的必要条件。

（二）交通事故预测的分类

交通事故预测按预测范围可分为宏观预测和微观预测；按预测的结果可分为定性预测和定量预测。

宏观预测是指对时间较长或区域较大的总体性能和趋势性的交通事故预测。

微观预测是对时间较短或某一地点、路段交通事故变化情况的预测。

定性预测是运用定性预测技术,对交通事故未来情况作性质的预测。

定量预测是运用定量分析技术,对交通事故未来状态作出数量的估计。定性预测除单独使用外,还常与定量预测结合使用,用作定量预测的先期分析和后期判断,这样有助于提高预测精度。

(三)交通事故预测的目的

道路交通事故预测的目的是掌握交通事故的未来状况,以便及时采取相应的对策,避免工作中的盲目性和被动性,有效地控制各影响因素,达到减少交通事故的目的。

(四)交通事故预测的主要作用

1. 预测道路交通事故的发展趋势和转折点,为制定宏观预防事故对策和交通安全宣传教育提供依据。

2. 预测道路交通事故的变化特点,为制定针对性防范措施和交通法律、法规提供依据。

3. 预测道路交通事故的近期状态性,为合理制定交通安全管理目标值提供依据。

4. 预测控制条件下的道路交通事故状况,对交通安全措施的可行性和实施效果进行合理评价。

5. 预测新修建道路将来事故多发的地点及事故发生的状态,采取必要的预防警示措施。

(五)交通事故的预测程序

交通事故预测一般分为以下三个阶段:

第一阶段是设计过程,从确定预测目标开始,经过收集、分析有关信息,到初步选定预测技术。

第二阶段是建模过程,建立预测模型并验证模型的合理性。

第三阶段是评价过程,进行预测并对预测值进行检验、评价。在此过程中,要综合分析各种因素的影响,采用多种方法研究和修正。通过科学的判断后,得到最后的预测结果。此后,要对预测结果继续跟踪检测,以证实它是否适用,并在必要时修正预测值。

总的来讲，交通事故的预测程序如下：确定预测目标→收集并分析有关信息→选择预测模型→建立预测模型→进行预测→分析与评价预测结果→预测结果跟踪。

二、道路交通安全发展预测分析

道路交通安全预测技术可分为两类：定性预测和定量预测。

定性预测是在数据资料掌握不多，或需要短时间内做出预测的情况下，运用人的经验和判断能力，用逻辑思维方法，把有关资料加以综合，将定性资料转换成定量的估计值来预测未来。常用的定性预测技术有专家会议法、德尔菲法、主观概率法、趋势判断法、类推法、相互影响分析法等。定量预测是在历史数据和统计资料的基础上，运用数学或其他分析技术，建立可以表现数量关系的模型，并利用它来计算预测对象在未来可能表现的数量。目前对于道路交通事故的预测一般采用定量预测的技术。下面介绍几种常用的定量预测方法。

（一）数学曲线预测法

根据预测对象的观测值序列随时间而变动的不同趋势，用线性、二次曲线、生长曲线等数学曲线进行拟合，进而进行未来年的预测。线性预测主要应用在预测对象随时间呈线性变化趋势，预测模型为：$y=at+b$，式中 a、b 为模型系数。对数抛物线是一种特殊的增长曲线，它随着时间的推移而逐步增长，当增长到一定程度时，数值又会逐渐下降，曲线模型为：$y=ae^{bt}$，式中 a、b 为模型参数。对两边取对数可得 $\ln y=\ln a+bt$，令 $Y=\ln y$，$A=\ln a$，从而上式可写为线性模型：$Y=bt+A$。下面重点介绍增长曲线预测法和对数抛物线预测模型：

1.增长曲线预测法

许多事物的发展规律类似于生物的自然增殖过程，可以用一条近乎S型的曲线来描述：发展初期增长速度较慢，一段时间后，增长速度会逐渐加快，到接近于某一增长极限时，增长速度又会放慢。国民生产总值、交通事故、客货运量等的增长过程，都具有这种特点。

有多种S型增长曲线模型，常用作预测的有戈伯兹曲线和逻辑曲线。

2.对数抛物线预测模型

对数抛物线是一种特殊的增长曲线，与前述两种增长曲线不同，戈伯兹曲线与逻辑曲线的预测对象数值随时间推移而逐步增长，而对数抛物线的预测对象在增长到一定程度后，数值将会逐渐下降。

（二）回归分析预测法

回归分析预测方法是一种定量地描述变量之间的数量关系的预测方法，是定量预测方法的基础。回归分析预测法是根据事物内部因素变化的因果关系来预测事物未来的发展趋势。回归分析预测法就是对其中具有相关关系的变量，通过数理统计方法建立起变量间的回归方程，从而对变量间的密切程度进行描述，并实现对变量回归的估计和测定，进而应用回归方程进行预测。

回归分析预测模型按照变量的个数，可以分为一元回归分析和多元回归分析；按照变量之间的关系，又可分为线性回归分析和非线性回归分析。其中大多数非线性回归分析的问题都可以转化为线性回归分析的问题来处理，通常的做法是采用变量代换法将非线性回归转化成线性回归问题，利用线性回归方法进行求解。多元回归分析的原理又同一元回归分析的原理一致。

1.多元逐步回归预测模型

多元逐步回归预测是按照自变量对因变量作用程度的大小来决定该变量是否引入或剔除，自动地从大量可供选择的变量中选择重要的变量，以建立回归方程的预测方法。

逐步回归预测法是根据自变量对因变量作用程度的大小来决定该变量是否引入或提出的。为了衡量一个自变量对因变量作用的大小，定义D,为“贡献”系数，来表示自变量对因变量的“贡献”。

2.生成数列回归分析法

生成数列回归分析法是运用灰色系统的基本理论对影响因素进行关联分析，定量地找出主要影响因素，并建立因变量、自变量的生成数列，据此进行一元或多元回归分析，得到生成数列回归预测模型。

（三）经验模型法

常用的经验模型有Smeed模型、北京模型等。

1.Smeed模型

Smeed模型是由伦敦大学斯密德（R.J.Smeed）教授在1949年根据欧洲20

个国家的交通事故调查数据,经分析得到的回归模型,

2. 北京模型

北京模型是针对我国道路交通事故特点所构建的具有代表性的交通事故统计预测模型,择优选取了与预测模型相关的11项影响因素指标。

(四)灰色理论模型法

灰色理论预测法不同于数理统计,不需要分析道路交通事故的影响因素,是一种基于现实性和动态性的分析预测方法,通过探究数据序列本身的内在规律,构建预测模型。由于其小样本建模以及计算简单等显著优点,因而得到广泛应用,但是对于波动性较强、序列较长的数据,拟合情况常常不尽如人意,因此常用于中短期宏观预测。

灰色理论预测法是在数据处理上提出“生成”的方法(累加或累减生成),通过生成使数据列的随机性弱化,从而转化为比较有规律的数据列,将随机过程变为便于建模的灰过程。

此外还有BP神经网络预测法、基于主成分分析的道路交通事故预测、基于聚类分析的道路交通事故预测等等。在定量预测中,预测模型的选择至关重要,选择正确的数学模型必须依据客观情况,通过调查、收集数据资料,观察和研究其固有的特征和内在规律,经过必要的抽象和简化,做出能反映实际问题本质的数量关系,并能分析和解决客观实际问题。针对道路交通事故的发生是随机过程的特点,道路交通事故的建模预测分析主要是应用数理统计分析方法,根据大量道路交通事故发生的现象,以及时间、地点、环境等相关因素进行归纳和总结,找出一定的规律性,预计和推测未来的发展情况和危害程度,以及判明影响的原因和因素。在道路交通事故的定量预测中,其数学模型的建立应遵守两条重要原则,一是连续性原则,二是类推原则。连续性原则是指事物的发展过程是按照一定规律进行的,在其发展过程中,这个规律自始至终不应受到破坏,未来的发展与过去和现在无本质的差别。类推的原则是指事物必须有某种结构,其变动是按照一定的规律进行的,也就是说,道路交通事故的发生宏观上表现为连贯性,未来的道路交通事故与过去和现在的道路交通事故本质上无区别,但其变动是有规律可循的。因此,根据其发生和变化的规律性,可以预测未来道路交通事故的发展情况和危害程度。

第二节　车辆与交通安全

一、汽车的使用性能

(一)汽车的制动性能

汽车的制动性是指汽车在行驶中能强制地降低行驶速度以至停车,或在下坡时保持一定速度行驶的能力。制动是汽车主动安全操作措施中的最后手段,是将功能转化为其他形式能量的过程。汽车的制动是通过车上的制动装置来实现的。根据我国标准《机动车运行安全技术条件》(GB7258-2007)(以下简称《技术条件》)的规定,汽车须装有两套彼此独立的制动装置,即驻车制动装置和行车制动装置。驻车制动装置用来在坡道上停车时,防止汽车自行移动;行车制动装置是汽车上的主要制动装置,用来在行车中减速,必要时停车。

汽车的动力性能越好,其制动性能越可靠。在车辆的安全检验和交通事故中,制动性是重要的检查与分析内容。

(二)汽车的制动过程

一般汽车上装有液压式或气压式的行车制动装置。需要制动时,驾驶员用右脚踏下制动踏板,通过液压或气压机构的作用使制动器动作,利用制动器内部的摩擦和车轮与路面间的摩擦消耗汽车的动能,达到减速或停车的目的。

汽车的制动过程如图3-1所示,图中t_1为驾驶员反应时间,即驾驶员发现危险情况后至开始出现反应动作将右脚移动到制动踏板上所需要的时间;t_2为开始踏下踏板到汽车上出现制动力所经过的时间(制动滞后时间);t_3为制动力增长时间;t_4为制动力达到最大值以后的持续制动时间;t_s为停车后到制动解除所需要的制动放松时间。

由于驾驶员的操作方法以及汽车制动装置结构的差异,上述各段时间的长短也各不相同,但一般来讲,驾驶员反应时间t_1为0.3～1.0 s。反应时间长短与驾驶经验、熟练程度和疲劳情况有关。

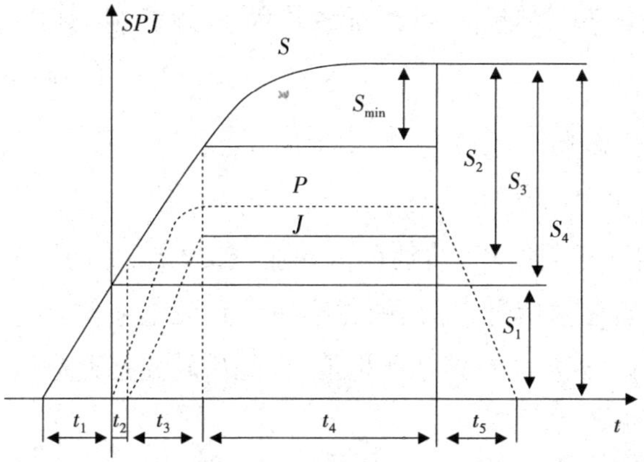

S—制动距离；P—制动踏板力；J—制动减速度；S_{min}—在t_4时间内的最小制动距离；S_i—在t_1和t_2时间内驶过的空驶距离；S_2—在t_3和t_4时间内的实际制动距离；S_3—在t_2、t_3和t_4时间内的制动距离；S_4—在t_1、t_2、t_3和t_4时间内的制动距离。

图3-1 汽车的制动过程

制动滞后时间t_2依据《汽车制动性能动态检测方法》(GB/T 36986-2018)的要求，气压制动系统不能超过0.6 s，液压制动系统不能超过0.3 s。

制动力增长时间t_3从开始产生制动力至达到某一稳定值所经历的时间段。

试验表明，此段时间气压制动系统为0.4 ~ 0.9 s，液压制动系统为0.15 ~ 0.2 s。

在持续制动时间t_4中，车轮呈拖滑状态，其减速度基本保持不变。

制动放松时间t_5是放松制动踏板至制动力消失的时间，此时减速度为零。制动放松时间影响汽车操纵稳定性，因此规定t_5不得超过0.3 s。

由图3-1可以看出，驾驶员在采取制动的整个过程中，发生人的反应滞后和机械动作滞后。前者为从紧急情况发生时起，驾驶员意识判断到进行操作引起的时间滞后，后者为消除制动踏板空行程并踏满最大行程至制动力发生制动作用所形成的时间滞后。

制动全过程包括驾驶员看到信号后做出行动反应、制动系统协调、持续制动和制动彻底放松四个阶段。其中制动系统协调时间包括制动滞后和制动力增长时间。一般制动距离是指从驾驶员踩到制动踏板开始到汽车停住为止所驶过的距离，它包括制动系统协调和持续制动两个阶段中行驶的距离。

（三）影响汽车制动的因素

1.制动时的轴荷分配

制动时，由于重心前移，前轴负荷增加，后轴负荷减少。对于给定载重量和重心位置不偏移的汽车，也只能在某一种路面上使前后轮同时抱死拖滑，而在其他路面上，不是前轮先抱死拖滑，就是后轮先抱死拖滑。

2.车轮制动器

车轮制动器的材料、结构形式和制造精度及调整等，对制动性均有影响。

3.制动初速度

制动初速度越大，制动距离就越长。同时，制动初速度越大，通过制动器转化产生的热能越大，温度越高，对摩擦片材料的热衰退影响越严重，摩擦系数下降越大，轮胎与路面之间的温度也越高，因而使制动距离加长。

4.道路附着系数

附着系数φ值限制了最大制动力，制动距离随着φ值变化而成反比变化。

5.汽车的装载

汽车装载的变化，将改变汽车重心位置而导致汽车的制动性能发生变化。实践证明，对载重量3 t的汽车，如果超载1 t，制动距离要增大0.5 ~ 1.0 m。

6.驾驶技术

驾驶员的驾驶熟练程度、反应的快慢程度，对汽车的制动距离影响也很大。实践表明，许多事故是由于驾驶员的反应太慢造成的。经验证明，在φ值较低的滑溜路面，为防止车轮抱死而导致制动效果变坏，在制动时迅速交替地踏下和放松制动踏板，可提高制动效果。

（四）汽车制动的评价指标

汽车的行车制动能力评价指标包括：制动效能、制动时的方向稳定性及制动效能的恒定性。

1.制动效能

制动效能是指汽车迅速降低行驶速度直至停车的能力，用制动减速度、制动距离、制动力和制动系统协调时间来评价。

制动减速度:制动减速度反映了作用在汽车上的制动力的大小,与制动器制动力及附着力有关。

当车辆在平坦、干燥、坚硬的路面上制动时,由于制动时的初速度不高或初速度虽高但速度下降迅速,故空气阻力、坡度阻力的影响可略去不计。

2.制动时的方向稳定性

汽车制动时的方向稳定性也是影响交通安全的重要因素,在制动过程中有时会出现制动跑偏、后轴侧滑或前轮失去转向能力,使汽车失去控制而偏离原来的行驶方向,甚至发生危险。一般汽车在制动过程中维持直线行驶或按预定弯道行驶的能力,称为制动时汽车的方向稳定性,常用制动时汽车按给定轨迹行驶的能力来评价。如果汽车在制动过程中不能维持原来的行驶方向,甚至失去操纵,则极易引起交通事故。

制动跑偏:制动跑偏是指汽车在制动过程中,自行向左或向右偏驶。引起制动跑偏的原因如下:汽车左右车轮特别是转向轴左右轮制动器制动力不相等;前轮定位失准、车架偏斜、装载不合理或受路面的影响;制动时悬架导向杆系与转向系拉杆在运动学上不协调。其中,前两个原因是制造、调整的误差或使用不当造成的。汽车究竟向左还是向右跑偏,要根据具体情况而定,因此是非系统性的。第三个原因是设计造成的,制动时总向一个方向跑偏,因此是系统性的。导致制动跑偏的三个因素,也会造成汽车行驶跑偏。

在设计时,应充分考虑不对称汽车的部件的布置关系。如燃油箱、工具箱、电瓶、转向机、备胎、储气筒等的位置,应尽量使这些部件的质量对称于汽车纵向中心平面。此外,也应考虑发动机的倾斜位置对制动跑偏的影响。

制动侧滑:是指汽车制动时,某一轴的车轮或两轴车轮同时发生横向滑动的现象。据一些国家的统计资料表明,发生人身伤害的交通事故中,潮湿路面上约有1/3与侧滑有关;在冰雪路面上有70%~80%与侧滑有关,根据对侧滑事故的分析,发现有50%是由制动引起的。

影响制动侧滑的因素有:路面附着系数;车轮抱死及抱死顺序;制动初速度;荷载及荷载转移;侧向力源。

汽车在附着系数小的路面上制动时,很容易发生侧滑,侧滑是由于轮胎的侧后附着力不能控制车辆的侧向运动造成的。由于车轮抱死后在路面上拖滑时,承受侧向力的能力下降,在某些侧向外力的作用下,便会发生制动侧滑。

经过许多试验,目前已经认识到在较高车速下或滑溜路面上制动时,若后轴车轮比前轴先抱死,就可能发生危险的后轴侧滑,即使制动器技术状况完好的汽车也难以避免。在一般道路上车速不高时,制动侧滑并不明显。制动侧滑问题只有通过改进汽车制动系统的结构设计才能彻底解决。

3.制动效能的恒定性

制动效能是指汽车在制动过程中,制动器的抗热衰退能力和水湿恢复能力。制动效能的热衰退:由于汽车高速制动,连续下坡以及短时间内的反复制动,引起制动器温度升高,制动器摩擦力矩显著下降,这种现象称为制动器的热衰退现象。制动效能的恒定性主要指制动器的抗热衰性能。

制动器的热衰退与制动器摩擦副材料和制动器结构形式有关。为了减少热衰退现象,可采取以下措施:增大摩擦片面积,加大制动鼓或制动盘的热容量;提高制动器热冷却能力;利用其他机构吸收一部分能量;尽量使摩擦片温度特性曲线保持平稳;高速车辆应选用自行加力作用较小的盘式制动器。

制动效能的水衰退:制动的水衰退是由于制动器摩擦片表面浸水后水的润滑作用,降低制动器摩擦片的摩擦系数,而使制动器效能暂时下降的现象。

浸水衰退后制动性能的恢复试验可在干燥平坦的路面上进行。首先在车辆满载和连接发动机的条件下,以最大车速的30%为制动初速度,以0.3 m/s^2的减速度重新进行3次制动,记录踏板力或管路压力,作为基准,然后浸水2 min,进行恢复试验。在标准踏板力或管路压力的条件下,制动15次,制动周期为60 s,要求第15次踏板力与基准踏板力之差不大于10%。

(五)汽车操纵的稳定性

汽车操纵稳定性包括“操纵性”和“稳定性”两方面内容。操纵性是指汽车能够确切地响应驾驶员指令的能力;稳定性是指汽车受到外力扰动后恢复原来运动状态的能力。汽车的操纵性和稳定性两者密切相关,相互影响,它是汽车基本运动性能之一。操纵稳定性不好的汽车一般有“发飘”“反应迟钝”“丧失路感”“失去控制”等现象。操纵稳定性不好的汽车使驾驶员难于控制,严重时还可能发生翻倾或侧滑而造成交通事故。因此,应深入了解影响操纵稳定性的因素,提高汽车的操纵稳定性,确保行车安全。

1.汽车的稳定性

(1)纵向稳定性

汽车的纵向稳定性是指上(或下)坡时,汽车抵抗绕后(或前)轴翻车的能力。随着运动状态的改变,当汽车前轮的法向反作用力变为零时,前轮的偏转不能确定汽车的起动方向而造成操纵失灵;当后轮的法向反作用力为零时,对于后轴驱动的汽车,将失去行驶能力。上述两种情况都会使汽车的稳定性受到破坏。

(2)横向稳定性

汽车的横向稳定性是指汽车抵抗侧翻和侧滑的能力。汽车在横向坡道上直线行驶:汽车在横向坡道上直线行驶时,当坡度角β增大到重力通过右侧车轮中心,而左侧车轮的法向反作用力等于零时,则车辆发生侧翻。

汽车在水平路面上曲线行驶:汽车的侧翻和侧滑也可能发生在水平路面上的曲线行驶中。

汽车行驶时,降低车速,加大转弯半径是防止侧向翻车的主要措施;装载时应注意降低重心高度,并捆绑牢固。值得提出的是某些客车及以货代客或装运牲口的汽车,其重心较高,在离心力较大的情况下,乘客或牲口会不自觉地向外倾斜,而容易造成重心偏移,发生侧翻。

2.影响汽车操纵稳定性的主要因素

影响汽车操纵稳定性的因素很多,除汽车本身结构参数,如汽车的轴距、轮距、重心位置、质量分配、轮胎的特性以及悬架导向装置等设计与结构因素的影响外,还有地面不平、纵向和横向的坡度、左右车轮附着差异、横向风、弯道离心力以及驾驶员操纵技能等使用因素的影响。如果驾驶员反应快、技术熟练、动作敏捷、体力好就能及时准确地采取措施,从而使汽车的运动状态趋于稳定;反之,如果驾驶员的反应迟钝、判断错误,就可能导致稳定性的破坏、操纵性的丧失。

影响汽车操纵稳定性的因素,归纳起来主要有以下几个方面:

(1)轮胎侧偏

汽车轮胎的前进方向并非永远沿着车轮本身的旋转平面,而可能与旋转平面成一侧偏角。轮胎侧偏会改变汽车的既定行驶路线,产生一个不由驾驶员控制的附加转向输入,从而影响汽车的操纵稳定性。

(2)转向悬架系统的弹性

在汽车转弯时路面横向反力的作用下,由于悬架系统的弹性,使车轮会发生附加变形。这种变形往往构成相应车轮附加转向角,影响有效转向输入。

(3)侧倾转向效应

汽车转弯时车身产生侧倾,由于悬架系统与转向系统的导向运动特性关系,车身的侧倾可能造成车轮或整个车轴在水平面内转动,成为可能改变有效转向输入的附加输入。

(4)车轮侧倾效应

对于独立悬架汽车车身侧倾会引起车轮的侧倾,而车轮侧倾会造成轮胎侧偏角的变化。

(5)空气动力影响

这种影响是通过高速行驶状态下空气对汽车的三个方向的力和三个方向的力矩表现出来,一方面它直接影响前后车轮的横向力,从而影响相应的侧偏角;另外,空气对汽车的升力影响前后车轮的垂直负荷,通过改变轮胎侧偏刚度而间接影响侧偏角。

汽车操纵稳定性有多种表现形式及相应的试验评价方法。不同的影响因素对操纵稳定性能具体项目的影响也不同,往往是相互作用,有时同一影响因素的变化对不同操纵稳定性的作用效果可能相反。在实际工作中,应针对出现的问题进行具体分析。

3.提高操纵稳定性的主要因素

(1)动力转向

随着车速的提高、长途运输车载重量的增加以及驾驶员操纵舒适程度要求的提高,对转向轻便性的要求也越来越高。由于操纵转向盘既要做到动作灵活、轻便,还要有适当的路感,特别是低速转弯或紧急避让时能按驾驶员的意愿正确运行。其解决措施一是靠转向器结构、形式来改善原有性能;二是借助动力转向机构。

(2)自适应感应器

汽车正常行驶中,当侧向风或路面不平产生的外力使车辆偏离行驶路线时,检测仪器自动检测偏移量,使执行机构动作,带动转向联动机构自动进行方向修正，以保持汽车原行驶路线。

(3)警报信号与控制系统

为了使车辆正常行驶，设计了许多警报控制系统，以提醒驾驶员注意操纵车辆或利用自动调节装置限制或修正车辆的运行状态。如在车辆的信号装置中设置车辆超速警告灯或设警示区域来提醒驾驶员；在某种发动机上设置一个速度控制开关，当车速超过限制时，停止供油；一些科研机构研制出车间距控制系统，使用微波雷达测量车距，对危险状态发出警告。

(4)四轮转向系统

四轮转向系统是由前后轮两套转向器组成，二者由中间轴连接，由前轮转向角与车速或前轮转向力与车速作为后轮转向的控制信号。

(5)制动转向控制系统

减少事故率及其损失的方法中，制动加转向回避的效果要比单纯制动回避、单纯打转向回避好得多。为此研制出汽车旋转稳定装置(VSC)，其原理就是在转弯的过程中，如车轮出现侧滑趋势，自动调整各轮的制动力，同时控制发动机输出功率，从而控制车辆旋转的可能性。

(6)驱动力自动调节系统

为了提高和改善车辆的转向性能，以及车辆在复杂路面上直线行驶的稳定性，美国、欧洲和日本等国家先后开发了不同形式的驱动力自动调节系统。其原理就是改变了普通车辆在任何运行情况下左右两侧驱动力都一样的情况，根据具体情况使内侧车轮驱动力向外侧车轮转移，从而产生转向力矩，同时使内外轮转速不一致。

二、汽车的安全防护措施

(一)预防事故发生的绝对措施

1.前照灯

前照灯安装在汽车的头部，所以又称头灯或前大灯。前照灯的作用是照亮汽车前方的道路，为安全快速行驶创造良好的照明条件。汽车前照灯灯泡的发光强度最大只有50~60 cd，只能照亮汽车前6 m左右的地方。但经过反射镜的作用以后，就把灯泡的光线集合成平行光而射向远方，使发光强度增加几百倍，达到12 000~15 000 cd。这样的光度下，能将汽车前100~150 m

之内的道路照得足够清楚。为防止夜间会车时前照灯中的远光灯眩目,还必须设有近光灯,近光灯可照清车前40 m的道路,远、近光灯有一个转换开关。《中华人民共和国道路交通安全法实施条例》中规定,夜间会车在没有路灯或照明不良的道路上,须距对面来车150 m以外互闭远光灯,改用近光灯。

前照灯的作用除了照明以外,还有向其他车辆或行人等显示本车存在的作用。由于在很远以外即能发现前照灯灯光,其他车辆或行人便可以提前做好避让的准备。如果前照灯出现故障,例如左侧前照灯不亮,会被对面来车误以为是摩托车,在会车时,可能因未留下足够的间隙而发生正面相撞事故。

2.尾灯与制动灯

为防止追尾撞车事故,驾驶员必须及时把握前车行驶状态的变化,同时又要注意提醒后续车辆注意本车的存在和行驶状态。这些信息主要靠汽车的尾灯和制动灯来传递。从保证交通安全的角度来看,尾灯和制动灯要色彩鲜明,易于识别。也就是说,既能使后续车很快发现,又不至将尾灯与制动灯混淆。在正常情况下,后续车对前车制动灯点亮做出反应的时间约为1s左右,但把制动灯误认为是尾灯然后再纠正过来,反应的时间将大大增加,因而容易发生追尾撞车事故。

3.挡风玻璃及后视镜

驾驶员靠挡风玻璃获得前方视野,对挡风玻璃的要求是上部应具备防眩目装置,下部要有足够的前方视野,同时应遮断多余的不必要的视觉情报,以减轻驾驶员的精神负担。

驾驶员靠后视镜获得车体两侧和后方视野。根据我国《机动车运行安全技术条件》的规定,大客车和大型平头货车,在左、右、前各装一面后视镜,其他汽车左右各装一面后视镜。

4.报警装置

车内各种警报装置用来向驾驶员报知本车的不安全信息,这对于保证安全行车是有积极意义的。国外生产的汽车大都装有各种音响的或者灯光的报警装置,如气压报警或制动液面报警、超速报警、车门未关严报警等。我国《机动车运行安全技术条件》(GB 7258-2017)中规定,1988年底以后生产的车辆,必须设置危险报警闪光灯。

5.仪表

汽车上的仪表用来向驾驶员表示汽车的行驶状态和主要构件的工作状态,其中与交通安全有直接关系的有车速表和制动气压表。

在行驶过程中,外界情况复杂多变,驾驶员不可能在仪表读数上花太多的时间,这就要求仪表的设计与安装要便于读数,使驾驶员很方便地就能获取仪表的显示信息。

影响仪表读数效率的因素主要有仪表的布置、仪表的尺寸和数量、表盘形状、刻度间隔、指针形状、颜色、照明、表面玻璃的反光等。数字显示仪表的读数效率最高,仪表盘上刻度线的间隔大小对读数效率的影响也很大。一般来说,读数效率随刻度线间隔的增大而增大,在达到某一数值后,读数效率不再增加,甚至反而有所下降,当视角为2.5°~5°时认读率最高。

(二)减轻事故损失的结构措施

1.减轻行人伤害的结构措施

在交通伤害事故中,汽车碰撞行人而使行人受到严重伤害的事故占有很大比例。汽车与行人相撞是个复杂的问题,相撞时行人的姿势、汽车与行人接触的部位等对伤害情况有很大影响。

(1)汽车与行人发生碰撞的机理

根据使用模拟人和汽车相撞实验的结果来看,一般成人与汽车相撞后的情况如下:直立的成人行人,首先被前保险杠、接着被车身正面横向撞在下半身上,所以身体会倒向发动机罩;若碰撞速度很高,则会被继续抛向发动机罩,把头和上半身重重地摔在发动机罩上;之后,大多数情况下轿车会紧急制动,由此,行人的身体被抛向前方。但是,身高在1.2 m左右的儿童不会被抬起抛向发动机罩,而是被直接撞飞到前方;身高1 m以下的幼儿则会被撞倒,被汽车碾过的可能性较大。

汽车与行人相撞的过程中,行人将受到三次严重的碰撞。一次碰撞是汽车的保险杠撞击行人的腿部,发动机罩撞击行人的腰部。对于成年人,由于人体受到的冲击力作用在人体的重心以下,所以碰撞后人体围绕重心发生回转运动而被抛上发动机罩,并在其上滑动,头部将碰撞前挡风玻璃。在这个过程中,行人受到二次碰撞。最后,行人从发动机罩上落下,与路面三次碰撞或受到车轮的碾压。

(2)减轻行人受伤程度的措施

为了减轻受害行人的受伤程度,在设计车身时,分别从以上三次碰撞方面采取相应的措施。

减轻一次碰撞伤害。为实现这一目的,多采用能量吸收式保险杠,它由保险杠外板、能量吸收体和骨架构成。低速碰撞时,它能够对行人起到保护作用,并能避免汽车重要部分的毁坏,从而减少维护费用。

减轻二次碰撞伤害。根据日本比绍公司的调查,用考虑伤害程度和频率的伤害重要度指标进行比较时,二次碰撞造成的头部伤害最大,与风窗玻璃框架碰撞造成的后果最严重。因此,可在前挡风玻璃周围及发动机上部布置弹性材料来缓解对行人的伤害。

减轻三次碰撞造成的伤害。对第三次碰撞防护,一般在车前部设置防止行人摔到路面上的救护网等接收装置。除此以外,为防止自行车和行人被卷到汽车后轮下,我国《机动车运行安全技术条件》(GB 7258-2017)中规定全挂列车的牵引车和挂车之间应加设安全防护装置,在大型载重汽车前后轮之间要安装防护栅,以及在汽车拖带挂车时,在汽车与挂车之间也应该加装安全防护装置。

此外,在行人保护措施中,防止车外的突出物对行人造成伤害也是很重要的。在车身设计时尽量将门把手等装置设计成内凹式,采用具有缓冲机构的后视镜等措施,以利于减轻对行人的伤害。

2.减轻乘员伤害的结构措施

汽车是一个具有复杂结构的高速运动的物体,由于道路交通状况等诸多因素的影响,汽车发生碰撞时,其碰撞形式各有不同,主要有三种形式:正面碰撞、侧面碰撞以及后面碰撞,另外还有车碰行人与翻车等。发生车对车、车对固定物的碰撞,或翻车等事故时,车内乘员会受到很大伤害。

当汽车和固定物发生碰撞时,碰撞部位的车身会发生变形,汽车产生非常大的减速度,此时,车内乘员在惯性力的作用下,仍以原来的速度向前运动,最后撞在车内的结构物(如方向盘、仪表盘、挡风玻璃等)上。汽车撞在固定物上可以称为一次碰撞,乘员撞在车内结构物上称为二次碰撞。车内乘员的受伤害程度取决于二次碰撞的严重程度,二次碰撞的减速度越大,对车内乘员的伤害就越大。此外,在发生事故时,如果驾驶室变形较大,可能危及车内乘员的生存空间,而使乘员受到伤害。

因此,对于车内乘员的保护可以从两方面进行考虑,一是要有合理的车身结构,以保证车体在事故中产生变形后仍能够确保车内乘员的生存空间;二是要有性能良好的乘员约束装置,以减轻二次碰撞。

(1)保护乘员生存空间的结构措施

提高驾驶室的抗变形强度:驾驶室坚固可靠是保证乘员生存空间的最直接、最有效的方法,特别是在发生侧面碰撞和翻车事故时,坚固的驾驶室是保证乘员安全的主要手段。为减少驾驶室在事故中的变形,保护车内成员有足够的生存空间,可提高窗框、门框、驾驶室前后壁顶棚、车门等处的变形强度。车身结构设计的基本思想是利用车身的前、后部有效地吸收碰撞能量,车室要坚固可靠,确保乘员的有效生存空间。

加强车身前部与后部吸收冲击的能力:汽车前部构件的碰撞能量主要依靠物件的弯曲变形和压溃变形来吸收。汽车前部如发动机、变速箱、差速器等质量较大,是不产生变形的部件,在发生碰撞时,并不吸收能量,从而车身的压溃变形量小,为防止这些部件侵入驾驶室,必须采取相应的措施使其向下转移。对于小客车,为了减少在碰撞时驾驶室受到的冲击,可加强车身前后吸收冲击的能力。

良好的能量吸收特性包括两方面的含义:一方面,汽车的前部构件要尽可能多地吸收撞击能量,使作用到乘员身上的力和加速度降低到规定范围以内;另一方面,控制受压各部件的变形形式,防止车轮、发动机、变速箱等构件侵入驾驶室。计算表明,当汽车以80 km/h的速度发生正面碰撞时,汽车前部如果能吸收全部碰撞能量的70%,就可以保证车内乘员的安全。为了吸收冲击能量,对于承载式车身,可在车身前部加装吸收能量的杆件,对于非承载式车身,主要靠前部车架的特殊结构来吸收撞击能量。

车身后部被撞击的情况和前部被撞击的情况类似,只是车内乘员受到的冲击比较小。此外,由于车身后部无发动机、变速器等构件,碰撞时的冲击能量几乎全被车身后部的变形来吸收。车身后部的吸收冲击能量的结构方案与车前的基本相同。对于非承载式车身,可用车架后部的特殊结构来吸收能量;对于承载式车身来说,车身可以安装专门的吸能杆件。

侧面碰撞时车身变形空间小,所以侧面碰撞受伤的危险性比正面碰撞的危险性高得多。为了加强乘员保护，车门、门槛和立柱都要设计成刚性结构。通过将侧碰力有效地转移到具有保护作用的梁、柱、地板、车顶及其他部件，使冲击力被这些部件分散、吸收，从而极大限度地把可能造成的损害降低到最低程度。

防止车内因碰撞而发生火灾的措施：在汽车发生碰撞以后，如果发生火灾，会造成极大的损失，同时对车内乘员的生命造成巨大的威胁。在实际事故中，因车内发生火灾而引起乘员的伤亡屡见不鲜。因此，如何防止汽车因碰撞而发生火灾也是汽车结构设计中应该考虑的重要问题。

汽车事故引起的火灾一般都是因燃料箱或油管被撞破，燃料流出后遇到火花而起火的。因此，防止火灾的主要措施首先是消除火源，保护好燃料和油管使其不受到撞击；其次是防止火灾蔓延和保证人员迅速撤出；第三是要注意采用隔燃材料。具体措施如下：

一是防止燃料泄漏。燃油泄漏是火灾发生的第一个环节，因此防止事故火灾最重要的就是防止燃料泄漏，包括：合理布置燃料箱位置。对于小客车来说，燃料箱最安全的位置是汽车后轴上方，因为可以受到左右两车轮的保护。对于载重汽车来说，因为在会车时会经常发生刮擦事故，并且我国汽车是靠右行驶的，为了减少汽车左侧刮擦而造成引起火灾的可能性，所以建议汽车燃料箱放在右侧。设计加油口时应该注意撞车时的燃油泄漏问题。燃油管的布置也很重要，撞车时应该尽量使其不受损伤。采取具有阻燃性能的超高分子量的聚乙烯塑料制作油箱，防止因撞车而发生的燃油箱爆炸。

二是使用性能良好的挡风玻璃。完好的挡风玻璃可以减缓火焰侵入驾驶室的速度，为营救工作争取宝贵的时间。合理设计发动机罩的结构，在发生碰撞事故的时候，减少发动机罩的变形，使其在中部发生弯折，而控制根部的变形，这样也可以减少挡风玻璃的破碎面积。

三是采用阻燃的内饰材料。发生火灾后，为了减缓火势的蔓延而使乘员有撤出的时间，车厢内部材料最好使用非易燃物。

此外，对于大型客车，要设置安全门。《机动车运行安全技术条件》（GB 7258-2017）中规定，车长大于8 m或乘员大于40人的客车，如果本身只有右侧一个供乘客上下的车门，应该设置有安全门或者安全出口。需用安全门时，不用其他器具即可将其向外推开。安全门（安全出口）上应有明显的红色标志,并有开启装置。同时,应备有便于取出的击碎出口玻璃的专用工具。这项规定1989年底以后生产的汽车必须执行。同时,汽车应该装备灭火器。

(2)减轻乘员二次碰撞的结构措施

安全带:汽车座椅安全带是重要的保护约束设施之一,在减轻乘员碰撞事故中的伤害程度方面有着十分重要的作用。安全带具有安全可靠、价格低廉、安装简便等优点,而被国内外汽车厂商广为使用。我国汽车安全带的生产和使用比较晚,1989年国内部分厂商才开始试用安全带,但是发展得十分迅速,从1993年强制使用安全带条例开始实施以来,仅几年时间,我国就完成了从开发到汽车的普遍使用。

安全带是将乘员身体约束在座椅上的安全装置,用以避免车辆发生碰撞事故时,乘员身体冲出座椅而发生二次碰撞。事实证明,在碰撞事故中,安全带对于正面碰撞、追尾碰撞及翻车事故中的乘员保护效果较好,尤其可减少对乘员头部和胸部的伤害。据国外的一项调查报告表明:未使用安全带时,在20 km/h的车速下发生的正面撞车事故即可引起驾驶员的死亡,而使用三点式安全带时,在95 km/h的车速下发生的交通事故,驾驶员死亡率也极低。

安全带可以分为两点式、三点式和全背带式安全带,其中,两点式只约束乘员的腰部,三点式同时约束腰部和身体上部,全背带式安全带虽然安全性能是最好的,但是由于其实用性还不够完善,目前多用于赛车。

安全带的种类较多,其主要组成部分一般由织带、带扣、卷收器和调节件组成。

织带:织带是构成安全带的主体,是由一种化学纤维编制而成的带子,有足够的机械强度及适当的延伸率。织带直接与乘员身体接触,带宽一般为48 mm左右,厚度约1.1 ~ 1.2 mm。

带扣:用以结合或脱开安全带,要求结合牢固,使用方便、省力。

卷收器:卷收器的作用是在平时将安全带卷起收容起来,在使用时,调节安全带的长度,在发生碰撞事故时,承受拉力,约束住乘员的身体。根据作用方式的不同,卷收器可以分为无锁止式、自动锁止式和紧急锁止式。无锁止式卷收器的作用方式是在织带全部拉出来时保持束紧力的卷收器。自动锁止式卷收器的作用方式为自由地将安全带拉出,但是一旦拉出带子的动作停止,带子便立即锁住,不能继续拉出。紧急锁止式卷收器的作用方式为安全带可自由地拉出或缩回，但当拉出带子的速度超过某一数值时，便立即锁住，不能继续拉出。由于紧急锁住式安全带使用方便，在平时行车过程中，乘员的身体有自由活动的余地，目前被广泛使用。

调节件：用于调节织带使用长度的部件。

安全气囊：安全气囊是现代车辆安全技术中高技术产品之一。其作用是防止乘员在事故中与方向盘、仪表盘等车内结构物接触，从而避免二次碰撞而受伤。安全气囊对乘员的保护效果总体来说是不如安全带的，但是它与安全带配合使用将大大降低事故中乘员的受伤害指数，尤其可以大大减轻驾驶员面部受到的伤害。据资料统计，安全气囊可使事故死亡率降低18%左右，与安全带配合使用将使事故死亡率下降47%左右。近几年，安全气囊在美国、日本和欧洲发展迅速，目前在我国也得到了应用。

安全气囊的工作原理为：安全气囊平时折叠收容于方向盘中央及仪表盘下部。当车辆因发生事故而剧烈碰撞时，传感器触发气体发生器，后者产生大量的气体充入气囊，使气囊迅速膨胀，挡在乘员与车内结构物之间，以缓和冲击并吸收碰撞能量，从而达到减轻事故伤害程度的目的。

目前，驾驶员和副驾驶员的正碰撞气囊已经得到广泛采用。侧面碰撞气囊也越来越多地被采用。可以预见，装备对全车乘员进行各种碰撞保护的气囊系统，将是乘员保护系统的发展趋势。

安全转向柱：汽车发生正碰时，碰撞能量使汽车前部发生塑性变形，位于汽车前部的转向柱在碰撞力的作用下向驾驶员方向移动。这种运动的能量应该通过转向柱以机械的方式予以吸收，以防止或者减少其直接作用于驾驶员身上，造成人体伤害。另外，汽车发生正碰时，驾驶员受惯性的影响有冲向转向盘的运动。驾驶员的运动能量一部分由约束装置如安全带、气囊等加以吸收，另一部分传递给转向盘和转向柱系统，这部分能量也要通过转向盘及转向柱系统予以吸收。所以，除满足转向器的常规功能外，还能有效吸收碰撞能量，这就是安全转向柱的要求，近年来，能量吸收式转向柱得到了广泛的应用。

能量吸收式转向柱的主要功能是吸收两次碰撞能量和驾驶员的部分惯性能量。能量吸收式转向柱除有足够的强度和刚度保证正常的转向力传递外，还应在发生正面碰撞时可以被压缩，且在转向器系统中有能量吸收元件以吸收碰撞能量。

实践证明,在发生碰撞的交通事故中,能量吸收式转向柱在减少人员伤亡方面的作用是明显的。

座椅头枕:头枕是一种用来限制乘员头部相对于躯干向后移动的弹性装置。其作用是在发生碰撞事故(尤其是在尾撞事故)时,可抑制乘员头部后仰,以防止或减轻对颈部的损伤。

座椅头枕可分为固定式和可拆式两种。根据头枕所起的作用,在设计制造时应该考虑以下问题:头枕本体对来自前方及上方的冲击,应具有防止弹回的能力;连接部件等须牢固;各调节部件应易于调整,能将头枕本体固定于任何位置。

座椅:座椅是影响汽车安全性的重要部件,座椅本身的强度及在车身上的安装强度要足够,以防发生撞车事故时座椅损坏,对乘员造成伤害。座椅的设计和制造应该满足以下要求:结构设计合理、乘员有良好的坐姿和体压分布、乘坐舒适、有足够的强度和刚度。如作为固定安全带的基座,应能承受人的各种动作的作用力(包括车辆碰撞时人的冲击力);有良好的振动特性,适合人体的振动特点;座椅在整车上布置应使转向盘和其他操作机构与驾驶员的距离、视野、头像间隙、腿部间隙等适应不同身材的乘员,其布置应使发生碰撞时保证安全;结构与制造简单,有良好的经济特性。

仪表盘:仪表板表面应以弹性材料覆盖,以使其受到冲撞时能产生一定的变形,吸收冲击能量,减轻对人体的伤害。

减少车内突起物:车内的结构物,如门把手等的表面应避免有棱角,并以弹性材料覆盖。

第三节　道路与交通安全

一、道路几何线形与交通安全

道路几何线形要考虑与地形及地区的土地使用相协调,同时要使道路线形连续,并和平面、纵断面两种线形以及横断面的组成相协调,更要从施工、维修管理、经济、交通运用等角度来确定。

所谓线形，是立体描述道路中心线的形状，其中，平面描述的道路中心线形状称为平面线形，立体描述的道路中心线形状称为纵断面线形。线形的好坏，对交通流安全畅通具有极其重要的作用。如果道路线形不合理，不仅会造成道路利用者时间和经济上的损失，降低通行能力，而且可能诱发事故。道路线形设计原则如下：从行驶力学考虑，汽车行驶时应安全、迅速、舒适；从地形、地质上应合理经济；驾驶员的视觉和驾驶心理上应反应良好；与交通环境及沿途景观协调和谐；整体的线形保持连续性。

线形虽受投资、设计与施工难易的制约，但它是一条路线的基础、行驶安全的关键，必须重视上述的设计原则。线形不可急剧转变，例如避免长直线连接转弯；不得已设急转弯时，应设于驾驶员易辨认处；道路交角避免10°以下，不得不设小交角时，应充分加长曲线长度，防止驾驶员产生曲率较大的错觉；直线与圆曲线之间应插入回旋曲线，并充分考虑行驶力学与视觉上的条件；设计平面线形时还要注意与纵断线形密切配合，尽力形成良好的立体线形以达到行驶安全、顺适的目的。

我国《公路工程技术标准》(JTGB01-2014)中规定了各级公路的计算行车速度及主要技术指标，如表3-1、表3-2所示。

表3-1　我国各级公路计算行车速度

公路等级	高速公路			一级公路			二级公路		三级公路		四级公路
计算行车速度/(km/h)	120	100	80	100	80	60	80	60	40	30	20

表3-2　主要技术指标汇总

计算行车速度/(km/h)			120	100	80	60	40	30	20
车道宽度/m			3.75	3.75	3.75	3.50	3.50	3.25	3.00
圆曲线最小半径/m	一般值		1 000	700	400	200	100	65	30
	极限值		650	400	250	125	60	30	15
	不设超高最小半径	路拱≤2.0%	5 500	4 000	2 500	1 500	600	350	150
		路拱>2.0%	7 500	5 250	3 350	1 900	800	450	200

续表

最大纵坡/%		3	4	5	6	7	8	9
计算行车速度/(km/h)		120	100	80	60	40	30	20
最小坡长/m		300	250	200	150	120	100	60
凸形竖曲线半径/m	一般值	17 000	10 000	4 500	2 000	700	400	200
	极限值	11 000	6 500	3 000	1 400	450	250	100
凹形竖曲线半径/m	一般值	6 000	4 500	3 000	1 500	700	400	200
	极限值	4 000	3 000	2 000	1 000	450	250	100
竖曲线最小长度/m		100	85	70	50	35	25	20

(一)平面线形

平面线形如图3-2,可分为直线、圆曲线、缓和曲线三种线形。

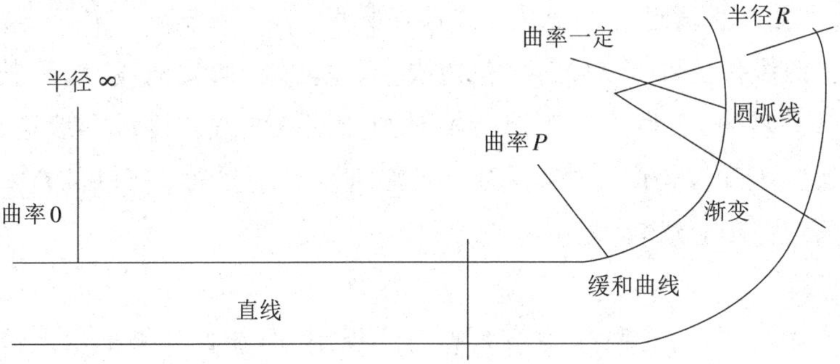

图3-2　平面线形

1.直线

直线是最常用的线形,具有现场勘测简单、前进方向明确、距离短捷的优点。对于公路来说,直线部分景观单调,对驾驶员也缺乏刺激,在选用直线线形时,一定要十分慎重。如果直线段过长,容易对驾驶员产生催眠作用,驾驶员感到单调、易瞌睡,故并非理想的线形;同时直线长度亦不宜过短。

我国规定最小直线长度为:当计算行车速度为60 km/h时,同向曲线间最小直线长度(以m计)以不小于行车速度(以km/h计)的6倍为宜;反向曲线间最小直线长度(以m计)以不小于行车速度(以km/h计)的2倍为宜。

对于城市道路来说,由于城市道路网一般呈方格、放射环形等,设计车速较低且常有交通信号管制,使停车次数较多;因而城市道路采用通视良好的直线,对驾驶员有利。

2.圆曲线

圆曲线仅次于直线,也是常选用的一种线形,其现场勘测比较简单,一定的曲率半径可以给驾驶员适当的紧张感。

3.缓和曲线

缓和曲线是设置在直线与圆曲线之间或圆曲线与圆曲线之间的一种曲率连续变化的曲线。比如,直线与圆曲线连接,车辆由直线进入曲线时,驾驶员由于突然受到离心力的影响而产生不舒适感和危险感,为了缓和这种感觉,就需要设置缓和曲线。在道路中增加缓和曲线,会使车辆在正常转弯行驶时减少对道路摩擦力的需求,增强道路交通的安全性。

另外,在路线的曲线部分要设一定的超高或加宽时,都应在缓和段上进行。这种情况下,设计超高,要在缓和曲线段的全长内逐渐过渡,使超高慢慢变化,缓和曲线长度还应大于超高过渡段长度。

缓和曲线作为线形,有三次抛物线、双扭曲线、回旋曲线等,驾驶员按一定速度转动转向盘,按一定车速行驶时则曲率按曲线长度缓和地增大,轮迹顺滑的轨迹刚好符合回旋曲线,因而回旋曲线是适合汽车行驶的良好曲线形式。我国用回旋曲线较多。

4.超高

汽车在弯道上行进时,会受离心力的作用,向圆弧外侧推移。该离心力的大小,与行车速度的平方成正比,与平曲线的半径成反比。所以,车辆在较小半径的弯道上,开得越快,车身受离心力推向弯道外侧的危险就越大。为预防这种危险情况的发生,驾驶员必须小心谨慎,降低车速。同时,道路工程部门在设计与施工中,则把弯道的外侧提高,使路面在横向朝内一侧有个横坡度(即横向倾斜程度),来抵挡离心力的作用,即道路超高。道路超高规定在2%~6%之间。

5.加宽

汽车在弯道上安全行驶所需要的路面宽度,较直线段上要宽些,所以弯道上的路面应当加宽。

(二)纵断线形

纵断线形主要指表示道路前进方向上坡、下坡的纵向坡度和在两个坡段的转折处插入的竖曲线两类。

道路原则上按在同一设计车速路段保持同一行驶状态来进行设计。纵向坡度和别的线形因素不同,受车辆和行驶性能的影响较大,对任何车辆都按确保设计车速来设计是不经济的。同时,爬坡能力明显不同的车辆混合在一起时,不采用适当的纵向坡度和在路段设置爬坡车道的话,就会成为道路通行能力低和发生交通事故的主要原因。车辆行驶过程中往往需要紧急刹车,由于下坡行驶的制动距离要比上坡行驶的长,因此下坡事故数要比上坡事故数多;上下坡行车条件的差别,在较小纵坡条件下就有所反映。

1.最大纵坡

纵向坡度的标准值,要在经济容许的范围内,按尽可能较少地降低车辆速度的原则来确定,与其他路段一样,需要努力保证与设计车速一致的行驶状态。具体地说,纵向坡度的一般值,按小客车大致以平均行车速度可以爬坡;普通载货车大致按设计车速的1/2速度能够爬坡的原则来确定。但是,在由于地形状况及其他特殊理由不得已的情况下,可把在爬坡的终点能够保证上述行驶速度的纵向坡度值和确定的长度,作为特殊情况来处理。

我国《公路工程技术标准》(JTGB01-2014)对各级公路的最大纵坡所作的规定如表3-3所列。

表3-3 最大纵坡

计算行车速度/(km/h)	120	100	80	60	40	30	20
最大纵坡/%	3	4	5	6	7	8	9

高速公路受地形条件或其他特殊情况限制时,经技术经济认证合理,最大纵坡可增加1%。

2.纵坡长度

在翻山越岭连续上坡的路段,机动车在较长的坡道上行驶,发动机容易过热,引起故障。在连续下坡时,车速越来越快,不安全,特别在雨天或有冰雪时，更有滑溜的危险。表3-4为不同坡度的坡长限制值。

表3-4 纵坡长度限制值

纵坡坡度 i/%	坡长限制/m
$5<i\leq6$	800
$6<i\leq7$	500
$7<i\leq8$	300
$8<i\leq9$	200

我国《公路工程技术指标》(JTGB01-2014)对各级公路纵坡的最小坡长规定如表3-5。

表3-5 最小坡长

计算行车速度/(km/h)	120	100	80	60	40	30	20
最小坡长/m	300	250	200	150	120	100	60

对于高速公路、一级公路，当连续陡坡由几个不同坡度值的坡段组合而成时，应对纵坡长度受限制的路段采用平均坡度法进行验算。

3.竖曲线

汽车在纵坡发生转折的地方行驶时，为了缓冲汽车在转为凹曲线时的冲击，在凸曲线的地方要保证一定的视距，必须在两个坡段之间插入一段曲线，称为竖曲线，通常采用二次抛物线。

表示竖曲线大小的指标，有长度、半径和曲率。竖曲线的曲率根据曲线长度和纵向坡度的变化量来决定。严格地说，二次抛物线的曲率在曲线各点上不相同，但作为竖曲线应用的范围内曲率差别很小，所以实际应用中，不妨看作是曲率一定的圆弧曲线。

一般说来，凸曲线的交通事故率要比水平路段高，小半径凸曲线的事故率要比经过改善设计后的竖曲线路段事故率高很多。竖曲线的频繁变换会影响行车视距，严重降低道路安全性能，尤其在凸曲线路段，视距受限会大大增加交通事故率，如在凸曲线后面存在一个急弯，由于凸曲线遮挡视线，驾驶员来不及反应，极易造成交通事故。

在白天或夜晚照明充足的情况下，凹曲线的视距并不是影响交通安全的关键因素，但是在夜晚没有照明的道路上，凹曲线必须考虑视距问题，因为道路线形的水平曲率会使车头灯光不能沿路线线形的前进方向，仅能侧向照射路面，这种情况即使将凹曲线展平也不会有明显改善。

（三）线形综合协调

道路线形协调问题，对道路上的交通安全和畅通有很大影响。线形综合协调就是要考虑驾驶员行车特性及环境与线形之间的关系，使道路线形能够顺畅、平缓，为车辆行驶创造良好的条件。

1.技术标准应相互协调

道路全线的各项技术标准最好能够一致，这意味着道路全线均可满足同一最大的行车速度值，车辆在道路上行驶就比较安全可靠，易于操作。如果必须变更标准，应该在两种标准之间设置过渡地段，使驾驶员能够逐渐适应。

2.线形连接应协调

线形连接与驾驶员行车心理、生理特性和视觉及反应有密切关系。若行车速度变化幅度大，对于驾驶员来说，易于发生交通事故。根据驾驶员行车特性，线形连接应协调以下几点：①在高填方的曲线路段，由于驾驶员对曲线大小难以判断准确，行车会偏离车道，冲到路下，酿成车祸，因此应沿曲线外侧加设护栏、路警桩诱导视线。②两个同向曲线之间插入一个短直线，称为断背曲线。这种线形，行车条件差，容易使驾驶员产生错觉而导致发生事故。因此，应避免出现断背曲线。③直线不宜过长。直线过长会使行车单调，容易使驾驶员思想不集中，反应迟钝，不利于安全行车。④应避免采用由很多短坡路段连在一起的线形。因为在这种线形的道路上行驶，驾驶员只能看见凸出的部分，看不见凹下隐藏的地方，视线断断续续，行车不畅通，超车视距不好，发生事故的可能性大。

3.平曲线与竖曲线的组合

平曲线与竖曲线组合不良，即使两者都分别符合设计规定，也常常会被称为道路交通安全的隐患，根据实际经验，应注意避免以下几种组合形式：①避免在凸形竖曲线顶部或凹形竖曲线底部设小半径平曲线起点。前者会使驾驶员视线失去引导，驾驶员爬上顶坡才发现转变，来不及采取措施；后者会造成视觉误差，形成不必要的加速行驶，很不安全。②避免在凸形竖曲线顶部和凹形竖曲线底部设反向平曲线拐点。③避免在长直线路段上采用凹形竖曲线。驾驶员沿凹形竖直线行车，因视线错觉，会造成不必要的加速。④在一个平曲线内的几个变坡点，或一个竖曲线内的几个平曲线时，会使视线不平衡，驾驶员容易判断错误。

线形的连接和平曲线与竖曲线组合，在城市市区道路上问题并不突出，但对于郊区公路尤其是山区公路有重要意义，必须对这类路段加以改造。对暂时不能改造的路段，应采取相应的交通管制措施，保证交通安全，防事故于未然。

在行车时，驾驶员需要观察了解前方路段的道路交通情况，以适应新的行车条件。由于驾驶员顺着直线或某种曲线扫视时，习惯于使视线平顺地向前，因此为保证行车安全，道路几何线形的组合应该自然流畅。如果道路几何线形组成部分的尺寸变化过大，驾驶员就会在驾驶汽车过程中缺乏足够的思想准备，容易造成交通事故。此外，路外情况的变化或地形条件的突然变化也不利于行车安全。例如，曲线路段会影响驾驶员的视距，当夜晚行车在曲线段上时，光照距离也较直线段小，从而降低了行车的安全性。

(四)视距

视距是驾驶员在道路上能够清楚看到的前方道路某处的距离，是道路几何设计的重要因素。有足够的视距，对于行车安全、行驶速度以及通过能力都有很大的影响。视距之所以成为问题，是由于驾驶员发现前方有障碍物就要在其前而停住车(停车视距)，或者前方来车需要错开行驶(错车视距)，以及在两车道的道路上，要超越其他车辆，就要跨越到另一车道上行驶(超车视距)等情况的存在。

1.停车视距

驾驶员在行驶过程中，看到同一车道上的障碍物时，从开始刹车至到达障碍物前安全停车的最短距离，称为停车视距。

2.会车视距

两辆汽车在同一条车道上相向行驶，发现时来不及或无法错车，只能双方采取制动措施，使车辆在相撞之前安全停车的最短距离，称为会车视距。会车视距一般为停车视距的两倍。

3.错车视距

汽车在行驶中同迎面车辆在同一条车道上行驶，而从来车左边绕至另一车道并与对面来车平面上保持安全距离时，两车所行驶的最短距离，称为错车视距。在公路等级较低的单车道上行驶或不分上下行的城市道路上行驶时，对错车视距有严格的要求。错车视距由反应距离、绕行距离、来车在绕行时间内所行驶的距离和安全距离组成。

4.超车视距

汽车绕道到相邻车道超车时，驾驶员在开始离开原行车路线能看到相邻车道上对向驶来的汽车，以便在碰到对向驶来车辆之前能超前并驶回原来车道所需的最短距离，称为超车视距。

二、道路结构物与交通安全

（一）横断面及车道数

道路横断面指沿道路宽度方向，垂直于道路中心线的断面。城市道路横断面的组成包括道路建筑红线范围内的各种人工结构物，如行车道、人行道、分隔带、绿化带等。横断面设计对于满足交通需要，保证交通运输的通畅和安全，适应各项设施的要求，及时排除地面积水，以及合理安排地上杆线和地下管线，都具有十分重要的意义。横断面形式分为一块板、两块板、三块板和四块板。

（二）行车道宽度

根据美国和英国研究的结果，车道较宽时事故较少。机动车双车道路面如宽度大于6 m，其事故率较路面宽度为5.5 m要低得多。目前美国的标准车道宽度规定为3.65 m，我国则规定大型车道为3.75 m，小型车道为3.5 m（公共汽车停靠站或路口渠化段车道宽度可以为3.0～3.2 m）。但如果车道过宽，例如大于4.5 m，则由于有些车辆试图利用富余的宽度超车，反而会增加事故。划有车道标线的公路，由于规定车辆各行其道，其事故率降低。

一些调查研究表明车道宽度变宽，交通事故减少。随着道路宽度的增加，昼夜事故次数减少，但由于道路宽度增加，车速高、车流量增大，所以平均每公里事故发生次数增加，特别在相当于干线道路等13 m以上宽度的道路上，事故发生的可能性更高。除此以外，交通事故也与道路性质相关，也因路肩、中央分隔带、路面状况而异。

（三）路肩

路肩是指行车道外缘到路基边缘，具有一定宽度的带状部分。路肩的作用主要是：增加路幅的富余宽度；保护和支撑路面结构；供临时停车使用；为公路其他设施提供设置场地；汇集路面排水。

路肩通常包括硬路肩（高速公路和一级公路含路缘带）、土路肩。

硬路肩是指进行了铺装的路肩，常用于高速公路和一级公路。经过高速公路建设及运营实践，硬路肩一般宽度为3.00 m或3.50 m，4车道高速公路宜采用3.50 m，6、8车道高速公路可采用3.00 m（V=120 km/h）；一级公路硬路肩为3.00 m（V=100 km/h）、2.50 m（V=80 km/h、V=60 km/h）。直线路段的路肩一般应设置向外倾斜的横坡，其横坡值可与行车道路面横坡度相同或稍大于路面横坡度。曲线路段的路肩横坡，内侧与行车道路面横坡度相同；外侧与行车道路面横坡度相同或设置向外倾斜的横坡，应按规定并考虑路面施工方法论证选择。

土路肩是指不进行铺装的路肩，用于各级公路，宽度一般采用0.50 m、0.75 m，四级公路双车道土路肩宽度采用0.25 m。土路肩的排水性远低于路面，故其横坡度较路面宜增大1.0%～2.0%。

高速公路采用分离式断面时，行车道左侧应设硬路肩，其宽度1.25 m（V=120 km/h）、1.00 m（V=100 km/h）、0.75 m（V=80 km/h、V=60 km/h）。

（四）分车带

分车带是道路行车上纵向分离不同类型、不同车速或不同行驶方向车辆的设施，以保证行车速度和行车安全。分车带由分隔带及路缘带组成，常用水泥混凝土路缘石围砌，也可用水泥混凝土隔离墩或铁栅栏，还可以在路面上划出白色或黄色标线，以分隔行驶车辆。

分车带对解决机动车与机动车、机动车与非机动车的分离，提高道路通行能力，保证交通安全具有十分重要的作用。但如果设计不科学，也会导致交通事故的发生。如有的公路单向有两条机动车道，中央设置了分车带，在分车带上设置了路灯杆，但由于分车带没有设置路缘带，经常发生大型车挤上了中央分车带，小型车又撞在电线杆上，致使车毁人亡、路灯杆折断的重大交通事故。如“三块板”道路尽管有许多优越性，但若其隔离带断口太多，自行车和行人会任意横穿，同时由于道路条件好，机动车车速很高，往往来不及采取措施而发生交通事故。

分车带按其在横断面上的不同位置和功能，分为中央分车带及两侧分车带。

1.中央分车带

中央分车带指高速公路、一级公路及城市二、四块板断面道路中间设置的分隔上下行驶交通流的设施，包括两条左侧路缘带和中央分隔带。

中央分隔带的作用：分隔上下行车流；杜绝车辆随意调头；减少夜间对向行车眩光；显示车道的位置，诱导视线；为其他设施提供场地。我国《公路工程技术标准》（JTGB01-2003）规定高速公路、一级公路整体式断面必须设置中间带，不同设计速度对应中间带宽度见表3-6。

表3-6 中间带宽度

设计速度/(km/h)		120	100	80	60
中间分隔带宽度/m	一般值	3.00	2.00	2.00	2.00
	最小值	2.00	2.00	1.00	1.00
左侧路缘带宽度/m	一般值	0.75	0.75	0.50	0.50
	最小值	0.75	0.50	0.50	0.50
中间分隔带/m	一般值	4.50	3.50	3.00	3.00
	最小值	3.50	3.00	2.00	2.00

分离式断面中央分车带宽度宜大于4.50 m。此时中央分车带宽度可随地形变化而灵活运用，不必等宽，且两侧行车道亦不必等高，而应与地形、景观相配合；中央分车带应做成向中央倾斜的凹形；行车道左侧设置左侧路缘带。当行车道与中央分隔带均用水泥混凝土修筑时，分隔带应用彩色路面以示区别。城市道路采用狭窄分隔带时，常在其上嵌以路钮。

中央分车带的宽度一般情况下应保持等宽度。当宽度发生变化时，应设置过渡段。中央分车带过渡段设在回旋线范围内为宜,其长度应与回旋线长度相等;中央分车带宽度较宽时,过渡段设在半径较大的圆曲线范围内为宜。

2. 两侧分车带

两侧分车带是布置在横断面两侧的分车带,其作用与中央分车带相同,只是布置的位置不同。两侧分车带常用于城市道路的横断面设计中,它可以分隔快车道与慢车道、机动车道与非机动车道、车行道与人行道等。

(五)路基高度与坡度

高路基对于行车安全十分不利,一旦车辆发生意外,很容易造成严重的交通事故。在公路(尤其是高等级公路)上,由于路基较高,容易发生翻车事故。翻车事故所造成的死亡率高于道路交通事故的平均死亡率,因此事故比较严重。

路基边坡过陡也是导致事故严重增加的另一因素。车辆在坡度大的陡路基上,发生意外时,事故类型接近于坠车。如果减小坡度,使路肩边坡变缓,发生事故的车辆可以沿缓坡行驶一段距离,减小冲撞程度,从而减轻事故的严重性。如果采用矮路基或缓边坡,失去控制的车辆一般不会因驶出路外而翻车,事故的严重性将大大降低。

在我国公路项目的论证评审及施工过程中,矮路基方案会因为地下水的影响、排水不畅、软基问题、线形组合及横向通道致使纵断面起伏问题等常常被否定。事实上,如果对高路基带来的安全、护栏造价、计价土石方增加、土地(取土场和弃土堆)浪费、环境破坏等一系列问题,与采取矮路基所需处理技术可能增加的造价和施工问题加以综合对比的话,上述做法并不一定可取。当然,避免设置高路基并不是绝对的,在防洪、通道设置及立交引道等情况下,有必要合理地设置高路基。

(六)交通设施

1. 交通标志与交通标线

交通标志包括设置于路旁或车行道上方的道路标志及嵌画于路面上的路面标线。所谓交通标志就是将交通指示、交通警告、交通禁令和交通指路等交通管理和控制法规用文字、图形或符号形象化地表示出来,设置于路侧或道路上方的交通管理设施。

交通标志分为主标志和辅助标志两大类，是道路交通的向导。主标志分为指示标志、警告标志、禁令标志、指路标志、旅游区标志和道路施工安全标志六种；而辅助标志是附设在主标志下，起辅助说明作用的标志。指示标志是指示车辆、行人行进的标志；警告标志是警告车辆、行人注意危险地点的标志；禁令标志是禁止或限制车辆、行人交通行为的标志；指路标志是传递道路方向、地点、距离信息的标志；旅游区标志是提供旅游景点方向、距离的标志；道路施工安全标志是通告道路施工区通行的标志。道路上设置齐全的交通标志，能够有效地保护路桥，保障交通秩序，提高运输效率和减少交通事故，它是道路沿线设施不可缺少的组成部分。

道路交通标线与交通标志具有相同的作用，它是将交通的指示、警告、禁令和指路等用画线、符号、文字等标示或嵌画在路面、缘石和路边的建筑物上，这也是交通管理必不可少的一种设施。道路交通标线按设置方式可分为纵向标线、横向标线和其他标线；按功能可分为指示标线、禁止标线和警告标线；按形态可分为线条/字符标记、突起路标和路边线轮廓标。

2.道路安全净空

安全净空高以规定的汽车装载高度为标准。交通法规规定，大货车载物高度自地面起不得超过4 m，那么道路安全净空必须超过4 m。在城市中，道路上空的跨空物体比较多，如电线、电缆、桥梁、树木枝叶等，随着自然演变，有的接近于安全净空，有的已侵入到安全净空内，特别是自然生长物，如树枝，更为突出。驾驶员对安全净空的认识只是心里估计，一般是不可能在驾驶时去丈量的，因而被认为是安全的地方，有时就发生与高位物体相撞的车祸。

建筑物的跨空高度，有历史的原因，也有演变的原因。历史的原因指工程设计与当时的历史背景相关联，比如铁路跨空桥梁，在某条铁路设计时，当时的道路交通情况与现代交通情况是不相同的。演变的原因指自然条件的影响，如涵洞，受雨水冲击或风吹沙侵，污垢泥沙抬高了地面，使安全净空缩小；又如道路反复维修填补，也抬高了路面。

3.护栏

(1)路中护栏

路中护栏在行车道部分作为分隔车流、引导车辆行驶、保证行车安全之用。当中央分车带较窄时，也有设置于中央分车带内以阻止车辆闯入对向行车道的安全设施。路中护栏应能满足防撞(即车辆碰撞)、防跨(即行人跨越)的功能,通常采用较高的栏式缘石形式、混凝土隔离墩式或金属材料栅栏式。

(2)栏杆

桥上的安全设施,要求坚固,并适当注意美观。栏杆高一般为0.8~1.2 m,间距为1.6~2.7 m,城市桥梁和大桥的栏杆应适当进行艺术处理,以增加美观。栏杆和扶手常用钢筋混凝土或钢管、花岗岩石料制成。

(3)行人护栏

指为保护行人安全,在人行道与车行道之间设置隔离栏杆。一般在人行道的右侧边上安装高出地面90 cm左右的栏杆,它可以控制行人任意横穿道路,也可以防止行人走上车行道或车辆失灵而闯入人行道。因行人护栏主要是为了控制行人任意横穿道路,所以在结构上不考虑车辆碰撞问题,一般多用管或网材等制成。

(4)栏式缘石

栏式缘石形体较高,正面较陡,用来禁止或阻止车辆驶出路面,缘石高度一般为15~25 cm。栏式缘石用于街道或桥梁两侧,起护栏作用,也可围绕桥台或护墙设置,起保护作用。在较窄的中央分隔带四周也可以采用,以阻止汽车驶入中央分隔带内。

(5)护柱

指在急坡、陡坡、悬崖、桥头、高路基处及过水路面,靠近道路边缘设置的安全设施,以诱导驾驶员的视线,引起其警惕。护柱一般用木、石或钢筋混凝土制成,间距为2~3 m,高出地面80 mm,外表涂以红白相间的颜色。

(6)墙式护栏

在地形险峻路段的路肩挡土墙顶或岩石路基边缘上设置的整体式安全墙,是用片(块)石浆(干)砌或混凝土浇筑而成的安全设施,其作用是引起驾驶员警惕,防止车辆驶出路肩。若墙身为间断式,则称为墩式护栏或护栏墩;若墙顶有柱,则称横式护栏柱。

4.路障

路障是设置在道路上的障碍物,以阻止或控制车辆交通。按性质分,有临时性路障和永久性路障;按形式分,有移动式路障和固定式路障;按构造材料分,有木制、钢制和水泥混凝土预制块等。路障设计在与干路交叉的支路上，对防止非机动车突然驶入干路与干路机动车相撞，效果明显，但路障的宽度和厚度要适宜。

5.道路照明

随着夜运量的日益增加，为保持夜间交通的通畅，提高道路服务水平，为驾驶人员和行人创造能及时、准确地发现各种障碍物的道路交通条件，以减少和防止交通事故的发生，道路照明必须满足交通的要求，具有明视的功能、正常的显色，并要保持相对稳定性。

道路照明质量是在人的视觉要求条件下确定其相应的技术标准。路段、交叉路口、场站、桥隧等道路工程设施以及所有的交通管理设施和服务设施，在夜间或光线不足的情况下，都需要借助道路照明来对交通起作用。交通管制的信号和标志也离不开光和色彩，因此道路照明在交通系统中，起着便于各种信息进行传递的作用。为了保证司机和行人在运动中反应和判断不会失误，必须保证其视野范围内有足够的亮度。

6.道路绿化

道路绿化指路侧带、中间分车带、两侧分车带、立体交叉路口、环形交叉路口、停车场以及道路用地范围内的边角空地等处的绿化。进行道路绿化时，应处理好与道路照明、交通设施、地上杆线、地下管线等的关系，要综合考虑、协调配合。根据具体位置，可考虑乔木、灌木、草皮、花卉等综合种植。道路绿化应服从交通阻止的要求，起到保持驾驶员良好视距和诱导视线的作用。

（七）路面

1.路面种类

路面按力学特性分为柔性和刚性两类。

各种沥青路面与碎石都属于柔性路面。它是一种与载荷保持紧密接触且将载荷分布于土基上，并借助粒料嵌锁、摩阻和结合料的黏结等作用而获得稳定的路面。它具有一定的抗剪和抗弯能力，在重复荷载作用下容许有一定的变形。柔性路面是以路面的回弹弯沉值作为强度指标，利用弯沉仪测量路面表面在标准试验车后轮的垂直静载作用下轮隙回弹弯沉值，来评定路面强度。

水泥混凝土路面属于刚性路面，它具有较大的刚性与抗弯能力，能直接承受与分布车辆载荷到路基的路面结构。承载能力取决于路面本身的强度，如铺设适当的基层可为刚性路面提供良好的支承条件。

2.路面与交通安全

道路除应有强度足够的路面结构外,从人体观点看,为安全舒适地行驶汽车,还有路面行车质量,就是路对驾驶员的便利程度。例如,汽车驾驶操纵是否自如,乘客是否舒适,行驶费用高低,以及轮胎与路面间产生的抗滑性能等。

现代汽车减振系统的改进,因路面凸凹不平引起的振动与冲击已有所缓解,路面行车质量已明显提高,但是随着汽车性能不断提高,高速公路上的汽车经常以100 km/h的速度行驶,为了获得良好的舒适性与安全性,对路面的平整度、抗滑性的要求愈来愈高。

路面平整度主要是车辆对路面质量的要求,路面抗滑性则是交通安全的迫切要求,抗滑性差常导致交通事故。尽管现代路面技术不断提高,但由于路面附着性变差产生的事故率仍很高。如英国调查表明因路滑造成的事故占全年事故次数的24%,日本抽样调查显示因路滑造成的事故占全年事故次数的25%。

总之,路面的平整度和抗滑性对人身安危、社会、经济影响大,应予以重视。

3.路面平整度

路面坎坷不平,即路面平整度差,则行车阻力大,车辆颠簸振动,机件、轮胎磨损就会加快,行车安全性和舒适性就会降低,甚至造成交通事故。例如,汽车在凸路行驶,由于行驶中出现垂直向上的离心力,会与汽车垂直向下的重力部分全部抵消,地面对车辆垂直反力大大减小甚至变为零,汽车出现失重现象,转向操纵失灵,容易引起交通事故。若凸形高度太大会对汽车底部突出部件造成损害。汽车通过凹形地段,由于垂直向下的离心力很大,加上汽车的重力,使汽车钢板、轮胎的承受力加大。凹形竖曲线很小时,极易损坏钢板弹簧或轮胎的机件,从而发生故障,导致交通事故。

(1)平整度标准

平整度是路面表面的平整程度,是路面质量的重要指标之一,它直接影响到行车平稳性、乘客舒适性、路面寿命、轮胎磨损和运输成本。

我国沥青路面平整度采用连续式路面平整度仪或3 m直尺控制施工质

量。用3 m或4 m直尺量测路面平整度是当前各国仍沿用的简易方法。

我国水泥混凝土路面平整度，规定用3 m直尺连续量测三次，取最大三点的平均值控制施工质量。高速公路和一级公路的允许偏差为3 mm，其他公路为5 mm。

（2）路面粗糙度

路面粗糙度可用车辆纵向紧急制动距离、纵向摩擦系数和横向摩擦系数来表示，目前，常用摆动式摩擦系数测定仪测定路面的摩擦系数。

（3）路面构造深度

路面构造深度是用于评定路面表面的宏观粗糙度、路面表面的排水性能及抗滑性能的指标。路面构造深度愈小表明路面愈光滑，且在一般情况下，摩擦系数变小，丧失渗水、排水的功能，容易产生汽车滑水现象，造成严重的交通事故，因而路面必须保持一定的粗糙度。目前国内新推广的等粒径石子沥青路面（SMA路面）可以在一定程度上解决小雨时路面与车轮的排水问题，从而减少交通事故。

4.路面抗滑性

当道路表面的抗滑能力小于要求的最小限度时（纵向摩擦系数，水泥混凝土路面为0.5～0.7，沥青混凝土路面为0.4～0.6，沥青表面处治及低级路面为0.2～0.4，干燥路面数值取高限，潮湿时取低限），车辆行驶中稍一制动就可能产生侧滑而失去控制，特别是道路表面潮湿或覆盖冰雪时，发生侧滑的危险性增大，在弯道、坡路和环形交叉处，尤其容易发生滑溜事故。路面的表面结构对抗滑能力也有一定的影响，如果路面骨料在车辆行驶下已磨得非常光滑，道路抗滑能力降低，即使在干燥路面上，也会出现滑溜现象。另外，渣油路面不仅淋湿后会很滑，气温高时，路面变软，也会很滑，在这种情况下，可采用压力预涂沥青石屑薄层铺装、路面打槽、设置合适的排水系统、限制车速、设置警告标志等方法保障交通安全。

5.路面病害对交通安全的影响

（1）泛油

由于油石比过大，矿料用量不足，在气温高时就会形成泛油，轻则形成软粘面，重则形成“油海”。油粘在轮胎上，降低了行车速度，增加了行驶阻力。雨天，多余的沥青降低了路面防滑性能，影响行车安全。

(2)油包、油垄

由于石料级配不当,油量过大,使得路面在车辆水平力作用下推移变形。车辆制动或起动时摩擦力较匀速行驶时要大,故这种病害多发生在路口、停靠站的路面上,油包、油垄严重影响行车的舒适性,同时也加快了机件的磨损。

(3)裂缝

由于施工不良、路基沉陷,造成路面整体性不好;或沥青材料老化、沥青质量低、油石比过小等原因,路面出现龟裂、网裂或纵横裂缝,影响路面的平整度,干扰车辆正常行驶。

(4)麻面

主要是由于施工方法不同、油石比过小、搅和不均匀等造成,严重时可使行车颠簸,对于自行车交通影响更大。

(5)滑溜

石料磨光、磨损或泛油形成表面滑溜,危及行车安全,对道路交通影响很大。

(八)交叉口

道路与道路相交的部位称为道路交叉口。交叉口把各条道路连接起来,形成网络。由于相交道路上的各种车辆和行人均需汇集于交叉口后,才能转向其他道路,这时车辆和车辆之间、车辆和横过道路的行人之间相互干扰,降低行车速度,造成交通阻塞,容易产生交通事故。

1.平面交叉

交叉口由于交通量大、冲突点多及视线盲区大,所发生的交通事故也多。在平面交叉口处,由于多个方向的交通流汇入,致使交通量大幅增加,而且各方向行驶的车辆存在许多可能导致事故发生的潜在冲突点。在平面交叉口处,观察相交道路时视线因建筑物遮挡等原因而受到影响,形成视线盲区;同样相交道路上的车辆视线也受到阻碍,因此行车视距较低,这些原因都可能导致道路交通事故的增加。

2.立体交叉

尽管设置立体交叉的目的是尽可能提高交通安全性及各交通流的运行效率,但是立交范围内出现的关于驾驶员、车辆、道路、交通和环境条件的任何突变都会造成交通安全隐患。使道路上原本未经干扰的交通流在立交范围内产生突变的原因有:驾驶员需要进行必要的决策、车辆组成发生变化、道路几何线形变化、车速变化以及行驶条件和环境的变化。

三、道路景观与交通安全

(一)道路景观的构成要素

道路景观是一种带状的人文和自然相结合的大地风景,属于大地景观的范。具体来讲,它主要是指由道路、附属设施、周边自然环境及人的活动等因素所构成的一个总的空间概念,它表示道路与其周边环境共同构成的一条带状大地环境,它反映了路域环境特征,是人文与自然环境相结合的建筑艺术以路权为界,道路景观可分为自身景观和沿线景观。自身景观包括公路线形(平、纵横)、公路构造物(挡墙、护栏、路缘石、边沟、边坡、桥涵、隧道、互通等)、服务性设施(休息服务区、加油站、收费站、观景台和标志牌等)以及道路绿化等。沿线景观是指道路所处的外部行驶环境,是构成道路整体景观的主体,同时也是乘客在行驶过程中的主要观赏对象,道路自身景观可以通过景观设计等加以修饰,道路沿线景观只能在规划和设计阶段,通过选择与周围景观协调的路线来实现。

按客体构成要素,道路景观可分为自然景观和人文景观。自然景观主要指自然形成的地形、地貌(平原、山区、草原、森林、大海、沼泽等),植物景观、动物景观、水体景观以及四季气象时令变化带来的景观,这些景观物又属于生态系统,故又可称生态景观。人文景观是指公路沿线的风土人情,沿线生活的人们用自己的智慧和双手创造的各种社会、民族、宗教、文化、艺术等特殊工程物(城镇、村寨、庙宇、水坝和大桥等)以及道路自身。按使用者视点不同,道路景观可分为内部景观和外部景观。行驶在道路上或驻足于道路附属设施(停车场、服务区观景台)内的驾驶员和乘客所见到的景观称为内部景观;从道路沿线居住地等其他道路以外的视点所看到的包括道路在内的景观称为外部景观;按照不同的结合方式可以将其分为:道路线形要素的景观协调、道路与道路沿线的景观协调、道路与自然环境及社会环境的协调。

(二)道路景观对交通安全的影响

道路景观与交通安全之间是相辅相成,既相互促进又相互制约的证关系,优美舒适、功能科学合理的道路景观设计不仅能起到美化道路交通环境、保护自然环境的目的也能对良好的交通安全环境起到积极地营造和辅助作用。同时,由于功能要求的差异,道路景观和交通安全二者之间又存在相互制约的方面,不合理的道路景观设施或施工养护行为会对交通安全造成不利的影响。

1.道路景观对交通安全的促进作用

(1)延缓驾驶员疲劳和紧张

优美的道路景观,能够平缓心情,使驾乘人员心情舒畅,增添旅行乐。富有变化的景观对驾驶员视觉刺激则有助于减少烦躁,消除旅途疲劳,避免打盹或瞌睡现象的发生从生理机能上讲.优美而富有变化的公路景观则能够使人体各个系统器官,特别是中枢神经系统、血液循环系统和内分泌系统的功能活动全部处于稳定的平衡状态之中,有利于安全稳定的驾驶。和谐的道路景观有助于缓解紧张,增加驾驶安全感,因此,对可能引起驾驶员恐惧或紧张的场景和场所利用景观进行装点和遮蔽,可以消除或减轻驾驶员的热惧和紧张心理,促进交通安全。如隧道口采用隐蔽式的洞口,或者采用消除式手法使隧道与周边环境协调时,可以使驾驶员感觉自然舒适,减轻突发结构物带来的压力。

(2)视线引导,防眩

在车辆行驶过程中,驾驶员的视野是随着道路前方情况而变化的,植物在立面上所形成的竖线条可作为视觉参考,引导驾驶员的视线。尤其是在黑暗、有雾或下雪时,可以使驾驶员识别道路线形和侧向界限,提高交通安全性。这主要体现在驾驶员视线方向,道路景观在空间范围内形成的类似引导线的视觉效果,这种效果比道路路面和路线本身给予驾驶员的引导要强烈和有效得多。因此,合理的中央分隔带绿化和路侧具有视线诱导性植物能够显著地提高驾驶员行驶的安全性。如在平面弯道外侧种植成行的乔木,能够使曲线的变化非常明显,更好地帮助驾驶员对路线走向形成正确的预期。此外,高速公路中央分隔带内的植物,在满足高度和密度要求的情况下具有良好的防眩作用,是首选的防眩技术方案。

(3)使线形走向更明确

安全的重要方面是道路的线性走向要与驾驶员的心理期一致。道路景观是提示公路线形的重要因素,特别是利用树木高度和位置来表示道路位置和线性的变化是很合理的方式,能够有效地避免驾驶员因变化反应不及而发生事故。在景观设计中如果能考虑在驾驶员,通过路侧植物和观要素对道路线形进行提示或强调,就能够使驾驶员更有效地判断前方的走向,这对于安全具有十分明显的提升作用。

(4)缓解自然环境的明暗变化

在明亮的日光下,环境亮度可高达8 000 cd/m^{2}虽然隧道内设有隧道照明,但与自然环境亮度相比,仍然存在巨大反差,由此形成的黑洞效应或白洞效应往往成为事故多发的促成原因。而通过洞外景观设计则可以有效降低洞外的环境亮度,具体的景观设计手法包括洞外尽量采用绿化植树减少环境光线的发射,在隧道口道路两侧设阳篷、光篷或种植高大的遮光树木等。通过这些措施可以在营造优美的道路景观的同时,有效地实现照度的过渡,提升隧道洞口处的安全性。

(5)改善交通环境

以绿色植物材料为主的道路景观绿化设施在道路环境保护中起着不可替代的作用,同时对于改等道路交通环境、促进交通安全也起着显著的作用。如在沙漠地区,大风和沙暴会严重威胁到行车的安全,而通过植物固沙不但能改善路容路貌,防护路堤,而且还能提升交通安全水平。

2.道路景观对交通安全的制约作用

(1)分散驾驶员的注意力

与环境不和谐的、视觉冲击力强的道路景观会更多地吸引驾驶员的注意力,导致驾驶员驾驶时不够专注,从而增大发生交通意外的风险。如大面积生硬的浆砌护面墙和隧道洞门上加贴浮雕装饰,这些本用于大堂之内让人驻足品味的浮雕艺术品刺激着驾驶员的眼球,分散了注意力。

(2)遮挡视线,影响视距

公路路侧或高等级公路中央分隔带内的绿化植物或景观设施影响驾驶员的视线,使安全行车需要的视距条件得不到保障是最常见的不利于交通安全的典型问题。如弯道内侧,行道树距行车道过近,影响到驾驶员的视距和车辆安全行驶所需的横净距,就存在较高的事故危险,特别是当路侧行车道树过于靠近平交路口时,会遮挡相交道路,使驾驶员忽略平交路口尤其是小平交路口的存在。即使在交叉口设置了警告标志,行车道树的栽植也不利于驾驶员观察相交道路的交通状况,着支路上有车辆突然驶入主线,就极有可能导致严重的交通冲突,甚至引发事故。在有绿化的中央分隔带的公路上,如果中央分隔带绿化带设置过于靠近平交路口或距离中央分隔带开口过近,遮挡驾驶员的视线,也容易诱发交通事故。

在路侧和中央分隔带的视线净区内以及平交口的通视三角形内不宜采用高于驾驶员视高的道路景观元素。此外,树木遮挡交通指示牌,或是遮挡交通信号灯,阻碍驾驶员有效获取道路信息的现象也经常出现,这会降低道路管理设施的有效性,对安全造成不利影响。

(3)增加碰撞风险,加重事故严重程度

车辆在公路上行驶时,需要一个安全的路侧宽度,如果景观绿化的高大树木种植在路侧净区范围内,则会增加车辆碰撞树干的可能性。在树干直径大于10 m时,则会加重事故的严重程度。

(4)视觉误导

景观绿化时,不当的路侧和中央分隔带绿化树的栽植容易误导驾驶员,尤其在平面曲线和凸形竖曲线相结合的路段。如竖曲线后方的绿化树有明显的开口,则容易给驾驶员造成前方直行的错觉。

第四章　道路交通标志设计

第一节　交通标志概述

一、对交通标志的基本要求

交通标志的服务对象是道路使用者。道路使用者对信息的主要要求是：显著性（标志必须被看到）、可读性（信息必须是能阅读的）、可理解性（信息必须是能理解和明白的）、可信性（信息必须是准确可信的）。

标志的使用应满足以下几个基本要求：满足道路使用者的需要；能够引起道路使用者的注意；表达清楚、简洁的含义；使道路使用者能够遵守；给道路使用者适当的反应时间。

二、交通标志的作用

交通标志为车辆、行人提供禁止、限制、指示某些交通行为的信息，对流量起着调节、控制、疏导作用；为车辆、行人提前预告前进方向某一路段的地理状况和周围环境，以防止错驶、绕路，提高行车、走路的效率；合理设置、使用，可以有效防止交通事故的发生，有利于提高道路交通的安全性。

三、交通标志的分类

根据《道路交通标志与标线》，交通标志按其作用分类，分为主标志和辅助标志两大类。

（一）主标志

1.警告标志：警告车辆、行人注意道路交通的标志。

警告标志又可细分为与公路几何线形有关的警告标志、与交叉路口有关的警告标志、与路面状况有关的警告标志、与沿线设施有关的警告标志、与沿线环境有关的警告标志以及其他警告标志。

2.禁令标志:禁止或限制车辆、行人交通行为的标志。

禁令标志可分为与交通管理有关的禁令标志,与公路建筑限界及汽车荷载有关的禁令标志、与路权有关的禁令标志。

3.指示标志:指示车辆、行人应遵循的标志。

指示标志包含与行驶方向有关的指示标志、指导驾驶行为的指示标志、指出车道使用目的的指示标志和与路权有关的指示标志。

4.指路标志:传递道路方向、地点、距离信息的标志。

5.旅游区标志:提供旅游景点方向、距离的标志。

6.作业区标志:告知道路作业区通行的标志。

7.告示标志:告知路外设施、安全行驶信息以及其他信息的标志。

(二)辅助标志

附设在主标志下,对其进行辅助说明的标志。

第二节　交通标志设计程序及原则

一、设计程序

(一)设计资料搜集:包括道路设计资料、交通信息、地理信息、交通管制信息。

(二)交通条件和道路条件的分析:道路网的结构与功能、道路网的交通流分布及特征、道路本身的特征。

(三)道路交通标志的布设:解决在何处布置交通标志以及交通标志采用什么具体内容的问题。

(四)交通标志布设设计的复核:从整体性、逻辑性、人性化角度进行优化。

(五)交通标志的版面设计:解决如何保证交通标志被正确识别和理解的问题。

(六)交通标志的结构设计及合理分组:考虑其在承受荷载时的力学强度、刚度及稳定性。

(七)交通标志使用后的设计成果追踪。

二、布设原则和一般要求

(一)布设必须从整个系统的角度考虑,要注意各标志种类和标志信息的协调。

道路标志的设置应当全盘考虑,整体布局。标志布设应做到连贯、一致,给道路使用者提供全面的咨询,满足各种道路交通条件的需要。

(二)布设应具有逻辑性(纵向设置顺序要符合驾驶人判断及采取措施的顺序,横向设置顺序符合因果关系)。

(三)布设应该考虑所有的道路使用者,指路标志需要同时兼顾短途出行和长途旅行的需求。

(四)提供的信息应充分满足驾驶人的需求,既不要信息不足,也不要信息过载。

(五)交通标志信息尤其是指路信息在路网范围内应该保持连续性,构成完整的信息链条。

(六)布设必须考虑交通的安全性原则。

(七)布设必须考虑路网的交通组织。

三、设置位置选择

交通标志的设置位置应考虑公路宽度、车辆的运行速度、驾驶人的反应能力等因素。在选择标志的设置地点时,首先应保证交通标志的信息有足够的可辨性、可识别性和易读性,以便顺利完整地向公路使用者传递信息。在交通标志设置时,应尽可能达到高度醒目。

(一)横向设置

交通标志一般设置在公路上方和公路右侧,标志的横向设置位置有以下要求:

1. 交通标志设置在驾驶人容易看到的位置,一般设置在公路右侧容易看到的地方;特殊情况也可以设置在导流岛或分隔带上。右侧道路行驶标志不得设置在公路右侧。

2. 在视距受限时,在公路左侧可以设置一块同样的标志,如多车道高速公路为了防止路侧标志视认性不好，在公路左侧设置同样的标志，以确保交通标志的醒目。

3.公路上方和公路两侧的标志设置的标志都不应侵入公路建筑限界内。

4.交通标志横向位置均要高度醒目，防止遮挡，使交通失去应有的作用。

（二）纵向设置

1.纵向设置位置

道路标志的位置应根据标志的类别确定，应充分考虑道路使用者对标志感知、识别、理解、行动的特性，根据速度和反应时间确定合适的设置地点。

在判读标志并采取相应行动的过程中，需要花费一定的时间，行驶一定的距离，因此警告标志是需要看到标志并采取行动的标志，需要充分考虑驾驶人接收、判断、执行相应信息的时间等行动特性提前设置。警告标志前置距离一般根据道路的设计速度按表4-1选取。读取信息后不要求采取相应行动的标志，可直接把标志设置在需要告示地点的附近，不必预留采取相应行动的前置距离。

表4-1　警告标志前置距离一般值（单位：m）

速度/(km/h)	减速到下列速度/(km/h)											
	条件A	条件B										
	0	10	20	30	40	50	60	70	80	90	100	110
40	*	*	*	*								
50	*	*	*	*	*							
60	30	*	*	*	*	*						
70	50	40	30	*	*	*	*					
80	80	60	55	50	40	30	*	*				
90	110	90	80	70	60	40	*	*	*			
100	130	120	115	110	100	90	70	60	40	*		
110	170	160	150	140	130	120	110	90	70	50	*	
120	200	190	185	180	170	160	140	130	110	90	60	40

注：条件A为道路使用者有可能停车后通过警告地点，典型的标志如注意信号灯标志、交叉口警告标志、铁道口警告标志等；条件B为道路使用应减速后通过警告地点，典型的标志如急弯路标志、连续弯路标志、陡坡标志等；*为不提供具体建议值，视当地具体条件确定。

应避免在交叉路口标志林立，妨碍驾驶人视野。交叉路口以设置指路标志和禁令标志为多。对于指路标志，可采用前置预告的方法，把位置错开。驾驶人通过路口后，可以看到确认标志，使驾驶人知道他现在行驶的方向是否正确。禁令标志可采用组合方式或采用加辅助标志的办法，以减少标志数量。

2.纵向设置间距

交通标志之间应保持合理的间距，设计速度大于或等于80 km/h的公路交通标志之间的间隔不宜小于60 m；其他公路交通标志之间的间隔不宜小于30 m。如需在保持最小间隔的标志之间增设新的标志，宜采用互不遮挡的支撑结构形式。

(三)竖向设置位置

公路交通标志的任何部分不得侵入公路建筑限界以内，内悬臂、门架式等悬空标志净空高度应预留20～50 cm的余量。如表4-2所示是《公路交通标志和标线设置规范》(JTGD82-2009)给出的标志板下缘距路面的高度。

表4-2 标志板下缘距路面的高度

标志分类		路侧柱式、附着式	悬臂式、门架式、高架附着式
主标志	警告标志	150～250 cm①	应符合公路建筑限界的要求；高速公路，一、二级公路不小于500 cm；三、四级公路不小于450 cm
	禁令标志		
	指示标志		
	指路标志		
辅助标志②		应符合公路建筑限界的要求	

注：①选择高度值时，应根据标志所在位置的现场条件、版面规格及是否妨碍行人活动等加以确定。无行人活动位于上坡路段或板面较高的路侧标志可取下限，位于下坡路

段的路侧标志可取上限，其他路段可取中值。②主标志的安装高度应考虑辅助标志也能满足公路建筑限界的要求。

另外，道路附属设施（如上垮桥、照明设施、监控设施等）及路上构造物（如电杆、电话、消火栓、广告牌、门架等）对标志视认性的影响要高度重视。在标志布设时要随时注意上述设施对标志板面的遮挡，以免影响标志的视认性。尤其对行道树及中央带绿篱，必须防止枝叶对标志视认性的影响。

(四)交通标志的并设

标志宜单独设置在立柱上，但因设置位置的特殊性，需要在同一地点设置两块以上标志时，应满足以下条件：

1.交通标志在一根立柱上并设时，应按对行车安全影响的严重程度来区分。一般情况下，禁令标志和指示标志对行车安全有重要影响，应优先保留。

2.因受标志瞬间视认性的限制，交通标志并设时最多不应超过4个。根据公路使用者的认读习惯，标志的重要性应按先上后下、先左后右的顺序来体现。

3.解除限制速度标志和解除禁止超车标志，是对前面正在执行的禁令标志的一种否定，要结束前方标志的禁令，传递这种信息，应单独设置标志。

4.路口优先通行标志、停车让行标志、减速让行标志属于平面交叉通行权分配的标志，这一类标志，在路口应设置在非常醒目的位置，让在路口的驾驶人知道自己应该怎么做，并与平面交叉路径指引标志分开设置。

5.会车先行标志、会车让行标志，一般出现在公路通行比较困难的路段，这一对标志，可以使处于困难路段的车辆有序地通行。驾驶人看到标志后，知道自己应该让行还是先行。所以，这类标志也应单独设置。但受条件限制无法单独设置时，一根标志上最多不应超过2种。

(五)交通标志安装角度

1.路侧安装时，为避免标志版面眩光对驾驶人的影响，标志版面的法线应与公路中心线平行或成一定角度。禁令标志和指示标志为0°~45°，如图4-1(a)所示；指路标志和警告标志为0°~10°，如图4-1(b)所示。

2. 门架、悬臂、车行道上方附着式标志的版面应垂直于道路行车方向，并且版面宜倾斜0°～15°，如图4-1(c)所示。

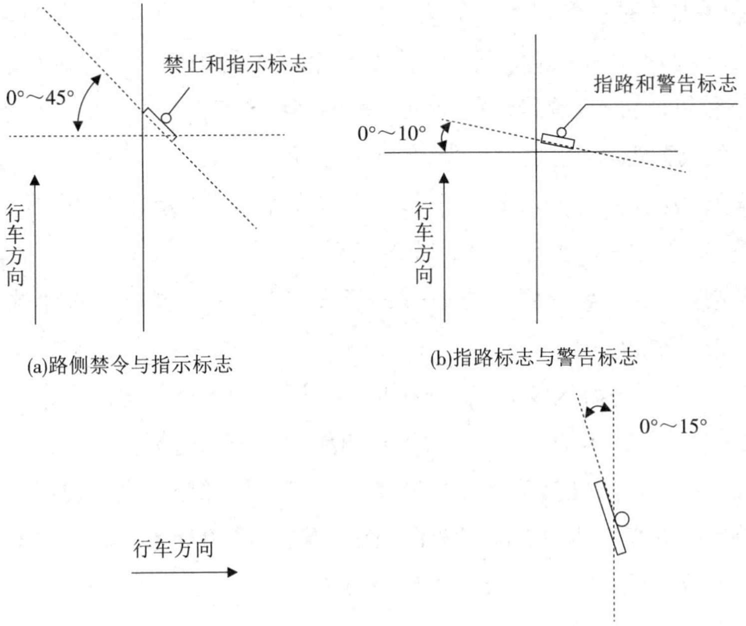

(a)路侧禁令与指示标志

(b)指路标志与警告标志

(c)门架、悬臂、车行道上方附着式标志

图4-1 标志安装角度示意图

第三节 交通标志版面设计

一、颜色

根据颜色视觉的规律，道路交通标志多用红、黄、绿、蓝、黑等颜色，不用中间色。但是，道路交通标志不仅考虑上述因素对视认性的影响，还要考虑颜色所能表达的抽象概念。色彩具有直观和联想作用，红色可以产生一种具有危险感的强刺激，因此各国把红色作为“禁止”“停车”信号来利用；黄色给人警戒的感觉，作为“注意危险”等警告信号；黑色和白色出现在大部分标志中，主要是利用其较好的对比度；绿色让人产生和平、安全的联想，在交通信号中作为“安全”“行进”的信号；蓝色使人产生沉静、安宁的感觉，在交通上作为“指示”的信号。

（一）根据以上两方面的考虑，《道路交通标志和标线》（GB5768.2—2022）中对交通标志的颜色作如下的定义：

1. 红色：表示禁止、停止、危险，用于禁令标志的边框、底色、斜杠，也用于叉形符号和斜杠符号、警告性线形诱导标的底色等。

2. 黄色或荧光黄色：表示警告，用于警告标志的底色。

3. 蓝色：表示指令、遵循，用于指示标志的底色；表示地名、路线、方向等的行车信息，用于一般道路指路标志的底色。

4. 绿色：表示地名、路线、方向等的行车信息，用于高速公路和城市快速路指路标志的底色。

5. 棕色：表示旅游区及景点项目的指示，用于旅游区标志的底色。

6. 黑色：用于标志的文字、图形符号和部分标志的边框。

7. 白色：用于标志的底色、文字和图形符号以及部分标志的边框。

8. 橙色或荧光橙色：用于道路作业区的警告、指路标志。

9. 荧光黄绿色：表示警告，用于注意行人、注意儿童警告标志。

（二）各种标志的颜色设置如下：

1. 警告标志的颜色为黄底、黑边、黑图形。“注意信号灯”标志的图形为红、黄、绿、黑四色。“叉形符号”“斜杠符号”为白底红图形。

2. 禁令标志的颜色，除个别标志外，为白底、红圈、红杠、黑图形。图形压杠。

3. 指示标志的颜色，除个别标志外，为蓝底、白图形。

4. 指路标志的颜色，除特别说明外，一般道路指路标志为蓝底、白图形、白边框、蓝色衬边；高速公路和城市快速路指路标志为绿底、白图形、白边框、绿色衬边。

5. 旅游区标志的颜色为棕底、白字（图形）、白边框、棕色衬边。

6. 用于作业区的标志为警告标志、禁令标志、指示标志及指路标志，其中警告标志为橙底黑图形，指路标志为在已有的指路标志上增加橙色绕行箭头或者为橙底黑图形。

7. 告示标志一般为白底、黑字、黑图形、黑边框。版面中的图形标识如果需要可采用彩色图案。

二、形状

道路使用者在接近标志的过程中，标志的形状、颜色是其首先感知的，因此合理地选择各种标志的形状，有助于提高标志的视认性。根据对交通标志形状可认性的研究，在同等面积条件下，三角形的辨认效果最好，其次是菱形、正方形、圆形、六角形、八角形等。不过在决定道路交通标志的形状时，除考虑其形状对可辨性的影响外，还要考虑标志牌的可利用面积的大小（即可容纳的信息量的多少）以及过去使用的习惯等因素。《道路交通标志和标线》（GB5768.2-2022）第2部分：道路交通标志中对交通标志的颜色做如下的定义：正等边三角形：用于警告标志。圆形：用于禁令和指示标志。倒等边三角形：用于“减速让行”禁令标志。八角形：用于“停车让行”禁令标志。叉形：用于“铁路平交道口叉形符号”警告标志。方形：用于指路标志，部分警告、禁令和指示标志，旅游区标志，辅助标志，告示标志等。

三、边框和衬边

除个别标志外，标志边框的颜色应与标志的图形或字符的颜色一致，除指示标志外，标志衬边的颜色应与标志底色一致，个别标志除外。各类标志的边框和衬边如表4-3所示。

表4-3　各类标志的边框和衬边

标志类别	边框	衬边	备注
警告	黑色	黄色	叉形符号和斜杠符号除外
禁令	红色	白色	个别标志除外
指示		白色	白色衬边外无蓝色
指路	白色	蓝色或绿色	
旅游区	白色	棕色	
道路作业区	黑色	橙色	道路作业区所用禁令、指示等标志不变，只对警告、绕行等标志
辅助	黑色	白色	
告示	黑色	白色	

相同底色标志套用时，应使用边框；不同底色标志套用时，套用的禁令标志一般不使用衬边，套用的指路标志一般不使用边框，道路编号标志套用于指路标志上，也可使用边框，如图4-2所示。

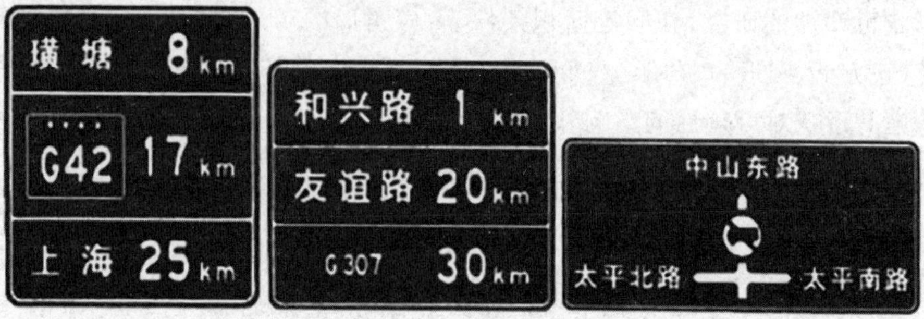

图4-2 标志套用示例

四、字符

（一）道路交通标志的字符应规范、正确、工整。按从左至右、从上至下的顺序排列，一般一个地名不写成两行或两列。

（二）根据需要，可并用汉字和其他文字。标志上的汉字应使用规范汉字，除有特殊规定之外，汉字应排在其他文字上方。

（三）如果标志上使用英文，地名用汉语拼音，相关规定按照《地名标志》（GB17733-2008），第一个字母大写，其余小写；专用名词用英文，第一个字母大写，其余小写，根据需要也可全部大写。

（四）除特殊规定外，指路标志汉字高度一般值应根据设计速度，按表4-4选取。汉字字宽和字高相等。字高可考虑设置路段的运行速度（V85）进行调整。

表4-4 汉字高度与速度的关系

速度/(km/h)	100～120	71～99	40～70	<40
汉字高度/cm	60～70	50～60	35～50	25～30

（五）指路标志的阿拉伯数字和其他文字的高度应根据汉字高度确定，其与汉字高度的关系宜符合表4-5的规定。在特殊情况下，由于具体原因不能满足要求时，经论证字符高度最小不应低于规定值的0.8倍。

表4-5　其他文字与汉字高度的关系

其他文字		与汉字高度(h)的关系
拼音字母、拉丁字母或少数民族文字	大小写	$\frac{1}{3}h - \frac{1}{2}h$
阿拉伯数字	字高	h
	字宽	$\frac{1}{2}h - \frac{4}{5}h$
	笔划粗	$\frac{1}{6}h - \frac{1}{5}h$

(六)道路编号标识中的字母标识符、数字等高,出口编号标志中的数字、字母高度不等,其高度应根据设计速度,按表4-6选取。标识在一般道路指路标志箭头杆中的公路编号或道路名称,字高可适当减小,一般取表4-5规定值的50%～70%,但公路编号或道路名称的汉字高度不应小于20 cm,英文字母和阿拉伯数字高度不应小于15 cm。设置在指路标志版面中的方向标志的字高可适当减小,但不应小于表4-4规定值的50%。

表4-6　道路编号标志和出口编号标志的字母、数字高度

速度/(km/h)		100～120	71～99	40～70	<40
道路编号/cm	字母	40～50	35～40	25～30	15～20
	数字	40～50	35～40	25～30	
出口编号/cm	字母	约数字字高的2/3			
	"出口"	25或30			

(七)指路标志的汉字或其他文字的间隔、行距等宜符合表4-7的规定。

表4-7　文字的间隔、行距等的规定

文字设置	与汉字高度(h)的关系	文字设置	与汉字高度(h)的关系
字间值	$\frac{1}{10}h$以上	字行距	$\frac{1}{5}h - \frac{1}{3}h$
笔划粗	$\frac{1}{14}h - \frac{1}{10}h$	距标志边缘最小距离	$\frac{2}{5}h$

（八）文字性警告、禁令标志的字高按表4-5确定。特殊情况下，经论证文字性警告标志的字高可以适当降低，但最小不应小于表4-5字高下限值的60%。

（九）辅助标志、告示标志的字高一般值可按照表4-5规定值的一半确定，但最小值不应小于10 cm。

（十）标志的汉字、拼音字母、拉丁字母、数字等采用道路交通标志字体（简体）。

五、尺寸

（一）警告标志的尺寸代号，如图4-3所示。

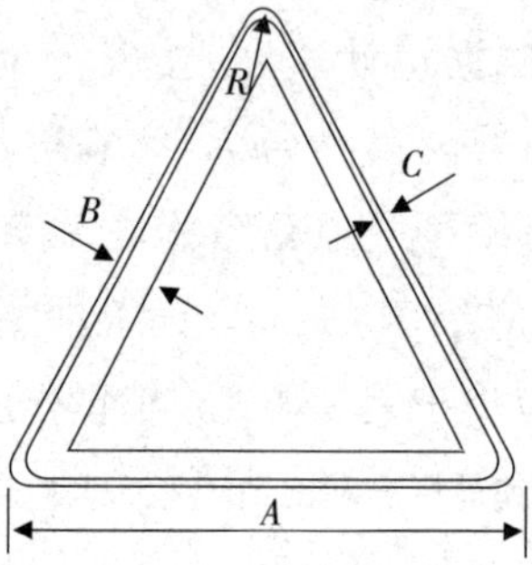

图4-3　警告标志的尺寸代号

其边长、边宽的一般值应根据设计速度，按表4-8选取。可考虑设置路段的运行速度（V85）进行调整。设置在胡同、隔离带的警告标志，设置空间受限制时，如果采用柱式标志可采用最小值。三角形的边长最小值不应小于60 cm。

表4-8　警告标志尺寸与速度关系

速度/(km/h)	100～200	71～99	40～70	<40
三角形边长 A/cm	130	110	90	70
黑边宽度 B/cm	9	8	6.5	5
黑边圆角半径 R/cm	6	5	4	3
衬边宽度 C/cm	1.0	0.8	0.6	0.4

(二)禁令标志的尺寸按表4-9选取。可考虑设置路段的运行速度(V85)进行调整。设置在胡同、隔离带的禁令标志,设置空间受限制时,如果采用柱式标志可采用最小值。圆形禁令标志的直径最小不应小于50 cm,三角形禁令标志的边长最小不应小于60 cm,八角形对角线长度最小不应小于50 cm。

表4-9 禁令标志尺寸与速度关系

速度/(km/h)		100～120	71～99	40～70	<40
圆形标志/cm	标志外径(*D*)	120	100	80	60
	红边宽度(*a*)	12	10	8	6
	红杠宽度(*b*)	9	7.5	6	4.5
	衬边宽度(*c*)	1	0.8	0.6	0.4
三角形标志(减速让行标志)/cm	三角形边长(*a*)			90	70
	红边宽度(*b*)			9	7
	衬边宽度(*c*)			0.6	0.4
八角形标志(停车让行标志)/cm	标志外径(*D*)			80	60
	白边宽度(*b*)			3	2
	长(*a*)			120	90
矩形标志(区域限制和解除标志)/cm	宽(*b*)			170	130
	黑边框宽度			3	2
	衬边宽度(*d*)			0.6	0.4

(三)指示标志的尺寸一般值应根据设计速度,按表4-10选取。可考虑设置路段的运行速度(V85)进行调整。设置在胡同、隔离带的指示标志,设置空间受限制时,如果采用柱式标志则可采用最小值,指示标志的直径(或短边边长)最小不应小于50 cm。

表4-10 指示标志尺寸与速度的关系

速度/(km/h)	100～120	71～99	40～70	<40
圆形(直径 D)/cm	120	100	80	60
正方形(边长 A)/cm	120	100	80	60
长方形(边长 $A\times B$)/cm	190×140	160×120	140×100	
单行线标志(长方形 $A\times B$)/cm	120×60	120×60	80×40	60×30
会车先行标志(正方形 A)/cm			80	60
衬边宽度 C/cm	1.0	0.8	0.6	0.4

(四)指路标志的大小,除另有规定外,应根据字数、文字高度及排列情况确定。指路标志的外边框和衬边的尺寸如图4-4所示。

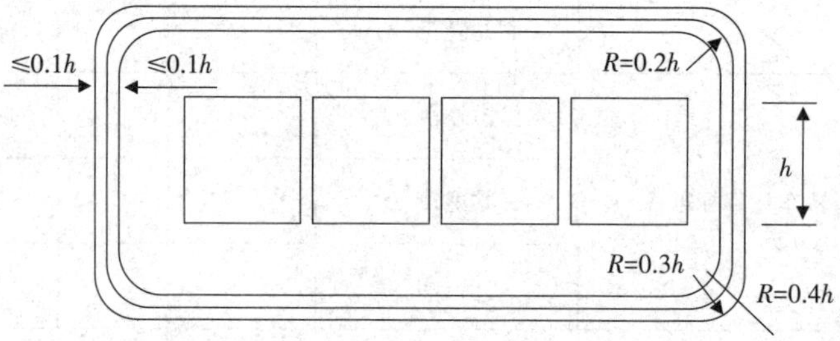

图4-4 指路标志外边框和衬边尺寸

(五)其他规定如下:

(1)警告、禁令、指示标志最小尺寸仅适用于城市里狭窄道路、分隔交通的隔离栏上,并应采用柱式支撑形式。

(2)用于城市里狭窄道路、分隔交通的隔离栏上的禁令、指示标志小于最小尺寸时,其他禁令、指示标志小于表4-9、表4-10规定的一般值时,仅表示信息告知。

（六）旅游指引标志尺寸由字高、字数和图形确定。旅游符号标志尺寸一般宜采用60 cm×60 cm。

（七）作业区标志一般为警告、禁令、指示、指路标志用于作业区的临时标志，尺寸根据作业区限制速度按照相应标志尺寸的规定确定。

（八）辅助标志、告示标志的尺寸由字高、字数确定。字间隔、行距等按表4-7的规定执行。如有需要可增加辅助标志板的尺寸。

（九）标志的尺寸基本上按设计速度选取，可考虑根据运行速度或限制速度进行调整，标志尺寸及字高根据需要可增加。

六、逆反射材料及照明

除另有规定外，标志应采用逆反射材料制作标志面或安装照明设施，也可以根据地形、日照情况采用发光式。标志在白天和夜间的颜色应满足《道路交通标志和标线第1部分：总则》（GB5768.1-2009）的规定。

（一）逆反射材料

用于标志面的逆反射材料主要为反光膜。反光膜的逆反射性能应符合《道路交通反光膜》（GB/T18833-2012）的规定。选择逆反射材料应综合考虑以下原则或因素：

1. 标志背景环境影响大、行驶速度快、交通量大的道路宜选用逆反射性能好的材料。四级及以下公路、交通量很小的道路，根据实际情况可选用较其他道路逆反射性能低的材料。交通标志板采用反光膜材料时，高速公路、一级公路上宜采用一、二级反光膜，二、三级公路的交通标志宜采用三、四级反光膜，四级公路宜采用四、五级反光膜。

2. 门架式标志、悬臂式标志和车行道上方附着式标志宜选用比路侧柱式标志和路侧附着式标志逆反射性能好的材料。

3. 四级及以下公路、交通量很小的道路，根据实际情况可选用较其他道路逆反射性能低的材料。

4. 在保证均匀性和条件容许时，可以采用照明或发光二极管增加重要标志的视认效果。如果采用发光二极管作为字符或图案，则其颜色应与标志字符、边框或背景相一致；如果需要闪烁，则所有单元应同时以每分钟大于50次、小于60次的频率闪烁。采用照明或发光二极管的方式应保持标志设计的均匀性,不得降低其昼夜的能见性、易读性,要便于驾驶人理解。

(二)照明

1. 交通标志的照明应采用白色光源,安装于标志板结构内部或上方或其他适当位置。

2. 内部照明为将光源安装于标志板结构内部的照明方式,分单面显示和两面显示两种,要求如下:

(1)内部照明标志应根据板面大小、所受风力等进行结构设计。

(2)确保标志面照度均匀,在夜间具有150 m以上的视认距离。

(3)金属构件应经防腐处理合格,防雨防尘,电器元件耐久可靠,检修方便。

3. 外部照明为将光源安装于标志板上部、照亮标志面的照明方式,要求如下:

(1)所选用的外部照明光源的显色指数R,一般不应低于80,光源应进行专门设计,照明灯具及其阴影不能影响标志认读。

(2)光源在标志面上的照度应均匀,最大照度与最小照度之比应小于4,在夜间具有150 m以上的视认距离。

(3)外部照明光源不应造成眩目。

(4)支撑灯具的构件防锈处理应合格,照明器件耐久可靠,性能优良,检修方便。

(三)主动发光

1. 主动发光标志的主动发光部分可采用高亮度发光二极管(LED)等器件或材料。主动发光标志的非主动发光的标志面部分宜采用逆反射材料制作。

2. 主动发光标志应确保在夜间具有150 m以上的视认距离。

3. 主动发光标志的频闪应同步。

七、指路标志内容选取

(一)高速公路指路标志

高速公路交通标志的设置主要是以满足不熟悉路线或所在路网、地区的公路使用者的需求为前提的。交通标志应能为公路使用者有序到达目的地提供清晰的指导。

进行高速公路交通标志设置时,结合工程判断和研究恰当地解决具体的设置问题是必要的,但全面考虑整个路线和路网在任何时候都是必要的。交通标志应能为公路使用者提供下列功能:①在互通式立体交叉处提供可到达的目的地或公路与城市道路的路线编号(名称)。②提供高速公路的入口信息。③在合流、分流前指引公路使用者进入适当的车道。④指出路网中相关路线的名称及可达方向。⑤显示到达目的地的距离。⑥指出到达沿线服务区、停车区、旅游区(点)等设施的入口。⑦提供行车安全提醒信息。⑧为公路使用者提供其他必要的信息。

上述功能可通过设置路径指引、沿线信息指引、沿线设施指引和旅游区(点)指引及提供行车安全提醒信息等标志来实现。

1.高速公路指路标志分类

高速公路指路标志按照标志的功能可分为路径指引、沿线信息指引、沿线设施指引标志。

(1)路径指引标志

①入口指引标志包括:入口预告标志,入口处地点、方向标志,命名编号标志,路名标志。

②行车确认标志包括:地点距离标志、命名编号标志、路名标志。

③出口指引标志包括:下一出口预告标志,出口预告标志,出口标志及出口地点、方向标志。

(2)沿线信息指引标志

沿线信息指引标志包括:起点标志、终点预告标志、终点提示标志、终点标志、著名地点标志、分界标志、交通信息标志、里程牌和百米牌、停车领卡标志、车道数变少标志、车道数增加标志、交通监控设备标志、车距确认标志、特殊天气建议速度标志、隧道出口距离预告标志。

(3)沿线设施指引标志

沿线设施指引标志包括:紧急电话标志、救援电话标志、收费站预告及收费站标志、ETC车道指示标志、计重收费标志、加油站标志、紧急停车带标志、服务区预告标志、停车区预告标志、停车场预告及停车场标志、爬坡车道标志、超限检测站标志。

2.高速公路指路标志布设

从互通式立体交叉被交道路驶入高速公路,至下一互通式立体交叉出口。指路标志和其他标志的设置顺序应遵循以下原则:

(1)路径指引标志

入口预告标志→入口处地点、方向标志→命名编号标志或路名标志→下一出口预告或地点距离标志→高速公路命名编号标志或路名标志(根据需要设置)→出口预告标志→出口标志→出口处地点、方向标志。路径指引标志与版面信息之间应保持一致性和连续性。

(2)沿线信息指引标志和沿线设施指引标志

应在高速公路沿线根据需要设置,并与路径指引标志统筹考虑。

3.高速公路指路标志信息选取

考虑到高速公路运营环境的复杂性,指路标志信息的选取应充分考虑到人的认识能力和身体条件的局限性,以不熟悉本地路况的驾驶人为对象,按照驾驶人的信息需求和驾驶人的信息接受能力,将必要的信息通过交通标志的形式传递给驾驶人,使其在适当的时间、适当的地点能获取到适当的行车信息。

高速公路指路标志版面中的重要信息是目的地的指引信息。该信息用来在公路网中定向、找路及确定所在地。可作为版面信息的内容包括:

(1)公路与城市道路编号或名称信息

公路编号被确定为每条公路的导向特征,它定义了一条路线的地理走向。用于交通标志时,可以简化、明晰路标,通过编号的特殊导向作用可以限制标志牌上目的地指示的数目。

(2)地区名称和地点名称信息

①按照重要程度及行政区域划分,地区可以分为以下几部分:

a.重要地区,包括省会、自治区首府、直辖市、副省级城市、地级市等。城市绕城环线和放射线高速公路可选取沿线的卫星城镇、城区重要地名、人口密集的居民住宅区等。

b.主要地区,包括县及县级市等。城市绕城环线和放射线高速公路可选取沿线的城区较重要地名、人口较密集的居民住宅区等。

c.一般地区,包括乡、镇、村等。

d.著名地点和主要地点，包括交通枢纽、文体旅游及重要地物等。

e.行政区划分界线。

②按照功能及距离进行划分，目的地可分为远程目的地和近程目的地。远程目的地可细分为主要远程目的地和中间远程目的地。

a.远程目的地：应指示高速公路大范围内的地理走向。在驶入高速公路或驶向另一条高速公路时，远程目的地可用作高速公路的方向特征。

远程目的地一般选择沿线距当前所在地最近处的基准地区（省会、自治区首府、直辖市），将到达这些基准地区时，可增加邻近的省会、自治区首府、直辖市作为基准地区。如沿线无省会、自治区首府、直辖市，则也可选择沿线最远处的副省级城市、地级市或其他对定向起重要作用的地点或地区。

b.近程目的地：用来在近距离范围内定向的出口目的地。近程目的地可选择主要地区或一般地区，当快到达高速公路基准地区时，直辖市、省会、自治区首府将作为近程目的地。

如果沿线互通式立体交叉、标志性桥梁、隧道或沿线飞机场、火车站、著名旅游区（点）等对近距离内的定向有帮助，并能保证目的地跟踪的明确性，则这些设施可作为近程目的地。专用公路如机场高速公路、旅游高速公路，可将这些设施作为远程目的地。

③根据信息的重要程度、高速公路的服务对象和功能，各类信息可分为A层、B层和C层信息，如表4-11所示。

表4-11 高速公路标志信息分级表

信息类型		A层信息	B层信息	C层信息
公路编号（名称）		高速公路、国道、城市快速路编号（名称）①	省道、城市主干线编号（名称）②	县道、乡道、城市次干路和支路编号（名称）①,②
地区名称信息	主线、并行线、联络线、地区环线	重要地区（直辖市、省会、自治区首府、副省级城市、地级市）③	主要地区（县及县级市）	一般地区（乡、镇、村）

续表

信息类型		A层信息	B层信息	C层信息
	城市绕城环线、放射线	卫星城镇、城区重要地名、人口密集的居民住宅区④	城市较重要地名、人口较密集的居民住宅区	
地点名称信息	交通枢纽信息	飞机场、省级火车站、港口、重要交通集散点	地级火车站、长途汽车总站、大型平面交叉、大型立交桥	县级火车站、长途汽车站、较大型平面交叉
	文体、旅游信息	国家级旅游景区、自然保护区、博物馆、文体场馆	省级旅游景点、自然保护区、博物馆、文体场馆	地级、县级旅游景点、自然保护区、纪念馆、文体中心

注:①公路有正式编号时,应首选公路编号。公路编号(名称)应符合国家统一规定。②县、乡道宜同时标明编号和名称。③省会、自治区首府、直辖市等控制性城市可作为沿线的基准地区。④应根据高速公路的服务功能、所在位置的远近、交通量和互通式立体交叉分布的疏密等因素确定沿线的基准地区。城市绕城环线较长时,基准地区可相对固定,否则可适当变化。城市放射线高速公路可选取城市范围内最远处的卫星城镇或城市地区(市中心)作为两个方向的基准地区。旅游、机场专用高速公路等应以其服务对象作为方向信息,如城市放射线与国家或省级高速公路路线重合,则按照国家或省级高速公路的规定确定基准地区。

④在选择目的地时,应注意以下事项:

a.由于驾驶人接受能力的限制和标志板制作等方面的原因,应将目的地指示的数量限制在绝对必要的范围内。

一般情况下,高速公路出口预告系列标志应列出两个目的地和一个公路编号,以分别指示高速公路左侧和右侧相邻的目的地;地点距离标志一般不宜超过三个地名。当交通标志上目的地数量未达到最大限度时,不应将不重要的目的地写进交通标志。

当同一方向有同层次多类信息时。应按照由上而下的顺序对表4-11的信息类型加以选择,直至满足规定的信息数量为止。当同一方向有同层次同类多个信息时,应按照由近到远的顺序加以选择。当无法按照表4-12的规定选取必要的信息时,可降级选取信息。必要时,也可升级选取信息。

b.在选择目的地时，应尽量只考虑作为“指导目的地”具有综合导向功能的地名，如本小节所列的几款选项，选择其他地名应经过充分论证。

高速公路与齐等级道路连接时，可参考表4-12选择信息层次，同时还应考虑相交道路服务区域的特点和交通流的流向和流量。

表4-12 互通式立体交叉处标志信息要素选择参考表

标志所在位置	主线方向（即直行方向）	被交道路方向（即出口方向）		
		高速公路、国道、城市快速路	省道、城市主干道	县道、乡道、城市次干路和支路
国家高速公路	A层、(B层)	A层、(B层)	A层、(B层)	(B层)、C层
省级高速公路	(A层)、B层	A层、(B层)	A层、(B层)	(B层)、C层

注：①表中不带括号的信息为首选信息；带括号的信息适用于无首选信息时，或根据需要作为第二个信息。②当接近首选信息所指示的目的地时，该信息作为第一个信息。如需选取第二个，则仍按本表的顺序筛选。

4.高速公路指路标志信息选取具体方法

(1)入口预告标志

在通往高速公路的一般公路或城市道路平面交叉处，应设置带行车方向指引的高速公路入口预告标志。

入口预告标志(图4-5)宜将高速公路距当前所在地最近的A层信息(一般选取基准地区或重要地区名称)作为方向，并通过箭头来指示行驶方向。所选取的基准地区名称应与进入主线后设置的地点距离标志的第三个地名相同(临近基准地区时，与第二个地名相同)。两个不同方向的信息之间可进行分隔。当沿线经过国家级旅游景区或大型民用机场时，可将这些重要地点作为方向信息，并与进入主线后设置的地点距离标志相对应。入口预告标志的地区或地点信息的数量不宜超过4个。

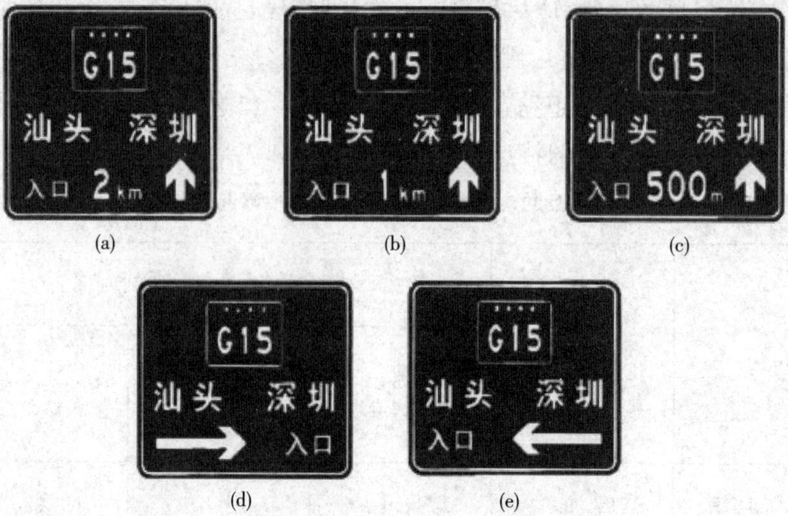

图4-5 入口预告标志

当两条或多条高速公路有重合路段时,入口预告标志应指出行政等级高的高速公路的编号(名称),如图4-6所示。如版面允许,则可同时指出每条高速公路的编号(名称)。当地区环线或城市绕城环线高速公路与其他高速公路有重合路段时,应优先保留地区环线或城市绕城环线的编号(名称)。

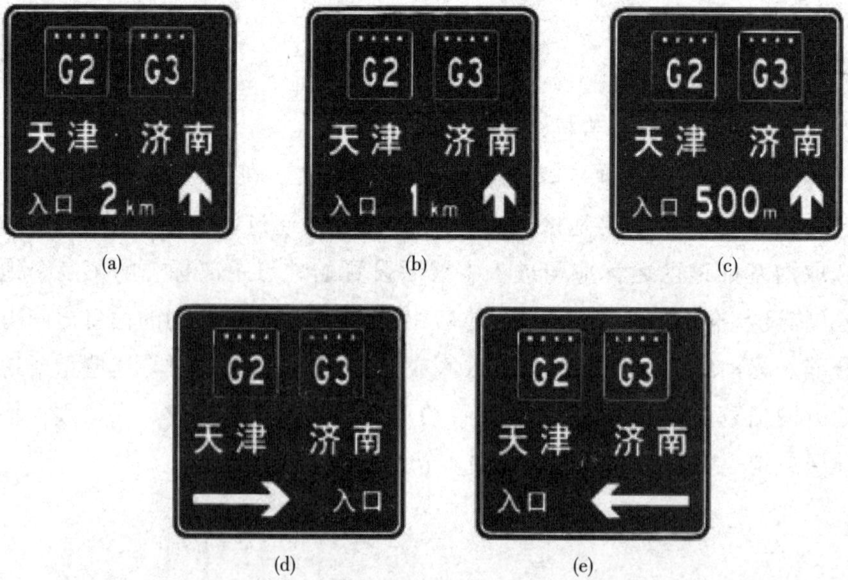

图4-6 两条高速公路共线时入口预告

在驶入高速公路的匝道分岔点处，应设置分别指向高速公路两个行驶方向的地点、方向标志，版面内容应与入口预告标志和相应方向的地点距离标志的第三个或第二个地名相对应。如版面允许，则可在目的地信息之上增加前往高速公路的编号（名称）信息。

在互通式立体交叉的后基准点附近，应设置高速公路命名编号标志；尚无路线编号的应设置路名标志。根据路线总体走向，可采用方向标志指出前进方向的地理方位信息或目的地方向信息。

（2）出口预告标志

在距互通式立体交叉的前基准点2 km、1 km、500 m和0 km处应分别设置2 km、1 km、500 m出口预告标志和出口预告（行动点）标志。出口预告标志应同时附着出口编号标志。当因互通式立体交叉、桥梁、隧道等因素没有位置设置时，经严格论证可取消2 km出口预告标志，其他出口预告标志必须设置。在高速公路驶出匝道的三角地带端部，应设置出口标志或地点、方向标志。

出口预告标志版面可出现两行信息，根据相连接道路的等级。一般情况下，第一行应为出口可连接的公路编号（名称）信息，如前进方向明确，则可指出其方向。第二行应为所连接道路的一两个地区或地点名称信息：第一个信息应与地点距离标志的第一行信息或下一出口预告标志内的信息相一致，第二个信息应为经由该出口可到达的其他同类信息。如被交道路无路线编号，则可设置路线名称和两个目的地的名称。

（3）地点距离标志

预告高速公路或城市快速路前方所要经过的重要的地点、道路的名称和距离，设置在互通式立体交叉加速车道的渐变段终点以后1 km以上路段的合适位置处。互通式立体交叉间距大于或等于5 km时应设置该标志，互通式立体交叉间距大于10 km时，可重复设置。

地点距离标志上的地点名称宜采用三行，按由近到远的顺序排列（图4-7）：

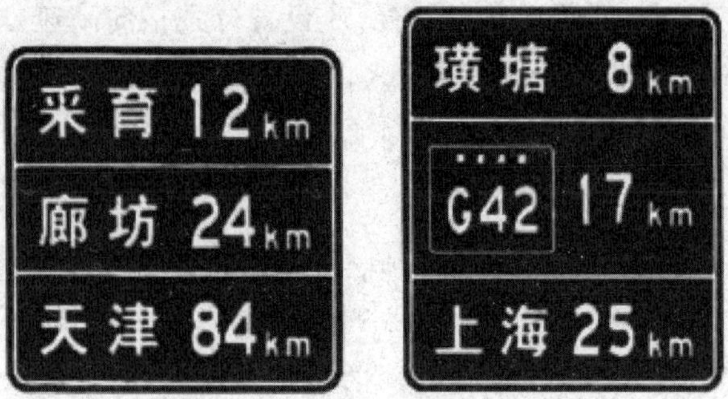

(a)　(b)

图4-7　地点距离标志

①第一行的地点为近程目的地,应选用经由下一个互通式立体交叉可到达的目的地信息。根据被交道路的等级并按照表4-11选取信息等级,然后根据表4-12的规定确定信息的内容(重要地区、主要地区、一般地区),所选信息应与前方设置的出口预告及出口系列标志中的指路信息相一致。

②第三行的地点为远程目的地,同时作为指示路线总体前进方向的基准地区,在一定距离内保持相对固定。当沿线存在省会、自治区首府、直辖市等A层信息时,应以距当前所在地最近的上述地区名称作为基准地区。当临近基准地区时,再按照上述原则选取下一个一级信息作为新的基准地区。当沿线不存在上述基准地区时,应以表4-11重要地区、著名地点)作为远程目的地。

当城市绕城环线高速公路里程较长时,可选择距当前所在地最远的A层信息(基准地区)并相对固定;当里程较短时,可选取前方第三个互通式立体交叉可到达的目的地信息,并依次变化。城市放射线高速公路可选用城市范围内距起点最远的A层信息(基准地区)作为远程目的地。

③第二行的地点为中间远程目的地,宜选取上述两个目的地之间的最近的其他A层信息(重要地区)。如无重要地区,则可按表4-11所列顺序选取其他A层信息或B层信息(主要地区)。当接近基准地区时,应选用基准地区作为第二行的地点。城市绕城环线和城市放射线高速公路可选取前方第二个互通式立体交叉可到达的目的地信息。城市区域多个出口时的地点距离标志如图4-8所示。

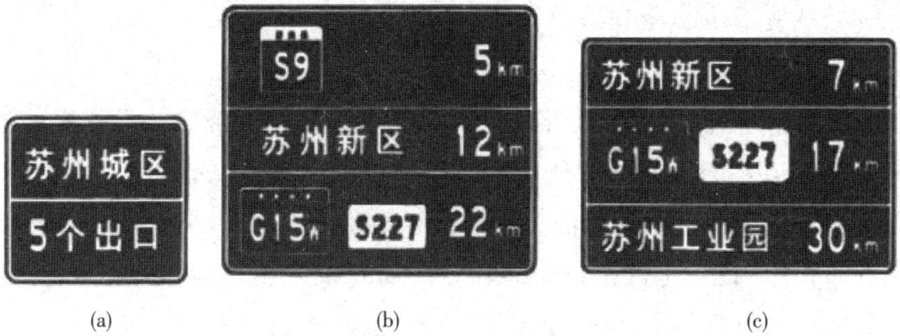

图4-8 城市区域多个出口时的地点距离标志

指路标志内容的选取需要保证前后信息的一致性。一致性的原则能保证各类交通标志提供的信息与驾驶人的预期值保持吻合，使驾驶人从容调节行车方向和速度，有效地保证行车安全。如图4-9所示为某高速公路两个互通式立体交叉之间主要指路标志的设置示例。从图中可以看出：地点距离标志中所出现的第一个地名为出口预告标志中出现的第一个地名；主线三角带处“出口”标志所体现地点的名称与出口预告标志的地名是一致的；经过收费站、驶入、驶离高速公路的方向、地点标志中的地点名称分别与高速公路入口预告标志和高速公路出口标志中的地名保持一致。

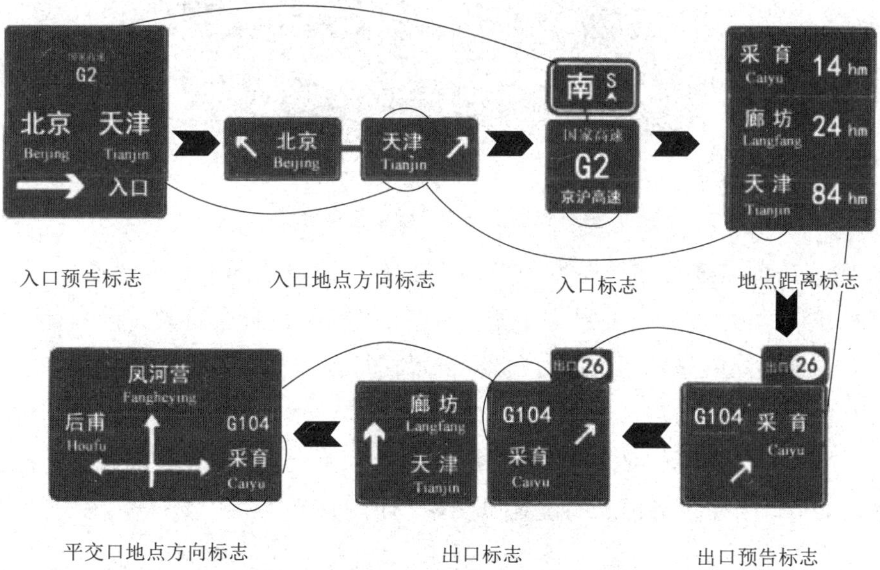

图4-9 高速公路交通标志设置一致性示例

（二）城市道路指路标志内容选取

1.城市干道和支路

城市主干路、次干路及支路应设置指路标志。指路标志的设置应根据交叉口各交叉道路的等级选取适当版面类型与信息，设计交叉口预告、交叉口告知及交叉口确认标志的版面；地点指引、沿线设施指引、其他道路信息指引标志的布设，应针对道路沿线信息存在的需要设置相应标志；指路标志与其他交通标志的版面组合，应便于识认，不产生歧义。

指路标志版面中的信息如图4-10所示，标识在箭头外的信息，应为交叉口及各相交道路所能通达的道路或地点名称；箭头杆中可标识横向道路路名信息，也可同时标识当前行驶道路与横向道路路名信息，标识横向道路时其为前方最近交叉口横向道路路名信息，路名字高宜为0.5 cm ~ 0.7 cm；可在标志版面上标识地理方向信息，地理方向信息中的方向箭头可根据道路实际方向调整旋转。

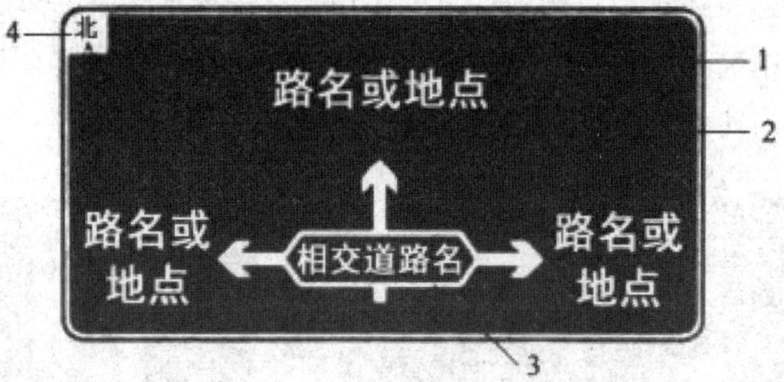

图4-10　指路标志版面信息含义

注：1-前方通达的道路或地点；2-左、右方向通达的道路或地点；3-前方交叉道路；4-地理方向信息文字不应旋转；当标志设置在行驶方向右侧时可在其版面左上角标识地理方向信息，设置在行驶方向左侧时可在其版面右侧上角标识地理方向信息；当版面为复杂交叉口图形时，可视版面布置情况在左下角或右下角标识地理方向信息；标志版面上的路名、地名应使用标准名称。交叉口路径指引标志的位置如表4-13所示。

表4-13 交叉口路径指引标志的设置

主线道路	被交道路		
	主干路	次干路	支路
主干路	（预）、告、确	（预）、告、确	确
次干路	（预）、告、确	（预）、告、确	确
支路	告、确	告、确	确

注：“预”为交叉口预告标志；“告”为交叉口告知标志；“确”为确认标志，包括路名牌标志、街道名称标志、地点方向标志等；括号内为可根据需要设置的标志。如条件限制，可降低路径指引标志的配置要求，但应设置必要的交叉口告知标志。

交叉口路径指引标志按设置的道路等级，交叉口预告、告知标志的版面设计可按表4-14分为3类：Ⅰ类版面指示前进方向两个目的地信息（近信息、远信息）；Ⅱ类版面指示前进方向1个目的地信息（近信息）；Ⅲ类版面仅指示前方相交道路路名。

表4-14 交叉口预告、告知标志版面分类

<table>
<tr><th>类别</th><th>预告标志</th><th>告知标志</th></tr>
<tr><td>Ⅰ类版面</td><td>
</td><td>
</td></tr>
<tr><td>Ⅱ类版面</td><td>
</td><td>
</td></tr>
<tr><td>Ⅲ类版面</td><td>-</td><td>
</td></tr>
</table>

各级道路交叉口预告、告知标志版面类型，宜按表4-15选用。

表4-15　交叉口预告、告知标志版面类型的选用

主线道路	被交道路						
	主干路		次干路		支路		
交叉口信控条件	信控	非信控	信控	非信控	信控		非信控
主干路	Ⅰ、(Ⅱ)	Ⅰ、(Ⅱ)	Ⅰ、(Ⅱ)	Ⅰ、(Ⅱ)	Ⅱ	(Ⅲ)	Ⅱ、(Ⅲ)
次干路	(Ⅰ)、Ⅱ	(Ⅰ)、Ⅱ	(Ⅰ)、Ⅱ	(Ⅰ)、Ⅱ	Ⅱ	(Ⅲ)	Ⅱ、(Ⅲ)
支路	Ⅱ、(Ⅲ)	(Ⅱ)、Ⅲ	Ⅱ、(Ⅲ)	(Ⅱ)、Ⅲ	Ⅱ	(Ⅲ)	Ⅲ

注:表中不带括号的类型为优先选择类型;带括号的类型适用于条件限制或特殊需求情况下选择的版面类型。

指路标志指示信息应根据信息的重要程度、道路的服务对象和功能按表4-16进行分层。

表4-16　城市道路标志信息分层表

信息类型	A层信息	B层信息	C层信息
路线名称信息	高速公路、国道、快速路	省道、主干路	次干路、支路
地区名称信息	重要地区含城市中心区、市政府、大学城区、大型商亚区、城市休闲娱乐中心区、著名地区等	主要地区含大学、重要商业区、大型文化广场、中型商业区、主要生活居住区等	一般地区含重要街道、一般生活居住区等
交通枢纽信息	飞机场、特等或一等火车站	二等或三等火车站、长途汽车总站、轮渡码头、大型环岛、大型立交桥、特大桥梁	重要路口
文体、旅游信息	国家级旅游景区、自然保护区、大型文体设施	省、市级旅游景点、自然保护区、博物馆、文体场馆	县(区)级旅游景点、博物馆、纪念馆、文体中心
重要地物信息	国家级产业基地、大型城市标志性建筑	省、市级产业基地、市级文体场馆、科技园	县(区)级产业基地和企业,县级文化中心

交叉口路径指引标志上的信息层级，根据相交道路的等级、服务区域的特点，应在对交通流的流向和流量综合分析的基础上，按表4-17选取。

表4-17 交叉口预告、告知标志信息要素选择配置表

道路等级	主线道路	被交道路		
		主干路	次干路	支路
主干路	(A层)、B层、C层	(A层)、B层、C层	(A层)、B层、C层	(B层)、C层
次干路	(A层)、B层、C层	(A层)、B层、C层	(A层)、B层、C层	(B层)、C层
支路	(B层)、C层	(A层)、B层、C层	(A层)、B层、C层	(B层)、C层

注：①表中不带括号的信息为优先选择的信息；带括号的信息适用于无首选信息时，可根据需要作为选择的信息。②当接近首选信息所指示的地点时，该信息作为第一个信息。如需选取第二个，则仍按本表的顺序筛选。

当同一方向有同层多类信息时，应按由上至下的顺序按表4-17的信息类型加以选择；当同一方向有同层同类多个信息时，宜按由近到远的顺序加以选择；当同一方向有多个C层信息时，应综合考虑交通吸引量等因素，选取相对更为重要的信息；当同一方向有多层同类优选信息时，应选择距当前所在地最近的信息；当同一方向有多层多类优选信息时，应按由上至下的顺序优先选择表4-16的信息类型，而后对于同一信息类别再选择最近的信息。

同一块指路标志的版面中，各方向指引的目的地信息数量之和不宜超过6个，同一方向指引的信息数量不应超过2个；同一方向表示2个信息时，宜在一行或两行内按由近到远顺序，由左至右或由上至下排列；前方通达地点或道路名称信息应标识在竖向箭头的上方；左、右方向通达地点或道路信息可在横向箭头上方或下方标识，也可标识在箭头指向的外侧；当左右方向通达地点或道路为单一信息时，横向箭头外侧信息可竖向书写；一个城市指路标志版面信息排列顺序及布置方式，应协调一致。

交叉口路径指引标志版面信息中近、远信息的选取，Ⅰ、Ⅱ类路径指引标志中，近信息为指示行驶方向上(A层)、B层、C层信息中距离当前所在地最近的信息；近信息宜选择下游邻近的主要道路，可是主干路、次干路，也可选

择相对较为重要的支路，并应保证信息指引的承接及连续；I类路径指引标志中，指示行驶前进方向的较高层信息作为远信息；当指示远信息沿线存在可进出的快速路、重要交通性主干路、对外交通枢纽等（A层）、B层信息时，应以距当前所在地最近的上述地区或道路名称作为基准点，当临近基准点时，再按选取下一个（A层）、B层信息作为新的基准点；近信息应根据标志所在位置依次更换，远信息在一定路段内应保持相对固定。

2. 城市快速路

城市快速路指路标志应遵循以下原则：

（1）快速路指路标志设置应具系统性，快速路进出口之间的指路标志应按一定顺序布设，传达信息应连贯、一致。

（2）快速路入口指引宜按入口预告标志→入口处地点、方向标志→入口标志→地点距离标志顺序设置。

（3）快速路出口指引宜按出口预告标志→出口标志和下一出口预告标志→出口处地点、方向标志顺序设置。

（4）对于单向3条及以上车道的出口密集的快速路路段，宜分车道提示方向信息，并应采用路面文字标记以辅助提示。

快速路指路标志的版面信息应包括道路名称信息、目的地名称信息、地理方向信息和距离信息（图4-11），各类信息反映的内容应符合下列要求：

道路名称信息为反映前方将要驶入的道路名称信息；目的地名称信息为反映前方所到达的地区、地点名称或横向道路、出口路名等信息；地理方向信息为反映路线总体走向的地理方向信息；距离信息应为反映标志所在位置到起算点的距离。

图4-11　快速路指路标志信息

道路名称信息应当选择下游将要驶入的道路名称作为道路名称信息。当道路名称信息用于快速路入口或者对快速路入口进行预告时，应选择当前或所预告的快速路道路名称；在互通式立交出口前，需预告其出口所到达的主路道路名称时，应选择该出口将驶入的横向道路名称作为道路名称信息；当道路名称信息为快速路路名，且与目的地名称信息同时设置于一块版面上时，快速路道路名称信息应采用白底绿字的反色。

目的地名称信息的选取应结合相交道路等级、服务区域特点、交通流量特性等因素综合考虑。当快速路与各类道路相交并设置出口时，宜按表4-18选取信息层次；当同一方向有同层次多类信息时，应依次优先选用重要地名、交通枢纽信息、国家级旅游景区、重要公共设施等地点名称，并应确保选用的信息在出口后至指引地连续。当同一方向有同层次同类别多个信息时，宜按由近到远的顺序进行选择，对重要信息也可同时指引。

表4-18 目的地名称选取

主线道路	被交道路		
	快速路	主干路	次干路、支路
快速路	A层(B层)	(A层)B层	(B层)C层

注：不带括号的信息为首选信息，带括号的信息用于无首选信息或根据需要作为第二信息。

行驶方向指引信息、地理方向信息的选取，在车辆的行驶方向较明确、不易引起误解的路段，可选取路线总体走向作为行驶方向指引信息；对驾驶人容易产生行驶方向迷惑的路段，宜选择具有代表意义的下游远程目的地作为行驶方向指引信息；带有地理方向信息内容的标志可单独设置，也可结合快速路指路标志进行设置。当与快速路指路标志结合设置时，宜在版面中增加东、南、西、北等地理方向信息，设置在标志左上或右上角处，所增加的内容不得影响其他指路信息的表达。

入口预告标志宜将快速路当前所在地最近的A层信息作为方向，并应采用箭头来指示行驶方向。入口预告标志的目的地名称信息数量不宜超过4个，单个方向的地点名称信息数量不宜超过2个，两个不同方向的信息之间可用白色线进行分隔。单独设置的入口预告标志版面颜色应与快速路标志一致,采用绿底、白字、白边框、绿色衬边。

入口标志版面内容应与入口预告标志中所传达的信息一致。条件允许时,宜增加目的地名称信息与地理方向信息。

地点距离标志的信息应与入口指引标志、出口指引标志信息配套,重复设置的地点距离标志信息应一致。地点距离标志宜设置三行地点距离信息,地点信息由近及远按自上而下的顺序排列,并应符合下列要求:

①第一行的地点为近目的地,应选用经由下游第一个互通式立体交叉(或出口)可到达的目的地信息;当出口间距较小,地点距离标志与下一出口预告标志并设于同一杆件时,宜选择再下游第二个出口作为第一行近程目的地。

②第三行的地点为远目的地,应在一定距离内保持相对固定。宜选择绕城环线、快速路终点、重要立交节点等A层信息作为远目的地,当接近该目的地时,再按照类似原则选取下一个A层信息作为新的远程目的地。

③第二行的地点为中间远目的地,宜选择第一行与第三行之间的最近的其他A层或B层信息(无A层信息时)。

④若指引信息少于两行内容时,宜更换成出口预告标志的表述方式。

地点距离标志中目的地信息应选用重要地名、交通枢纽信息、国家级旅游景区、重要公共设施等地点名称。

出口标志指示内容应与出口预告标志中所传达的信息连续、一致,版面布设可与出口减速车道渐变段终点出口预告标志一致。对于大型互通式立体交叉,出口匝道需二级分流的情况可采用出口地点、方向标志或专用车道标志代替出口标志。出口地点、方向标志或专用车道标志信息,应与出口预告标志信息对应。

八、信息过载阈值分析

信息过载是目前交通标志系统普遍存在的问题,随着道路建设和区域经济的活跃,新的地名、路名大量涌现,加上道路交通管理体制逐渐显露的不足,个别决策者"宁滥毋缺"的建设理念造成个别路段标志信息过多且集中,驾驶人没有足够时间识别、理解这些标志信息,从而影响交通安全。对于交通标志信息过载与否，没有一个公认的标准可依，仁者见仁、智者见智，主观性很强。特别是近年来，门架式支撑方式的交通标志越来越多，有的设计部门干脆脱离规范，将标志尺寸越做越大、字体尺寸越做越大，希望能够以此解决标志信息量大的问题。由于随着字体和标志尺寸的加大，驾驶人的视认距离并不是一直增大，其信息量过载与否，就更难以去衡量。

信息过载是指驾驶人在有限的时间内无法从众多信息中判读出自己所需要的信息。《道路交通标志和标线 第2部分：道路交通标志》(GB 5768.2-2022)规定："交通标志的设置应综合考虑，布局合理，防止出现信息不足或过载的现象。"指路标志信息选取应遵循"信息量适中"的原则："一块指路标志版面中，各方向指示的目的地信息数量之和不宜超过6个；一般道路交叉路口预告标志和交叉路口告知标志版面中，同一方向指示的目的地信息数量不应超过两个。"

信息过载阈值研究常见试验为：将设计完成的交通标志采用Microsoft-PowerPoint制作成影像，再通过投影仪在大屏幕下自动放映，每张影像之间的时间间隔为5 s。或通过软件模拟试验场景通过大屏幕进行放映。试验者坐在屏幕的正前方，离屏幕的距离按照人机工程学的理论确定，以提供给试验者最合适的视觉环境。试验时提供给试验者2～8条信息，模拟驾驶员寻找一个他们并不熟悉的信息的过程。使用软件后台记录试验过程中试验者视认交通标志的时间和视认正确率。

有试验研究结果表明：对于高速公路指路标志，同一位置交通标志信息过载阈值为6条信息，当路段限速值为60 km/h、80 km/h、100 km/h时，交通标志信息密度过载阈值建议分别取30条/km、22条/km、18条/km。但是由于试验条件和精度的限制，试验结果只供参考，如果推广应用，还需进行大量的高精度试验，充分论证分析，提高其可靠性。有学者利用眼动仪进行试验发现，驾驶人视认反应时间与指路标志路名数呈显著线性正相关，合理指路标志路名数不应超过5个。另有学者设计了指路标志与车道行驶方向标志的组合标志，测定了被试者视认组合标志的正确率及反应时间，得到组合标志的信息量阈值，指引图形较简单的组合标志信息量阈值为6条路名信息，指引图形较复杂的组合标志信息量阈值为5条路名信息，指路标志若与车道行驶方向标志组合设置，则应相应减少路名信息。

目前关于交通标志信息量阈值研究还相对较少，指路标志信息过载现象也比较普遍，指路标志系统有待进一步补充和完善。

第四节　交通标志结构设计

交通标志是通过一定的结构支撑方式，用图形符号和文字向公路使用者传递特定信息，用以管理交通的安全设施。为使交通标志在各种自然环境下，能够固定不间断地发挥功能，在结构设计时，就要充分考虑到其在承受荷载时的力学强度、刚度和稳定性。同时，交通标志作为公路的一部分，在进行结构设计时，还要兼顾其对公路美化所起的作用。在可能的条件下，尽量使其结构雄伟、壮观，与公路沿线环境相协调。

一、结构构成

（一）支撑方式

1.支撑方式的分类

交通标志的支撑方式可分为柱式、悬臂式、门架式、附着式四种。

（1）柱式

①柱式一般有单柱式和多柱式和柱式标志内边缘不应侵入道路建筑限界，一般距车行道或人行道的外侧边缘或土路肩不小于25 cm。

②标志板下缘距路面的高度一般为150～250 cm。设置在小型车比例较大的城市道路时，下缘距地面的高度可根据实际情况减小，但不宜小于120 cm。设置在有行人、非机动车的路侧时，设置高度应大于180 cm。

③单柱式是标志板安装在一根立柱上，如图4-12(a)所示。适用于中、小型尺寸的警告、禁令、指示标志和小型指路标志。

④多柱式是标志板安装在两根及两根以上立柱上，如图4-12(b)所示，适用于长方形的指示或指路标志。

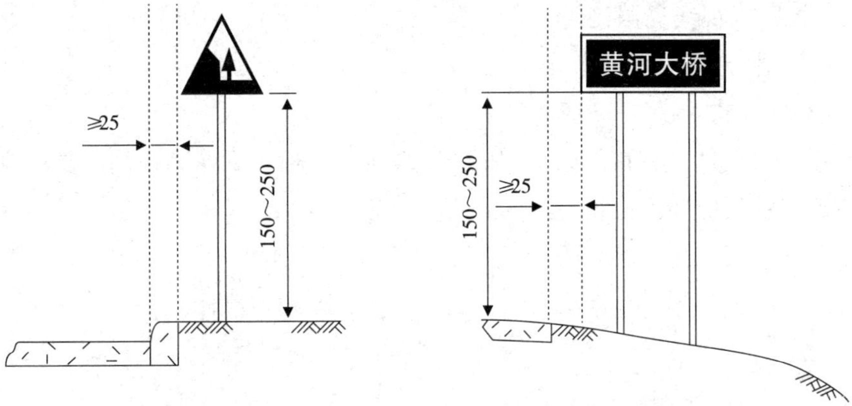

(a)单柱式　(b)多柱式

图4-12　柱式(尺寸单位:cm)

(2)悬臂式

①悬臂式是标志板安装于悬臂上,如图4-13所示。标志下缘离地面的高度应大于该道路规定的净空高度。

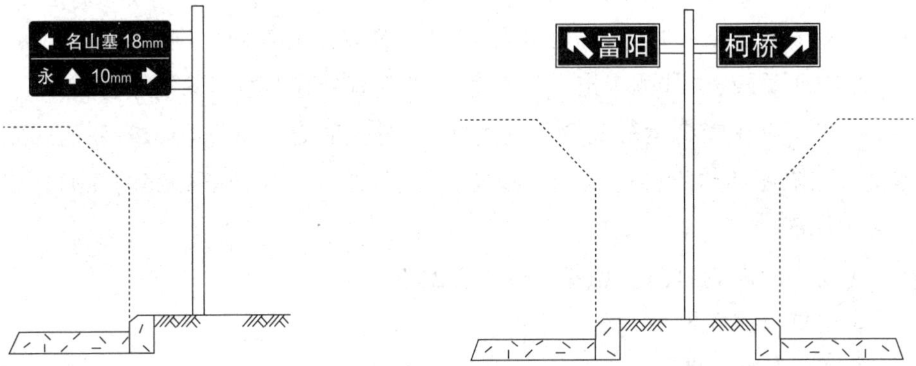

(a)单悬臂式　(b)双悬臂式

图4-13　悬臂式

②悬臂式适用于以下情况:

a.柱式安装有困难。

b.道路较宽、交通量较大、外侧车道大型车辆阻挡内侧车道小型车辆视线。

c.视距或视线受限制。

d.景观上有要求。

(3)门架式

①门架式是安装在门架上，如图4-14所示。标志下缘离地面的高度应大于该道路规定的净空高度。

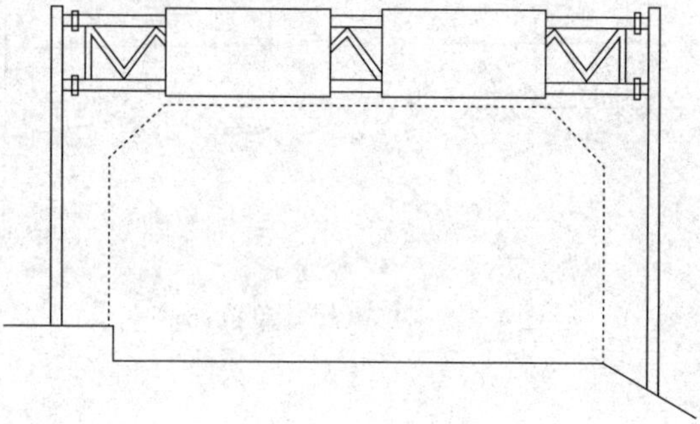

图4-14 门架式

②门架式标志适用于以下情况：

a.多车道道路(同向三车道以上)需要分别指示各车道去向。

b.交通量较大、外侧车道大型车辆阻挡内侧车道小型车辆视线。

c.交通流在较高运行速度下发生交织、分流和合流的路段，如：互通式立体交叉间隔距离较近标志设置较密处、高速公路与高速公路相交的互通立体交叉主线区域等。

d.受空间限制，柱式、悬臂式安装有困难。

e.出口匝道在行车方向的左侧。

f.景观上有要求。

(4)附着式

①标志附着安装在上跨桥和附近构造物上，如图4-15所示。按附着板面所处位置不同分车行道上方附着式和路侧附着式两种。

②附着式标志的安装高度应根据附着位置满足柱式或门架式的高度要求。

需要注意的是，如果标志支撑结构位于路侧净区内，应确保其不对驶离道路的车辆构成危害，否则宜采用解体消能结构或设置相应的防护、警告设施。

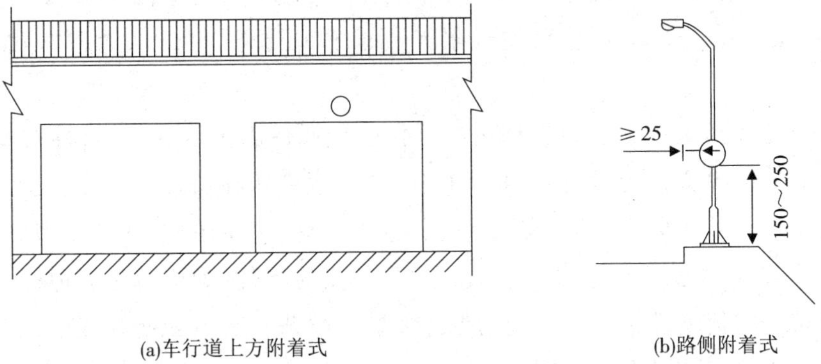

图4-15 附着式(尺寸单位:cm)

2.支撑方式的选择

交通标志支撑方式应根据交通量、车型构成、车道数、沿线构造物分布、风荷载大小以及路侧条件等因素综合确定。

(1)警告、禁令、指示标志和小尺寸指路标志宜采用单柱式支撑方式,中、大型指路标志可采用双柱或多柱式支撑方式。

(2)当符合下列条件时,根据需要可采用悬臂式或门架式等悬空支撑方式(版面内容少时,宜采用悬臂式):

①交通量达到或接近设计通行能力时。

②互通式立交的设计很复杂时。

③单向有三个或三个以上车道时。

④互通式立体交叉间距较近时。

⑤出口为多车道时。

⑥大型车辆所占比例很大时。

⑦穿越多个互通式立体交叉、为保持标志信息设置位置的一致性时。

⑧路侧安装空间不足或受遮挡时。

⑨连接两条高速公路之间的枢纽互通时。

⑩出口匝道为左向出口时。

⑪平面交叉口标志或位于互通式立体交叉减速车道起点处的出口预告标志。

(3)公路沿线设置有上跨天桥等构造物,路侧设置有高挡土墙、照明灯杆等时,交通标志在满足公路建筑限界要求的前提下,可以采用附着式支撑方式。

合理选择交通标志的支撑结构是保持交通标志视认性、有效性的基础。将交通标志设置在车行道一侧、车行道上方,应视所在位置的道路、交通条件等而定。一般情况下,可将交通标志设置在路侧,采用单柱、双柱或多柱式支撑方式,既简单又经济。还可通过改善路侧安装条件(如修剪路侧种植物、清除或移开路侧障碍物等)、将交通标志安装在路侧较高位置处等方法,尽量采用柱式结构;但当符合(2)的条件时,经过工程研究,可以采用悬臂式或门架式等悬空支撑方式。其中悬臂式相对经济一些,版面内容少时宜尽量使用。

(二)标志板

标志底板及支撑结构宜选用轻型材料和结构,并因地制宜采用经济、适用的材料和结构。交通标志板可采用铝合金板、挤压成型的铝合金型材、薄钢板、合成树脂类板材等制造。所用材料应符合《道路交通标志板及支撑件》(GB/T23827-2021)的规定,厚度应根据计算确定。标志板背面宜选用美观大方的颜色,铝合金板可采用原色。

选用交通标志板材料时,应根据公路等级、所在位置的气象条件、腐蚀程度、经济条件等因素综合确定。有些地区为减少二次被盗,采用了铝塑板材料。铝塑板与铝合金板相比,强度要低很多,而且必须对芯材外露部分采取有效处理措施。对面积在15 m^2以上的大型标志的板面结构,为便于运输、安装及养护,宜采用挤压成型的铝合金板拼接而成,其断面如图4-16所示。

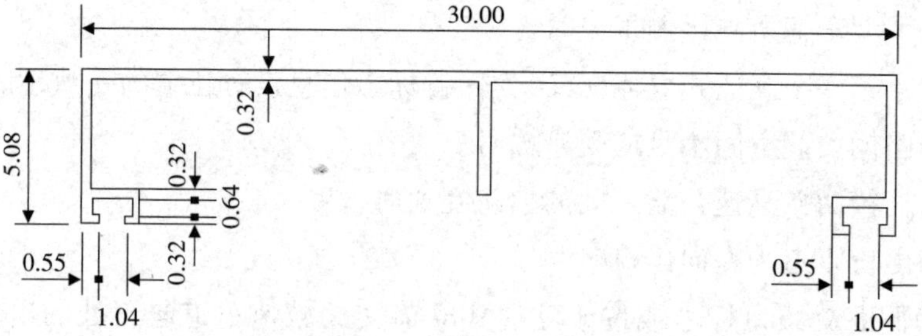

(a)

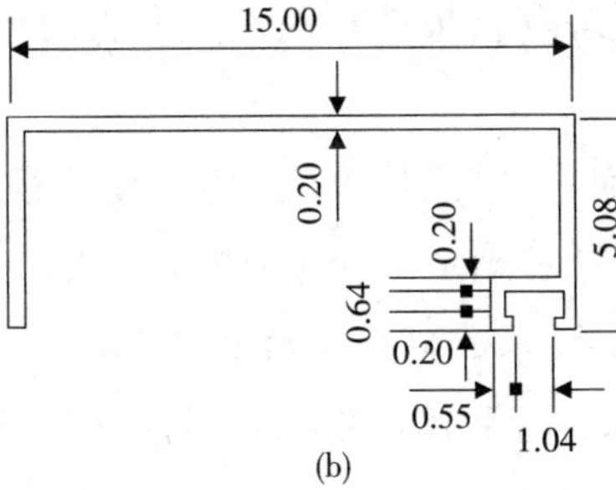

图4-16 挤压成型标志底板断面图(尺寸单位:cm)

矩形标志板的四个端角宜为圆弧形端角,除指路标志外的标志板圆弧半径为4 cm。

(三)支撑结构

1. 交通标志立柱、横梁等可采用钢管、H形钢、槽钢及钢筋混凝土等材料制作,钢管顶端应设置柱帽。钢构件应进行防腐处理。

钢管、H形钢、槽钢等型钢作为标志的立柱、横梁,具有强度高、加工性能好的优点,但易腐蚀,应进行防腐处理。钢管混凝土兼具钢管和混凝土的优点,强度高、变形小,在标志立柱高度大于10 m以上时具有较大优势。

2. 交通标志一般采用钢筋混凝土扩大基础,位于软基路段的落地式交通标志可采用桩基础,位于桥梁段的单柱式交通标志可采用钢支撑结构作为基础,附着在桥梁上。

钢构件必须经防腐处理才能使用,可采用热浸镀锌的工艺,立柱、横梁、法兰盘的镀锌量为550 g/m^2,紧固件为350 g/m^2。

二、结构设计

(一)结构设计的一般要求

设计基本风速应采用当地平坦空旷地面,离地面10 m高,重现期为50年,10 min平均最大风速值不得小于22 m/s。

交通标志结构应按承载能力极限状态和正常使用极限状态进行设计,并应同时满足构造和工艺方面的要求。

标志板和立柱的连接应根据板面大小、连接方式选用多种方法。在设计连接部件时,应保证安装方便、连接牢固、板面平整。

各种标志立柱的埋设深度，根据板面承受外力的大小及地基的承载力计算确定。

各种标志立柱的断面尺寸、连接方式、基础大小等，应根据设置地点的风力、板面大小及支撑方式计算确定。标志立柱应考虑与基础的连接方式。

交通标志的结构重要性系数可分为两个等级

1.位于高速公路、一级公路上的悬臂式、门架式交通标志，结构重要性系数 $\gamma_0=1.0$。

2.位于高速公路、一级公路上的其他类型的交通标志及位于其他等级公路上的交通标志，结构重要性系数 $\gamma_0=0.9$。

交通标志结构的荷载计算与组合、极限状态设计方法、地基基础的设计应符合现行《公路桥涵设计通用规范》(JTGD60-2015)、《公路桥涵地基与基础设计规范》(JTGD63-2019)和《道路交通标志和标线 第2部分：道路交通标志》(GB 5768.2-2022)等的规定。

(二)交通标志结构的极限状态方法设计

常用的标志结构计算方法有两种：一种是应用结构力学和材料力学的原理，将标志结构简化为杆件体系，采用极限状态设计方法进行验算；另一种是采用有限单元法的近似计算方法进行验算。虽然有限单元法利用计算机技术计算更加精确，但是在实际使用中由于极限状态法能给出足够精确的结论，而且计算方法简单、易于理解，因此使用非常广泛。下面简要介绍应用极限状态法计算标志结构。

1.基本假设

为了简化计算，忽略一些次要的因素，根据经验，做如下基本假设：

(1)风载方向。交通标志所受外荷载主要是风载，假设仅考虑风载方向与标志板平面垂直的情况。

(2)双柱式标志。两立柱分别承受一半的荷载，据此，双柱式标志的计算可简化为单柱式。

(3)悬壁式标志。横梁多于一根时，假设风载由各横梁平均承担；双悬臂标志，则设两标志板版面相同。

(4)门架式标志。假设门架式标志结构、所受荷载关于其中心线对称。

(5)标志基础。标志的混凝土基础埋置深度较小(一般小于3m),假设基础四周土的摩阻力和弹性抗力忽略不计。

2.设计原则

交通标志的上部结构一般采用钢结构,采用以概率理论为极限状态设计方法,按承载能力极限状态和正常使用极限状态设计,下部结构采用混凝土基础,采用基础工程的理论设计。

计算交通标志结构或构件的强度、稳定性以及连接的强度时,应采用荷载设计值(即荷载标准值乘以荷载分项系数);计算正常使用极限状态的变形时,应采用荷载标准值。计算变形时,可不考虑螺栓孔引起的界面削弱。

3.设计计算

交通标志结构的设计计算主要包括以下几个部分:荷载的计算与组合;立柱(横梁)的设计与强度验算;立柱(横梁)的变形验算;立柱与横梁的连接螺栓、立柱与基础的地脚螺栓的设计与强度验算;基础的设计与验算。

(1)荷载的计算与组合

交通标志所承受的荷载包括两部分:永久荷载与可变荷载。永久荷载即交通标志结构的自重;可变荷载主要为风载。

(2)立柱(横梁)的设计与强度验算

①柱式、双悬臂式标志的立柱设计与验算

立柱在这类结构中承受横向力作用,在其横截面上将产生正应力和剪应力,应分别进行验算。另外,还应对处于复杂应力状态下的危险点进行验算,然后根据形状改变比能理论(第四强度理论),建立强度条件。

②悬臂式标志的横梁设计与验算

与立柱相比,横梁在设计与验算时,还应考虑其自重(永久荷载)的影响,由于重力与风力作用方向不同,因此应对其进行组合或叠加。

相应的,横梁根部所承受的剪应力亦有两个,一个是由风载(Q_w)引起,另一个是由自重(Q_c)引起。由于不同方向、不同力产生的最大剪应力值或同一位置由不同力产生的剪应力值有一定差距,因此在进行验算时,应取最大值。

横梁根部危险点的位置与立柱相同。在计算危险点的正应力和剪应力时,应注意应力作用的组合或叠加,最后根据第四强度理论建立强度条件。

③单悬臂式标志的立柱设计与验算

单悬臂结构是一个不对称结构，横梁以及标志板的恒载会在立柱根部产生轴向力以及弯矩M_c，同时立柱根部还承受风载引起的弯矩M_U，另外风载还会产生扭矩M_T，和剪力F_w。

单悬臂型标志结构立柱的强度验算，分为两部分。一部分按横力弯曲的方法进行计算；另一部分按约束扭转的薄壁杆件理论计算，然后将结果进行叠加，求得立柱根部的剪应力和正应力。通过与材料强度设计值的比较，就可以确定标志在设定荷载的作用下是否满足强度要求。

④门架式标志的立柱与横梁设计与验算

由于门架的各杆轴线均在同一平面内，并根据有关假设，风载垂直于该平面。这种情况属于平面刚架承受垂直荷载。此时，在风载的作用下，门架的任一截面上只有三种内力，位于门架平面内的主轴的弯矩、垂直于门架平面的剪力和扭矩。由于该结构为三次超静定，所以采用力法进行计算。

内力求出后，即可按叠加法求得各横梁和立柱的弯矩、扭矩和剪力等内力，然后再根据前述方法进行横梁和立柱的设计和验算。

(3)立柱(横梁)的变形验算

根据经验，按照强度条件设计的标志立柱或横梁界面往往过于单薄，此时，刚度条件可能起控制作用。因此，对于各类交通标志结构，构件的变形验算是必不可少的，这也是有别于其他土建结构物的一个显著特点。对于单臂式和门架式的标志，由于在自重作用下，横梁会自然下垂，因此变形的验算也可为横梁预拱度的设计提供依据。

立柱或横梁的变形验算，可分别求得每项荷载单独作用下梁的挠度和转角，然后按照叠加原理进行叠加。

柱式、双悬臂式标志的横梁挠度验算应分别验算由风载和横梁自重而引起的水平和垂直最大挠度值是否超出要求。悬臂式、门架式标志的横梁挠度验算应分别验算由风载和横梁自重而引起的水平和垂直最大挠度值是否超出要求。单悬臂式、门架式标志立柱的挠度验算。

(4)柱脚强度验算

立柱柱脚主要由底板法兰盘、加劲肋、地脚螺栓等组成，各部分的板件均应具有足够的强度和刚度，而且相互间应有可靠的连接。

(5)基础的设计与验算

①基础的设置位置

交通标志的基础,一般设置在压实度良好的土路堤或三角地带。当位置不宜更改时,也可以设置在挖方路段的碎落台或大型桥梁上。

②基础的设计

交通标志的基础,埋深一般在3 m以下,属于浅基础。可以设计成不必配置受力钢筋的刚性基础形式;位于桥梁上的标志,应通过计算配置必要的受力钢筋;当刚性基础过于庞大或标志位置处土质不良时,可以考虑设计桩基础。

③基础的验算

确定基础的埋置深度和构造尺寸后,应根据最不利而且可能情况下的荷载组合,计算基底的应力,按轴心受压计算基底应力,此应力不应超过地基容许承力。当基础偏心受压时,还应进一步计算基底的最大、最小应力;当基底出现负应力,应考虑基底应力的重分布,但基底负应力(零应力)面积不应大于全部面积的1/4。基底的最大应力不应超过地从容许承载力的1.2倍。

第五节　交通标志系统设计

一、交通总体布设原则

(一)交通标志的设置应综合考虑、布局合理,防止出现信息不足或过载的现象。信息应连续,重要的信息宜重复显示。

(二)交通标志一般情况下应设置在道路行进方向右侧或车行道上方;也可根据具体情况设置在左侧,或左右两侧同时设置。

(三)为保证视认性,同一地点需要设置两个以上标志时,可安装在一个支撑结构(支撑)上,但最多不应超过四个;分开设置的标志,应先满足禁令、指示和警告标志的设置空间。

(四)原则上要避免不同种类的标志并设,解除限制速度标志、解除禁止超车标志、路口优先通行标志、会车先行标志、会车让行标志、停车让行标志、减速让行标志应单独设置:如条件受限制无法单独设置时,一个支撑结构(支撑)上最多不应超过两种标志。标志板在一个支撑结构(支撑)上并设时,应按禁令、指示、警告的顺序,先上后下、先左后右地排列。

(五)警告标志不宜多设。同一地点需要设置两个以上警告标志时,原则上只设置其中最需要的一个。

二、交通需求分析

交通标志的布设必须在文通需求分析的基础上,结合路网、路线的实际条件进行,确定道路使用者对交通标志的需求,即道路在路网中的作用是进行交通标志布设的前提。

一般常用的确定交通需求的方法是OD调查与交通量分析的方法,OD调查是指起讫点调查,这是一种通过调查驾驶人出发点与目的地从而判断交通的路径以及交通需求的方法。通过OD调查或交通量的分析,可以明确路网各个结点上的交通的变化趋势,确定交通的主要目的地以及路径。

三、指路标志的布设

明确了交通需求之后,结合路网的结构,即可确定在路网的各个结点处需要提供什么样的指路信息,也就是明确指路标志的内容。

在确定了交通标志的内容之后,设计人员要确定交通标志的设置位置。在选定标志设置位置的时候要注意以下几种情况:

(一)视距受到限制的位置不能设置交通标志。

(二)有障碍物(树木、桥墩)遮挡的位置不能设置交通标志。

(三)附近有高压线穿过的位置不能设置交通标志。

(四)排水沟等道路构造物处不能设置交通标志。

(五)弯道外侧等有车辆撞击危险物的地点尽量不设置交通标志,如必须设置,应设置护栏予以保护。

四、其他标志的布设

除了指路标志,交通标志系统中还包括很多重要的内容:警告标志、禁令标志、诱导标志、指示标志等,这些标志为行车的安全和顺畅提供了最基本的保障,是交通标志布设过程中不可缺少的环节。

《道路交通标志和标线 第2部分:道路交通标志》(GB 5768.2—2022)中,

已经明确地规定了交通标志的设置原则，在标志布设中，首先应该确定需要进行交通控制以及需要警示驾驶人的危险路段，判断要遵循的标准或规定，设计人员要根据掌握的交通安全以及交通控制的知识进一步分析路线以及交通特征确定。

确定了危险路段与交通控制路段后，根据导致危险路段的原因以及交通控制的目的，选择相应的禁令、普告、指示和诱导标志，并根据道路的具体情况，确定其位置。

为了确保布设的标志准确无误且相互之间没有冲突，必须对整个交通标志系统进行优化。这个过程中可以采取改变标志的支撑结构、移动位置、合并设置、局部调整原布设方案等措施。

第五章　道路交通信号灯设计

第一节　交通信号的作用与控制方式

一、交通信号控制的产生与发展

1868年12月10日，历史上第一交通信号灯出现在英国威斯敏斯特议会大楼前，那是一台红、绿两色可旋转的煤气提示灯。但是仅仅23天后，1869年1月2日，不幸发生爆炸损毁，并将控制颜色切换的警员炸死。鉴于这种情况，英国政府立即停止了这种信号灯的使用。1917年，美国盐湖城首次使用联动式信号系统，将六个路口作为一个系统，用人工的方法加以控制。

1918年年初，纽约街头出现了新的人工红、黄、绿三色信号灯，同现在的信号灯很相似。

1926年，英国伦敦发明了第一台自动交通信号机在大街上使用，可以说是城市交通自动控制信号机的开始。

1928年，人们在上述各种信号机的基础上，制成了“灵活步进式”实时系统。由于其构造简单、可靠、价廉，很快得到了推广和普及，后经不断改进、更新、完善，发展成现在的交通协调控制系统。

此后几十年时间内，由于技术方面的限制，交通信号灯的切换一直沿用人工控制的方式，但随着1947年第一只晶体管的诞生，1958年第一块集成电路板的诞生，人类在信息技术方面取得的突破与进步也为实现交通信号灯的完全自动化提供了条件。

1963年，加拿大多伦多市第一次采用一套用电脑芯片控制的完整交通信号系统，这套系统与其他几个路口的信号灯相连，警察只需在警局或指定的控制室观察某个地区所有信号灯的工作状况即可。随后交通指示灯的发展脚步放缓，直到20世纪70年代微软公司成立，并在世界范围内迅速崛起，交通信号灯才有了统一的处理系统,此后交通信号灯大都使用微软公司提供的系统进行红、黄、绿之间的逻辑切换控制,彻底告别了人工控制的时代。1968年,联合国还特别颁布了《道路交通和道路标志、信号协定》,对各种信号灯的含义做了规定。协定中明确表明:"绿灯是通行信号,面对绿灯的车辆可以直行、左转弯和右转弯,除非另有一种标志禁止某一种转向。左右转弯车辆都必须让正在路口内合法行驶的车辆和行人优先通过(简单地说就是拐弯让直行)。红灯是禁行信号,面对红灯的车辆必须在交叉路口的停车线后停车。黄灯则是预警信号,面对黄灯的车辆不能越过停车线,但车辆已十分接近停车线而不能安全停车时,可以通过交叉路口。"

此后,世界各地出现了各式各样的交通信号灯,它们根据地域及交通管理需求的不同有各自不同的含义,但这些信号灯都有一个共同的作用,那就是让道路变得更顺畅、交通变得更安全。

二、交通信号控制的作用

解决路口的交通冲突,就理论上而言有两种方法:一是空间分离,如平面渠化、立体交叉等;二是时间分离,如信号控制法、多路停车法以及让路法等。本章主要讨论时间分离法且以讨论信号控制法为主。交通信号的作用是从时间上将相互冲突的交通流予以分离,使其在不同时间内通过,以保证行车安全;同时,交通信号对于组织、指挥和控制交通的流向、流量、流速、维护交通秩序等均有重要作用,迫使车流有序通过路口,提高路口时空利用效率和通过能力,降低噪声、废气污染等。

三、交通信号控制装置基本方式

基本方式目前我国使用的交通控制装置主要有下列几种:

(一)手动单点信号装置。手动单点信号装置从100年多前在伦敦开始使用以来,到目前为止,有些城市仍在使用。

(二)定时信号装置。定时信号装置自1914年在美国正式开始使用以来经过不断改造完善,目前各国普遍采用,我国许多城市也正在使用。

(三)感应式信号装置。感应式信号装置分为全感应和半感应两种,自1928年在美国巴尔的摩使用之后,现各国仍在使用。

(四)线控制或面控制系统。这种控制系统自1917年美国盐湖城开始使用以来,现已受到普遍重视和采用。分为定时、感应和自适应三种,各式信号机中有应用小型计算机的发展趋势。关于信号安装方式、位置、高度、构造及通信线路的敷设可参阅《道路交通信号灯设置与安装规范》(GB 14886-2016)。

第二节　交通信号灯的定义与组成

一、道路交通信号灯定义及标准

道路交通信号灯,是指用于指示车辆行人通行或停止的专用指示灯具,安置于道路交叉路口等车辆/行人通行冲突的场合。信号灯在信号灯控制机的控制下,可以独立运行,也可以通过通信设备连接起来,在计算机的控制下协调运行,实现对某条道路和区域交通的控制。

道路交通信号灯的相关标准包括《道路交通信号灯设置与安装规范》(GB 14886-2016)和《道路交通信号灯》(GB 14887-2011)两类,其中《道路交通信号灯设置与安装规范》(GB 14886-2016)规定了道路交通信号灯的设置条件、安装方式、排列顺序、安装数量和位置安装方位、信号灯杆件、电缆线敷设、设计和施工资质等方面的相关要求《道路交通信号灯》(GB14887-2011)规定了道路交通信号灯的分类、技术要求、试验方法、检验方法、标志、包装、运输和贮存等要求。

二、道路交通信号灯设施构成

道路交通信号灯设施是在实际管理工作中对交通信号灯及其支撑构件、控制设备、连接管线、附属配件等构成部件的统称。

道路交通信号灯设施包括灯具、信号机柜及信号机、电源箱以及电源设备、杆具、基础、紧固件、供电线缆、通信线缆、信号管井、盲人音响、检测器线圈等。

(一)灯具

指悬挂在道路上空或设置在路侧灯柱上的发光装置,通常由彩色灯芯、遮沿、机壳等构件组成,部分老式灯具还有裙边。随着科技进步,灯具发展呈现出多样化、轻便化、低碳化的趋势。灯芯也由原来单一的圆形图案逐渐丰富为包括圆形、箭头形、自行车、行人、文字数字、光带等能够适应不同控制对象需求的图案。笨重的铁质、铝制金属机壳逐渐被轻便、耐腐性强、不褪色的聚碳酸(PC)工程塑料、钢等非金属外壳所代替。

(二)信号控制机及信号机柜

信号控制机,简称信号机。就是能够改变道路交通信号顺序、调节配时并能控制道路交通信号灯运行的装置。信号机根据功能和控制原理可分为定时式、感应控制式、协调控制式和行人请求式四种。按安装环境可分为室内机和室外机。

(三)电源设备及电源箱

指信号灯设施所用电力的电源空开开关及电表箱通常设置在路边矩形铁盒内,通常绑缚于路旁的杆柱上。铁盒被称为电源箱带有小门,电力部门工作人员可用钥匙打开以便记录电表数据。

(四)杆具

指用于悬挂或装置信号灯具的单柱式灯柱或悬臂式灯杆,以及装置电源箱的杆柱。悬臂杆与支撑杆一般使用圆形或多棱形的变截面型材制作通过法兰盘连接,杆体上留有进线孔和出线孔。

(五)紧固件

指连接在灯具、横臂、杆柱、基础之间的抱箍、夹板、螺栓螺母等固定构件。

(六)基础

指信号灯杆、电源箱杆、信号机柜底座埋设于地下的混凝土结构部分。与标志基础不同,信号灯基础中预埋有内径大于50 mm的穿线管。

(七)供电线路

指用于信号机、检测器、灯具电力供应的传输电线,包括供电设备至电源箱、电源箱至信号机间以及信号机至灯具与检测器间埋设和悬挂的线缆。

（八）通信线路

指用于信号控制、检测数据传送的信息传输线路，包括网络通信传输节点至信号机间及信号机至检测器间的传输线缆。

（九）信号管井

指用于敷设地下信号灯供电、通信线缆的管道和窖井。

（十）盲人音响

指通过声音节拍不同，辅助盲人辨别通行控制信号的设备。一般附着于行人信号灯下，红灯时声音间隔较大，绿灯时声音较为急促，音量通常设置在50分贝左右。

（十一）车辆信息检测器

车辆通过检测器时，由感应原理可以检测交通参数的设施，是感应式信号控制系统的必要设施。

车辆检测器的功能是在路上实时检测交通量、车速或占有率等各种交通参数，这些参数都是控制系统中所需的配时及优化计算参数。感应信息通过传输设施加工、处理后，或送信号控制机，或送控制计算机，为交通信号选择以及优化配时方案提供输入数据。

三、道路交通信号灯的分类

（一）按面罩规格分类

按信号灯面罩规格分类，可分为200 mm规格信号灯、300 mm规格信号灯、400 mm规格信号灯。

（二）按壳体材料分类

按信号灯壳体材料分类，可分为金属壳体信号灯、非金属壳体信号灯。

（三）按光源种类分类

按信号灯光源种类分类，可分为白炽灯、低压卤素灯、发光二极管（LED）等光源。

（四）按功能分类

按信号灯功能分类，可分为机动车信号灯、非机动车信号灯、左转非机动车信号灯、人行横道信号灯、车道信号灯、方向指示信号灯、闪光警告信号灯、道口信号灯、掉头信号灯。其中，机动车信号灯、闪光警告信号灯、道口信号灯的光信号无图案，非机动车信号灯、左转非机动车信号灯、人行横道信号灯、车道信号灯、方向指示信号灯、掉头信号灯的光信号为各种相对应的图案。

四、道路交通信号灯的安装

信号灯主要安装方式有悬臂式、柱式、门架式、附着式、中心安装式五种。

（一）悬臂式

是指信号灯具安装在悬臂式灯杆上。路口、出入口机动车信号灯主要采用此种方式安装。

（二）柱式

是指信号灯具安装于柱式灯杆上。非机动车信号灯、行人信号灯多采用此种方式安装。

（三）门架式

是指信号灯具安装于车道上方的门式结构上，多见于机动车信号灯、车道信号灯的设置。

（四）附着式

是指信号灯具安装于已有的路侧杆具或横跨道路的附属设施上。

（五）中心安装式

是指采用一根长至路口中心悬臂上安装控制多个方向信号灯或将信号灯安装于路口中心岗亭上等方式。

此外，还有一些特殊方式，如桩头式信号灯，是将红、黄、绿灯芯直接嵌于护栏桩头标志的立柱体上，以方便小型机动车驾驶员的观察。

第三节　常用道路交通信号灯设施的类型

城市道路交通信号灯设施是城市交通基础设施的重要组成部分，在提高行车安全性、提高道路通行能力与利用率、创造良好的交通环境等方面起到重要作用。信号灯设施根据结构组成可以分为信号灯、信号机柜、信号机电源箱检测线圈和信号灯设施专用井等。

一、交通信号灯的类型

交通信号灯根据设置位置及功能可分为路口信号灯、出入口信号灯、行人过街自助信号灯、车道指示灯、临时信号灯和矮柱式黄闪灯。

（一）路口信号灯

在城市道路主要交叉口的各个方向根据使用对象的不同通常设有机动车信号灯、非机动车信号灯和行人信号灯，在城区部分偏远的次要道路流量较小的非灯控路口，通常设置带有警示作用的黄闪信号灯。

（二）出入口信号灯

根据环路及快速路的交通特性，在出入口位置设置信号灯，用于平衡主路与辅路之间的交通流量。出入口信号灯通常采用悬臂式结构进行设置。

（三）行人过街自助信号灯

为保证行人过街安全，在部分主要道路的人行横道上设置有行人过街自助信号灯。该设施通常由3～5套灯具构成，每套灯具分别采用立柱方式设置。行人可以通过柱体上的控制按钮控制信号灯的显示变换，实现安全过街。

（四）车道指示灯

例如北京市为满足勤务保障工作的需求，在快速路上设置有车道控制信号灯，其图案由叉子和箭头组成，分别用于控制各车道的开启与关闭状态。车道指示灯主要借助沿线桥梁设施进行设置，在没有桥梁的路段通常采用门架式结构设置。

（五）临时信号灯

近年来，为满足特殊交通管理工作的需求，临时信号灯逐渐成为信号灯设施的重要组成部分。例如，北京市临时信号灯主要有三种类型：一是太阳能临时信号灯，通常用于施工路段的临时控制或无通电条件的路口或路段；二是可移动式临时信号灯，该信号灯为自带电源，主要用于高峰时段控制学校、幼儿园门前的车辆行驶；三是普通临时交通信号灯，该信号灯由单点信号机控制，采用电缆供电，多用于施工路段。

（六）矮柱式黄闪灯

在环路、快速路的隔离带端头以及其他道路主要分流点前通常设有矮柱式黄闪灯，其主要功能是在夜间提醒驾驶员注意道路变化情况，正确判断行驶路径，避免与隔离带端头发生碰撞。

二、信号机柜

信号机柜：道路交通信号机柜位于路口位置，是控制信号灯显示的重要设备，从外表看信号机是一个柜式的箱体，其内部装有控制单元、灯相输出模块、闪烁模块、输出/输入接口、电源配置和机柜等重要设施。

三、信号电源箱

信号电源箱：电源箱通常设置于路口附近的绿地或隔离带上，其外观为盒状，往往单独采用立柱方式设置，有时也会附着于信号灯杆上。内部装有电表、稳流器等重要设施，其主要功能是为信号灯设施提供电力。

四、检测线圈

检测线圈：为动态控制信号灯具显示，实现交通流的高效通行，在距离路口30～100 m的道路路面上埋设有用于检测车辆排队长度的检测线圈，通常由2～4组构成。

五、信号灯设施专用井

信号灯设施专用井：路口信号灯设施之间由地下通信及供电管网连接，交通设施专用井也是确保交通信号正常运转的重要设施之一。专用井多集中于路口附近位置的步道或隔离带内，除历史原因或特殊条件外不设置在车道内。井盖上通常注有“公安交通管理局”“交通设施”或“公安”的字样。

第四节 交通信号灯的设置依据与方式选择

一、交通信号灯设置的依据

(一)一般考虑

设置信号灯的目的,是使路口交通安全通畅、秩序井然、减少延误、提高通行能力、方便行人。但如果设置不当,可能会造成延误增长、通行能力减小、事故增加,故是否设置交通信号灯必须有科学根据。对于主要道路与次要道路交叉,一般主路优先通行,次路设停车(让路)标志,即次路车辆通过路口时,应当停车观察,当主路无车或有较大间隙、估计不会发生碰撞时才能通过,故次要道路通行能力受主路制约。主路流量越大,则次路通过流量就越小。当不能满足次路要求时,则需改设信号灯控制,但信号灯控制必然会降低主路的通行能力或增长其延误时间,因此必须对比分析设置信号与不设置信号灯的停车、让路两种情况下的通行能力与行车延误,还要就交通安全、行车秩序、行人及安装费用等进行多方面的利弊分析之后才能确定。

目前要准确计算停车、让路两种情况下的路口通行能力与延误还有一定的困难。此外,这两者也不是决定路口控制方式的唯一依据,还有多种因素需综合考虑。

(二)实际采用的信号设置标准

信号灯设置虽有理论计算或实际观测方面的依据,但由于各个国家或地区的交通条件差异,经济与交通习惯不同,各个国家依据的内容、指标、数据甚至理念上均不完全一致,下面择其要者予以简述

1.美国的规定

美国根据长期的流量观测研究,发现24 h交通流量从大到小排序时,第8位小时交通流量较为稳定,可作为设置信号灯控制的依据,并得出第8位小时的交通量为平均日交通流量的565%,高峰小时交通流量为第8位小时交通流量的1.5倍。

在上述交通流量计算的基础上,美国《交通信号设计手册》列出了10条依

据，其中第5条、第7条是考虑联动与系统的问题，这里不再列出，其他8条依据如下：

(1)按最小流量计算，第8位小时流量达到表5-1中的数值

表5-1 美国规定适合信号灯控制的最小流量表

进口通道车道数		主干道双向进口车道的总交通量/(辆/h)		次干道引道的最大进口通/(辆/h)	
主干道	次干道	城市	乡区	城市	乡区
1	1	500(750)	350(525)	150(75)	105(53)
≥2	1	600(900)	420(630)	150(75)	105(53)
≥2	≥2	600(900)	420(630)	200(100)	140(70)
1	≥2	500(750)	350(525)	200(100)	140(70)

(2)对于主次干道交通流量相差过大，造成次干道阻车大于30 s时，则按中断道路交通流量的连续时间，此时第8位小时流量达到表5-1中括号内的数值。

(3)按最小行人交通流量达到表5-2中所列数值计算，设行人过街信号灯，其流量标准也为第8位小时流量。

表5-2 适合信号灯控制的最小行人流量标准

区域	主干道双向进口车道总交通量		主干道人行横道最大行人流/(人/h)
	有无安全岛	交通量/(辆/h)	
市区	无	600	150
	有	1 000	150
乡区	无	420	105
	有	700	105

考虑学童过街，在学童来往的主要道路上或学校附近学童过街较多处要安装信号灯。考虑交通事故记录，如果该交叉路口年平均发生5次或更多的

人员伤亡或财产损失达100美元以上的交通事故，则上述(1)、(2)、(3)三项中任一项要求的交通流量可降低20%，且安装信号灯又不致严重干扰车流连续通行时，就应设置信号灯。

综合考虑，上述(1)(2)(3)三项中任意两项能满足要求流量的80%，也应设置信号灯。其他还有：一天中任何4 h的流量超过某一数值时就应设置信号灯。

2. 日本的规定

(1)以机动为据

在白天12 h(7时至19时)路总的机动流量达9 000辆以上，并且高峰小时路口总交通量在1 000辆以上。

(2)以行人流量为依据

为保护行人过街，白天12 h路上通过车辆达6 000辆以上，并且高峰小时为650辆以上，高峰小时人行横道的行人为200人以上。

(3)综合考虑车辆和行人，依据交通量、事故记录与行人等因素确定。

3. 我国的规定

我国规定的路口设置信号灯的交通流量标准见表5-3、表5-4。

(1)机动车高峰小时流量条件。当路口机动车高峰小时流量超过表5-3所列数值时，应设置信号灯。

表5-3　我国规定的路口设置信号灯的机动车高峰小时流量

主要道路单向车道数/条	次要道路单向车道数/条	主要道路双向高峰小时流量/(PCU/h)	流量较大次要道路单向高峰小时流量/(PCU/h)
1	1	750	300
		900	230
		1 200	140
1	≥2	750	400
		900	340
		1 200	220

续表

主要道路单向车道数/条	次要道路单向车道数/条	主要道路双向高峰小时流量/(PCU/h)	流量较大次要道路单向高峰小时流量/(PCU/h)
≥2	1	900	340
		1 050	280
		1 400	160
≥2	≥2	900	420
		1 050	350
		1 400	200

注：主要道路指两条相交道路中流量较大的道路；次要道路指两条相交道路中流量较小的道路；车道数以路口 50 m 以上的渠化段或路段数计；在无专用非机动车道的进口，应将该进口进入路口非机动车流量折算成当量小汽车流量并统一考虑；在统计次要道路单向流量时应取每一个流量统计时间段内两个进口的较大值累计。

(2)任意连续 8 h 的机动车小时流量条件

路口任意连续 8 h 的机动车平均小时流量超过表 5-4 所列数值时，应设置信号灯。

表 5-4　路口任意连续 8h 机动车小时流量

主要道路单向车道数/条	次要道路单向车道数/条	主要道路双向高峰小时流量/(PCU/h)	流量较大次要道路单向高峰小时流量/(PCU/h)
1	1	750	75
		500	150
1	≥2	750	100
		500	200
≥2	1	900	75
		600	150

续表

主要道路单向车道数/条	次要道路单向车道数/条	主要道路双向高峰小时流量/(PCU/h)	流量较大次要道路单向高峰小时流量/(PCU/h)
≥2	≥2	900	100
		600	200

(3)交通事故条件

①对三年内平均每年发生5次以上交通事故的路口,从事故原因分析通过设置信号灯可避免发生事故的,应设置信号灯。

②对三年内平均每年发生1次以上死亡交通事故的路口,应设置信号灯。

综合以上条件,根据《道路交通信号灯设置与安装规范》(GB14886-2016)规定,路口信号灯设置的综合条件为:当表5-3、表5-4和交通事故条件中有两个或两个以上条件达到80%时,路口应设置信号灯:在不具备上述条件但有特别要求的路口,如常用警卫工作路线上的路口、交通信号控制系统协调控制范围内的路口等,可以设置信号灯。

上述各国家规定的指标不完全相同,但总的理论基础与主要指标还是相同或

相近的,主要为流量大小、行人多少与交通事故数。从具体指标来看,设置机动车信号灯的标准彼此相差不大,但行人信号灯方面相差却很大,如我国为500人/h,而其他国家多为200人/h。我国是发展中国家,经济上不富裕,加上行人众多,设行人信号灯的标准低一点也是可以理解的。当然,在路口信号灯配时设计时应以国标为依据,同时也要尽可能地考虑交通组成、交通安全、发展趋势、经济效益、行车方便等各方面因素,做到依据标准、从实际出发、实事求是、科学合理。

二、交通管理与路口控制方式选择

路口信号控制方式的选择,涉及多因素,如相交道路的性质、等级、车流量大小、组成方向分布、设计车速、安全保障、行人与自行车流量设施营运的经济性,以及环境与当地自然条件等的问题,但主要影响因素是小时交通量、相交道路性质、安全保障与不同控制方式可能提供的通行能力、可能取得的

最小延误。

根据国内外研究成果与国内某些城市实践经验，建议用下列指标作为选择路口控制方式的主要参数。

(一)按相交道路性质、类型选择

根据快速路、主干路、次干路和支路四类相互交叉情况进行选择，不同类型路口的管制方式可参考表5-5和表5-6执行。

表5-5 大中城市按道路性质、等级选择路口形式

相交道路等级	快速路	主干路	次干路	支路
快速路	A	A	AB	-
主干路	-	AB	BC	BD
次干路	-	-	CD	CD
此路	-	-	-	DE

注：A为立体路口；B为拓宽式平面信号路口；C为环形平面路口；D为信号管理平面路口；E为不设信号控制路口(含二路停车)。

表5-6 小城市按道路性质、等级选择路口形式

规划人口数/万	相交道路	干路	支路
>5	干路/支路	C、D、B	D、E/E
1-5	干路/支路	C、D、E	E/E
<1	干路/支路	D、E	E/E

(二)按交通流量和事故情况选择

按路口交通流量的大小和事故情况进行选择，参数见表5-7。交通流量以小汽车计算，若为其他车型，则需换算为小汽车。

表5-7 按交通流量和事故情况选择管制类型

项目			管制类型				
			不设管制	让路	二路停车	多路停车	交通信号
交通量	主要道路/(辆/h)					300	600
	次要道路/(辆/h)					200	200
	合计	辆/h	100	100～300	300	500	800
		辆/h	≤1 000	<3 000	≥3 000	5 000	8 000
每年直角碰撞(或人身伤害)事故次数			<3	≥3	≥3	≥5	≥5

（三）不同控制方式、不同等级相交

不同形式的平交路口通行能力不同，见表5-8。

表5-8 平交路口通行能力(单位:千辆/h)

相交道路等级	路口形式			
	T字形		十字形	
	无信号灯管理	设信号灯管理	无信号灯管理	设信号灯管理
主干路与次干路		3.3～3.7		4.4～5.0
主干路与次干路		2.8～3.3		3.5～4.4
次干路与次干路	1.9～2.2	2.2～2.7	2.5～2.8	2.8～3.4
次干路与支路	1.5～1.7	1.7～2.2	1.7～2.0	2.0～2.6
支路与支路	0.8～1.0		1.0～1.2	

注：表中相交道路进口车道条数：主干路为3～4条，次干路为23条，支路为2条通行能力按当量小汽车计算。注：表中相交道路进口车道条数：主干路为3～4条，次干路为23条，支路为2条通行能力按当量小汽车计算。

(四)其他因素

在自行车与行人流量均特别大的路段,有需要时可安装行人过街信号灯。倘若主次干道车流量高峰小时特别集中、间隙特别小时,则应安装感应式交通信号灯,以便在高峰期能自动调整主次道路红绿灯间隙,使次要道路来车有可能进入或通过路口。

以上表格中所提供的数据对规划设计无疑有指导和重要的参考价值,但在具体应用时,还应根据通行能力理论与实际交通组成、交通量及相交道路等情况进行认真计算核实,并多做几个方案,通过优选后做最后决策。

第五节　信号相位与基本参数

一、信号相位

在空间上无法实现分离的地方(主要是在平面交叉口上),为了避免不同方向交通流之间的相互冲突,可以通过在时间上给各个方向交通流分配相应的通行权。例如,为了放行东西向的直行车流且同时避免南北向的直行、左转车流与其发生冲突,可以通过启亮东西向的绿色直行箭头灯将路口的通行权赋予东西向直行车流,启亮南北向的红灯消除南北向直行、左转车流对东西向直行车流通行的影响。

对于一组互不冲突的交通流同时获得通行权所对应的信号显示状态,我们将其称为信号相位,简称为相位。可以看出,信号相位是根据交叉口通行权在个周期内的更迭来划分的。一个交通信号控制方案在一个周期内有几个信号相位,则称该信号控制方案为几相位的信号控制。

图5-1就是一个采用四相位信号控制的控制方案。一个路口采用几相位的信号控制应由该路口的实际交通流状况决定,十字路口通常采用2~4个信号相位。如果相位数设计得太少,则不能有效地分配好路口的通行权,路口容易出现交通混乱,交通安全性下降;如果相位数设计得太多,虽然路口的交通秩序与安全性得到了改善,但由于相位之间进行转换时都会损失一部分通行时间过多的相位数会导致路口的通行能力下降,延长司机在路口的等待时间。

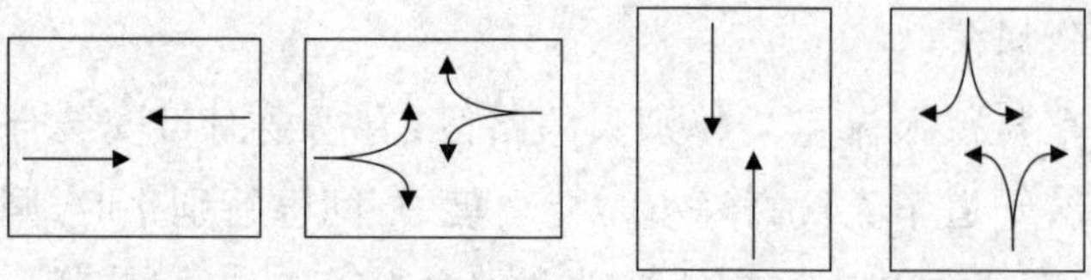

图5-1 四相位信号控制方案实例

二、交通信号控制参数

(一)信号周期

信号周期,是指信号灯色按设定的相位顺序显示一周所需要的时间,即一个循环内各控制步伐的步长之和,用C表示。信号周期是决定交通信号控制效果优劣的关键控制参数。倘若信号周期取得太短,则难以保证各个方向的车辆顺利通过路口,导致车辆在路口频繁停车、路口的利用率下降;倘若信号周期取得太长,则会导致司机等待时间过长,大大增加车辆的延误时间。一般而言,对于交通流量较小、相位数较少的小型路口,信号周期取值在70s左右;对于交通量流较大、相位数较多的大型路口,信号周期取值则在180s左右。

(二)绿信比

绿信比,是指一个信号周期内某信号相位的有效绿灯时间与信号周期的比值,用λ表示。

$$\lambda = \frac{t_{EG}}{C} \tag{5-1}$$

式中:t_{EG}——有效绿灯时间。

某信号相位的有效绿灯时间,是指将一个信号周期内该信号相位能够利用的通行时间折算为被理想利用时所对应的绿灯时长。有效绿灯时间与最大放行车流率(饱和流量)的乘积应等于通行时间内最多可以通过的车辆数。有效绿灯时间等于绿灯时间与黄灯时间之和减去部分损失时间,也等于绿灯时间与前损失时间之差再加上后补偿时间(后补偿时间等于黄灯时间减去后损失时间)。

$$t_{EG} = t_G + t_Y - t_L = t_G - t_{FL} + t_{BC} = t_G - t_{FL} + t_Y - t_{BL} \tag{5-2}$$

式中:t_G——绿灯时间;

t_Y——表示黄灯时间;

t_L——部分损失时间；

t_{FL}——前损失时间；

t_{BC}——后补偿时间；

t_{BL}——后损失时间。

部分损失时间，是指由于交通安全及车流运行特性等原因，在相位可以通行的时间段内没有交通流运行或未被充分利用的时间。部分损失时间由前损失时间和后损失时间两部分组成。前损失时间，是指绿灯初期，由于排队车辆需要起动加速、驶出率较低所造成的损失时间。在绿灯初期车流量由小变大，由零逐渐上升到最大放行车流率。后损失时间，是指绿灯时间结束时，黄灯期间停车线后的部分车辆已不允许越过停车线所造成的损失时间。后补偿时间，是指绿灯时间结束时，黄灯初期已越过停车线的车辆可以继续通行所带来的补偿时间。后损失时间与后补偿时间之和等于黄灯时间，也正反映了黄灯的过渡性与“两面性”。在黄灯期间车流量由大变小，由最大放行车流率逐渐下降到零绿信比是进行信号配时设计最关键的时间参数，它对于疏散交通流、减少车辆在交叉口的等待时间与停车次数都起着举足轻重的作用。某一信号相位的绿信比越大则越有利于该信号相位车辆的通行，但却不利于其他信号相位车辆的通行，这是因为所有信号相位的绿信比之和必须小于1。

（三）绿灯间隔时间

绿灯间隔时间，是指一个相位绿灯结束到下一相位绿灯开始的这中间一段时间间隔，用I表示。设置绿灯间隔时间主要是为了确保已通过停车线驶入路口的车辆，均能在下一相位的首车到达冲突点之前安全通过冲突点，驶出交叉口。绿灯间隔时间，即相位过渡时间，通常表现为黄灯时间或黄灯时间加上全红时间。全红，是指路口所有方向均显示红色信号灯，全红时间是为了保证相位切换时不同方向行驶车辆不发生冲突、清除交叉口内剩余车辆所用时间。

为了避免前一相位最后驶入路口的车辆与后一相位最先驶入路口的车辆在路口发生冲突，要求它们驶入路口的时刻之间必须存在一个末首车辆实际时间间隔，这个时间间隔由基本间隔时间和附加路口腾空时间两部分构成。其中，基本间隔时间是由车辆的差异性和运动特性决定的时间量，其大小一般取值为2～3 s；附加路腾空时间则是由路口特性决定的时间量，其大小大体上可以根据两股冲突车流分别从各自停车线到达同一冲突点所需行驶时间差来确定。在定时控制中，绿灯间隔时间可取为末首车辆实际时间间隔；而在感应控制中，如果在停车线前埋设了检测线圈，则该线圈可以测量到前一相位最后车辆离开停车线与前一相位绿灯结束之间的时间差，从而可以得到绿灯间隔的可压缩时间，因此此时的绿灯间隔时间可取为末首车辆实际时间间隔与绿灯间隔可压缩时间之差，从而提高路口的通行能力。

（四）损失时间

损失时间，是指由于交通安全及车流运行特性等原因，在整个相位时间段内没有交通流运行或未被充分利用的时间，用l表示。损失时间等于绿灯显示时间与绿灯间隔时间之和减去有效绿灯时间，等于绿灯间隔时间与后补偿时间之差加上前损失时间，也等于部分损失时间与全红时间之和。

$$l = t_G + I - t_{EG} = I - t_{BC} + t_{FL} = t_G + I - \left(t_G + t_Y - t_L\right) = t_L + t_R \qquad (5\text{-}3)$$

式中：t_R——全红时间。

对于一个信号周期而言，总的损失时间，是指所有关键车流在其信号相位中的损失时间之和，用L表示。而关键车流，是指那些能够对整个交叉口的通行能力和信号配时设计起决定作用的车流，即在一个信号相位中交通需求最大的那股车流。交叉口总的绿信比，是指所有关键车流的绿信比之和，即所有关键车流的有效绿灯时间总和与信号周期之比值，可用下式表示。

$$\sum_{k=1}^{n} \lambda k = \frac{C - L}{C} \qquad (5\text{-}4)$$

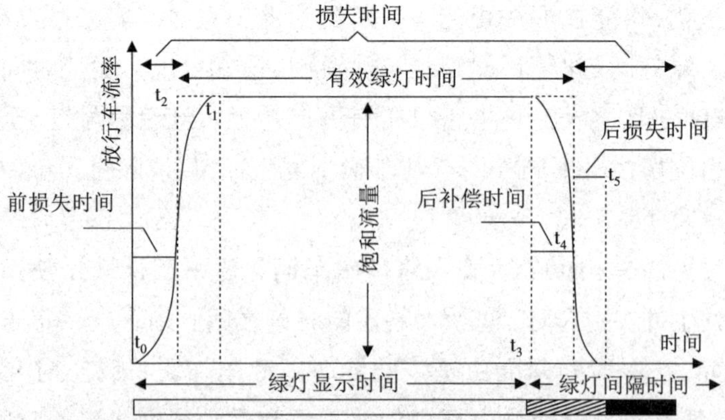

图5-2 获得通行权的车流在其相位期间通过交叉口的流量图示

图5-2中，t_0对应绿灯启亮时刻，t_2对应放行车流率达到饱和流量的时刻，t_3对应黄灯启亮时刻，t_5对应红灯启亮时刻。在t_0至t_2时间段，即放行车流率未达到饱和流量期间，放行车流率曲线与时间轴围成的面积等于该时间段内通过交叉口的车辆数，可以等效于以饱和流量放行时在t_1至t_2时间段内通过交叉口的车辆数，即等于以t_1至t_2为底、以饱和流量为高所构成的虚线框的面积因此图中t_0至t_1的线段长为前损失时间。类似可以推知t_3至t_4的线段长为后补偿时间，t_4至t_5的线段长为后损失时间。

第六节 信号控制的分类

一、按控制范围分类

（一）单个路口的信号控制

每个路口的交通控制信号只按照该路口的交通情况独立运行，不与其邻近路口的控制信号有任何联系的称为单个路口交通控制，也称为单点信号控制，俗称"点控制"。这是路口交通信号控制的最基本形式。

（二）干道信号协调控制

把干道上若干连续路口的交通信号通过一定的方式联结起来，同时对各路口设计出一种相互协调的配时方案，各路口的信号灯按此协调方案联合运行使车辆通过这些路口时，不致经常遇上红灯，称为干道信号协调控制，也称为"绿波"信号控制，俗称"线控制"。

这种控制思想为：希望使车辆通过第一个路口后，按一定的车速行驶，到达以后各路口时就不再遇上红灯。但实际上，由于各车在路上行驶时车速不一且随时变化，路口又有左、右转弯进出等因素的干扰，所以很难碰到一路都是绿灯的巧遇，但使沿路车辆少遇几次红灯、减少大量车辆的停车次数与延误则是能够保证做到的。

（三）区域信号协调控制

以某个区域中所有信号控制的对象，称为区域信号协调控制，俗称"面控制”,控制区域内各受控交通信号都受交通控制中心的集中控制。对范围较小的区域,可以整区集中控制:范围较大的区域,可以分区、分级控制。分区的结果往往使“面控制”成为一个由几条线控制组成的分级集中控制,这时,可认为各线控制是“面控制”中的一个单元,有时分区成为一个点、线、面控制的综合性分级控制。

二、按控制方法分类

(一)定时控制

路口交通信号控制机均按事先设定的配时方案运行,也称定周期控制。一天只用一个配时方案的称为单段式定时控制;一天按不同时段的交通量采用几个配时方案的称为多段式定时控制。

最基本的控制方式是单个交叉口的定时控制。“线控制”“面控制”也都可用定时控制的方式,也叫静态线控系统、静态面控系统。其典型代表系统有TRANSYT等。

定时控制具有工作稳定可靠,便于协调相邻交叉口的交通信号,设施成本较低,安装、维护方便等优点,适用于车流量规律变化、车流量较大(甚至接近饱和状态)的情况,然而存在灵活性差、不适用于交通流迅速变化的缺点。

(二)感应控制

感应控制是在交叉口进口道上设置车辆检测器,信号灯配时方案由计算机或智能化信号控制机计算,可随检测器检测到的车流信息而随时改变的一种控制方式。感应控制对车辆随机到达的适应性较大,可使车辆在停车线前尽可能少地停车,从而达到保证交通畅通的效果。感应控制实时性较好、适应性较强,适用于车流量变化大而不规则、主次相位车流量相差较大、需要降低主干道干扰的情况,然而存在协调性差、不易实现联机控制等缺点。例如,对于检测线圈埋设在次干道的半感应控制,次干道的车辆可能会影响到主干道的绿波协调控制。

(三)自适应控制

自适应控制是集计算机、通信和控制技术于一体的高级信号控制。由中央控制计算机对交通数据进行处理分析,并执行对路口的交通信号控制。它既不需要事先存储任何既定的配时方案,也不需要事先确定一套配时参数与交通流量的对应选择关系;而是依靠存储于中央计算机中的交通模型,对信息采集系统返回的交通数据进行分析,从而对配时存数进行优化调整。配时参数的优化是以综合目标函数,如延误、停车次数、拥挤程度以及油耗等的预测值为依据。因此,能够保证路口在任何时候都处于最佳配时方案。

自适应控制是一种具有学习、抽象、推理、决策等功能,并能根据环境的变化做出恰当适应性反应的控制技术,其中基于某些控制规则的模糊控制,具有较强的实时性、“鲁棒性”和独立性,设计简单实用,便于结合人的思维与经验,为交通信号控制提供了另一条切实可行的途径。但是,智能控制的控制策略较为复杂,需要配套相应的检测装置。

第六章　道路交通标线设计

第一节　交通标线的分类

一、按功能分类

（一）指示标线：指示车行道、行车方向、路面边缘、人行道、停车位、停靠站及减速丘等的线。

（二）禁止标线：告示道路交通的遵行、禁止、限制等特殊规定的标线。

（三）警告标线：促使道路使用者了解道路上的特殊情况，提高警觉准备防范应变措施的标线。

二、按设置方式分类

（一）纵向标线：沿道路行车方向设置的标线。

（二）横向标线：与道路行车方向交叉设置的标线。

（三）其他标线：字符标记或其他形式标线。

三、按形态分类

（一）线条：施划于路面、缘石或立面上的实线或虚线。

（二）字符：施划于路面上的文字、数字及各种图形、符号。

（三）突起路标：安装于路面上用于标示车道分界、边缘、分合流、弯道、危险路段、路宽变化、路面障碍物位置等的反光或不反光体。

（四）轮廓标：安装于道路两侧，用以指示道路的方向、车行道边界轮廓的反光柱（或片）。

四、按颜色分类

道路交通标线的颜色为白色、黄色、蓝色或橙色，路面图形标记中可出现红色或黑色的图案或文字。道路交通标线的形式、颜色及含义如表6-1所示。

表6-1 道路交通标线的形式、颜色及含义

编号	颜色	含义
1	白色虚线	划于路段中时，用以分隔同向行驶的交通流；划于路口时，用以引导车辆行进
2	白色实线	划于路段中时，用以分隔同向行驶的机动车和非机动车，或指示车行道的边缘；划于路口时，用作导向车道线或停止线，或用以引导车辆行驶轨迹；划为停车位标线时，指示收费停车位
3	黄色虚线	划于路段中时，用以分隔对向行驶的交通流或作为公交车专用车道线；划于交叉口时，用以告示非机动车禁止驶入的范围或用于连接相邻道路中心线的路口导向线；划于路侧或缘石上时，表示禁止路边长时停放车辆
4	黄色实线	划于路段中时，用以分隔对向行驶的交通流或作为公交车、校车专用停靠站标线；划于路侧或缘石上时，表示禁止路边停放车辆；划为网格线时，标示禁止停车的区域；划为停车位标线时，表示专属停车位
5	双白虚线	划于路口，作为减速让行线
6	双白实线	划于路口，作为停车让行线
7	白色虚实线	用于指示车辆可临时跨线行驶的车行道边缘，虚线侧允许车辆临时跨越，实线侧禁止车辆跨越
8	双黄实线	划于路段中，用以分隔对向行驶的交通流
9	双黄虚线	划于城市道路路段中，用于指示潮汐车道
10	黄色虚实线	划于路段中时，用以分隔对向行驶的交通流。实线侧禁止车辆越线，虚线侧准许车辆临时越线
11	橙色虚、实线	用于作业区标线
12	蓝色虚、实线	作为非机动车专用道标线；划为停车位标线时，指示免费停车位

第二节　交通标线设计原则

一、交通标线设计指导思想

（一）交通标线线形设计应确保流畅、规则，路段和交叉口标线的衔接应科学合理，能够正确引导交通、确保车辆分道行驶、合理利用路面有效面积。

（二）交通标线与交通标志应配合使用，其含义不得相互矛盾。

（三）交通标线应遵循适当设置的原则，避免出现传递信息过量或不足的情况。

（四）公路标线应设置反光标线，能清晰地识别与辨认，并符合白天、雨天、夜间、视认性规定的要求。

（五）突起路标与反光标线配合使用时，其反射器颜色应与标线一致。

（六）设置“路面文字标记”处，其被覆盖部分的摩擦系数不应低于所在地段路面的摩擦系数。

（七）交通标线采用的材料其耐磨性、抗滑性、耐腐蚀、耐高温、耐严寒等应符合规定要求，且经济实用，用料来源充足，施工简单，实用和维修方便，无毒害、无污染。

二、标线设置原则

（一）一般路段的交通标线

高速公路和一级公路的一般路段应设置车行道边缘线、可跨越同向车行道分界线，路面较宽或非机动车较多的路段可设置车行道边缘线，车行道边缘线应设置于公路两侧紧靠车行道的硬路肩内，不得侵入车行道内，并铺设反光突起路标，可跨越同向车行道分界线应设置于同向行驶的车行道分界处；二级及以下等级双车道公路应设置可跨越对向车行道分界线。

（二）特殊路段的交通标线

1. 经常出现强侧向风的特大桥梁路段、宽度窄于路基的隧道路段、急弯陡坡路段、车行道宽度渐变路段，应设置禁止跨越同向车行道分界线。隧道入口前50～100 m、出口后30～50 m范围的车行道分界处也应设置禁止跨越同向车行道分界线。

2. 二级及以下等级的公路桥梁段与路基段同宽时，路面中心线在桥梁长度范围应设置双黄中心实线，在桥梁引道两端大于160 m范围应设置黄色虚实线。公路桥梁窄于路基段且宽度小于6 m时，在桥梁及两端渐变段范围内不划中心线。

3. 在宽度窄于路基的隧道入口前30～50 m范围的右侧硬路肩内应设置斜向行车方向的斑马线，线宽45 cm，间距100 cm。

4. 爬坡车道处交通标线应配合标志并辅以反光突起路标进行连续设置，中央分隔带的车行道边缘线应采用黄色热熔标线；沿爬坡行车方向左侧设置车行道分界线，其宽度、线形与标准路段的车行道边缘线一致，右侧应设置车行道边缘线，在渐变段处过渡到与标准段的车行道边缘线相接。

5. 路侧紧急停车带、简易停车区、公共汽车停靠站处交通标线应连续设置，沿行车方向左侧渐变段处设置长100 cm、间距100 cm的虚线，正常段设置实线沿行车方向右侧宜设置车行道边缘线，在渐变段处过渡到与标准路段的车行道边缘线相接。虚线、实线的宽度与标准路段的车行道边缘线相同。

6. 车距确认标线通常设置在公路主线视距良好的平直路段，视需要设于较长直线段、易发生追尾事故或其他需要的路段，应与车距确认标志配合使用。车距确认标线、车行道宽度渐变路段标线、接近障碍物标线等交通标线设置方式应符合现行《道路交通标志和标线第3部分：道路交通标线》(GB5768.3)的有关规定。

7. 路面文字标记的汉字标记应沿车辆行驶方向由近及远竖向排列，字数不宜超过3个，数字标记沿车辆行驶方向横向排列，设置规格应符合表6-2的规定，最高限速值应按一个文字处理。

表6-2 路面文字标记规格

设计速度/(km/h)	公路			城市道路
	字高①/cm	字宽/cm	纵向间距①/cm	
≥100	900	300	600	

续表

设计速度/(km/h)	公路			城市道路
	字高①/cm	字宽/cm	纵向间距①/cm	
40～100	600	200	400	可取公路相应值的50%～70%
≤40	300	100	200	

注："①"表示专用时间段的数字，相应值可取正常值的一半，字宽及横向间距视路面情况可适当调整。

8. 位于中央分隔带或路侧安全净区内未加护栏防护的桥墩、隧道洞口、交通标志立柱等构造物应设置立面标记，设置时应把向下倾斜的一边朝向车行道。

9. 二级及以下等级的公路上设置减速丘时，应在距其两侧30m的范围内设置减速丘预告标线。

10. 需要车辆减速或提醒驾驶员注意安全行车处，可根据需要设置减速标线。如，收费广场减速标线的设置应符合表6-3的规定；车道横向减速标线的设置应符合表6-4的规定。

表6-3　收费广场减速标线设置参数

减速标线	第一道	第二道	第三道	第四道	第五道	第六道	第七道	第八道	第九道	第十道	第十一道	第十二道及以上
间隔/m	L_1=5	L_2=9	L_3=13	L_4=17	L_5=20	L_6=23	L_7=26	L_8=28	L_9=30	L_{10}=32	L_{11}=32	32
标线重复次数	1	1	2	2	2	2	3	3	3	3	3	3

表6-4　车道横向减速标线的设置参数

减速标线	第一道	第二道	第三道	第四道	第五道	第六道	第七道	第八道	第九道	第十道及以上
间隔/m	L_1=17	L_2=20	L_3=23	L_4=26	L_5=28	L_6=30	L_7=32	L_8=32	L_9=32	32
标线重复次数	2	2	2	2	2	2	3	3	3	3

(三)互通立体交叉、服务设施出入口标线

1. 互通式立体交叉、服务区、停车区出入口交通标线应根据互通式立体交叉、服务区、停车区的形式,准确反映交通流的行驶方向。

2. 互通式立体交叉出入口处,宜设置导向箭头。出口导向箭头应以减速车道渐变点为基准点,间距50 m。入口导向箭头应以加速车道起点为基准点,视加速车道长度而定,可设3组或2组。

(四)平面交叉渠化标线

1. 对于较宽、不规则或行驶条件比较复杂的交叉路口,二级及以上等级的公路平面交叉应设置渠化标线,其他公路的平面交叉宜设置渠化标线,以使车辆能按照规定路线行驶。

2. 平面交叉应根据其形式、车道宽度、交叉公路的优先通行权和各种交通流量的分析结果设置渠化标线。

(五)收费广场交通标线

1. 收费广场进口端应设置减速标线、收费岛路面标线、岛头标线,各条减速标线的设置间距应根据驶入速度、广场长度,经计算确定。

2. 收费广场出口端可设置部分可跨越同向车行道分界线。

(六)突起路标

1. 高速公路的车行道边缘线上,一级公路互通式立体交叉、服务区、停车区路段的车行

道边缘线上以及互通式立体交叉匝道出入口路段,应在路面标线的一侧设置突起路标,并不得侵入车行道。

2. 隧道的车行道分界线上宜设置突起路标。

3. 高速公路的车行道分界线和减速标线上可设置突起路。

4. 突起路标可单独设置成车行道边缘线和车行道分界线,其壳体颜色、设置位置、间距应符合现行《道路交通标志和标线第3部分:道路交通标线》(GB5768.3)的规定。

三、交通标线的设计要点

(一)颜色选择

路面标线一般为白色和黄色,以白色为主。白色的单一色调容易使长途行驶的驾驶员感觉疲劳,如果增加黄色标线,则可起到调节作用,有利于行车安全。总的来说,白色具有指示、控制意义,主要用于分隔同向车道;黄色为禁止、限制、警告意义,主要用于分隔对向车道;特殊需要亦采用红色。缘石标线一般用黄色,亦有用红色、白色的;立面标记采用黑白、黑黄或红黄相间的条纹;为提高夜间的视认性,标线可根据需要采用反光标线、路钮,立面标记可加设照明、闪光灯等设备。

(二)宽度选择

根据国外大量研究表明,纵向标线的宽度对交通状况和驾驶人的心理影响不大,之所以要规定一个范围,一般认为宽的标线是为了强调,并不主张过分加宽,否则不但会增加费用,而且会增加打滑的危险。

《道路交通标志和标线第3部分:道路交通标线》(GB5768.3-2009)规定纵向标线的一般宽度为10 ~ 15 cm,高速公路边缘线宽度规定为15 ~ 20 cm,一般采用下限值,在需要强调的地方可采用上限值。

横向标线宽度应比纵向标线宽,因为驾驶人在行车中发现横向标线往往是由远到近,尤其在距横向标线较远的时候其视角范围很小,加上远小近大的原理,加宽横向标线是很有必要的,一般宽度为20 ~ 40 cm,斑马线为40 ~ 45 cm。标线宽度选择见表6-5。

表6-5　标线宽度选择

设计速度/(km/h)		车行道边缘线/cm	车行道分界线/cm	路面中心线/cm
120/100		20	15	
80、60	高速、一级公路	20	15	
	二级公路	15	10	15
40/30		15	10	15
20	双车道			10
	单车道			

连续设置的实线类标线，应每隔15 m左右设置排水缝，其他标线有可能阻水时，应沿排水方向设置排水缝，排水缝宽度一般为3～5 cm。

(三)虚线的短线与间隔长度的比例选择

根据心理学家的研究，虚线中的实线段与间隔长度比例与车辆的行驶速度直接相关。实线段与间隔距离太近，会造成闪现率过高而使虚线出现连续感，对驾驶人产生过分的刺激；但实线段与间隔距离太远，闪现率太低，使驾驶人在行驶中获得的信息量太少，起不到标线应有的作用。

选择标线比例的时候，既要考虑驾驶人的心理、生理指标，也要考虑尽量采用每公里标线面积较小的因素。在郊外公路上的闪现率不大于4次/s被认为是可以接受的，闪现率为2.5～3.0次/s时效果最好；在城市道路上闪现率在8次/s以下认为可以接受。

(四)导向箭头形式选择

为寻求导向箭头的最佳形式，需要对各种直行、转弯组合箭头进行比较。其形式根据认读速度和错误率试验的结果来统计分析。最终的箭头形式是根据实验结果的平均值来选用的，最好的箭头形式可归纳如下：最好的直行箭头的宽约为箭杆宽的4倍，箭头杆长度要比箭杆短，后掠式箭头和锥形式箭头都是不好的；最好的转弯箭头的特征在很大程度上是由不对称的形式来显示方向的，其特征是保持箭头的转弯部分清晰。

第三节　交通标线设计方法

标线按功能可分为指示标线、禁止标线、警告标线。每一种又可以分为横向标线、纵向标线和其他标线，具体的标线形式、设计要点、设置图例等将在本节中一一展示。标线在实际应用中还需要与其他标线、标志配合使用。

一、指示标线

(一)指示标线的分类

1.纵向标线包括：可跨越对向车行道分界线；可跨越同向车行道分界线；

潮汐车道线；车行道边缘线；左弯待转区线；路口导向线；导向车道线。

2. 横向标线包括：人行横道线；车距确认线。

3. 其他标线包括：道路出入口标线；停车位标线；停靠站标线；减速丘标线；导向箭头；路面文字标记；路面图形标记。

（二）指示标线设计要点

1. 可跨越对向车行道分界线

可跨越对向车行道分界线（也可称为可跨越道路中心线）为黄色虚线，用于分隔对向行驶的交通流。一般设在道路中线上，但不限于一定设在道路的几何中心线上。车辆在保证安全的情况下，可以越线超车或转弯。

可跨越对向车行道分界线为单黄虚线，线段及间隔长分别为4 m和6 m，一般线宽为15 cm，特殊应用情况下，线宽可采用10 cm。可跨越对向车行道分界线划法如图6-1所示。

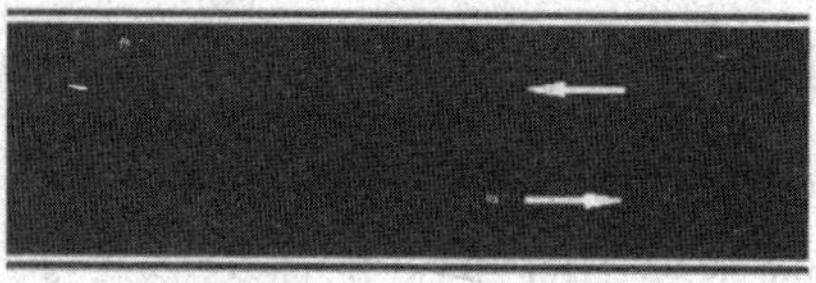

图6-1 可跨越对向车行道分界线

2. 可跨越同向车行道分界线

可跨越同向车行道分界线为白色虚线，用来分隔同向行驶的交通流，设在同向行驶的车行道分界上。在保证安全的情况下，允许车辆短时越线行驶。

可跨越同向车行道分界线一般线宽为10 cm或15 cm，特殊应用情况下，线宽可采用8 cm。设计速度不小于60 km/h的道路，线段及间隔长度分别为600 cm和900 cm。设计速度小于60 km/h的道路，线段及间隔长度分别为200 cm和400 cm。

3. 潮汐车道线

车辆行驶方向可随交通管理需要进行变化的车道称为潮汐车道，以两条黄色虚线并列组成的双黄虚线作为其指示标线，指示潮汐车道的位置。

黄色虚线的宽度为15 cm；线段与间隔比例应与同一路段的可跨越同向

车行道分界线一致。两条线之间的间距一般在 10 ~ 15 cm。在确保车行道宽度条件下,两条线之间的间距可适当调整。

4. 车行道边缘线

车行道边缘线用以指示机动车道的边缘或用以划分机动车道与非机动车道的分界。用以划分机动车道与非机动车道分界时,也可称作机非分界线。

车行道边缘线有四种设置方式,白色实线、白色虚线、白色虚实线以及黄色单实线。一般线宽为 15 cm 或 20 cm,虚线线段及间隔长分别为 2 m 和 4 m,虚实线间距为 15 ~ 20 cm,在交通量非常小的农村公路、专属专用道路等特殊应用情况下,车行道边缘线宽可采用 10 cm。白色实线用于禁止车辆跨线行驶,可采用振动标线的形式;白色虚线用以指示车辆可临时跨线行驶;车行道边缘白色虚实线的虚线侧允许车辆临时跨线行驶,实线侧不允许车辆跨线行驶;黄色单实线用于机动车单向行驶且非机动车双向行驶的路段分隔机非车道,禁止车辆跨线行驶,可采用振动标线的形式。

5. 左弯待转区线

左弯待转区线为白色虚线,用来指示左转弯车辆在直行时段进入待转区等待左转的位置。左弯待转区线为两条平行并略带弧形的白虚线,线宽 15 cm,线段及间隔长均为 50 cm,其前端应划停止线。在待转区内须施划白色左转弯导向箭头,导向箭头长 3 m,一般于左弯待转区的起始位置和停止线前各施划一组,左弯待转区较长时,中间可以重复设置导向箭头,左弯待转区较短时可仅设置一个导向箭头。在有条件的地点,左弯待转区可以设置成少变多条的形式。

6. 路口导向线

在平面交叉口面积较大、形状不规则或交通组织复杂,车辆寻找出口车道困难时,应设置路口导向线,辅助车辆行驶和转向。路口导向线为虚线,实线段 2 m,间隔 2 m,线宽 15 cm。连接同向车行道分界线或机非分界线的路口导向线为白色圆曲(或直)虚线;连接对向车行道分界线的路口导向线为黄色圆曲(或直)虚线。如图 6-2 所示。

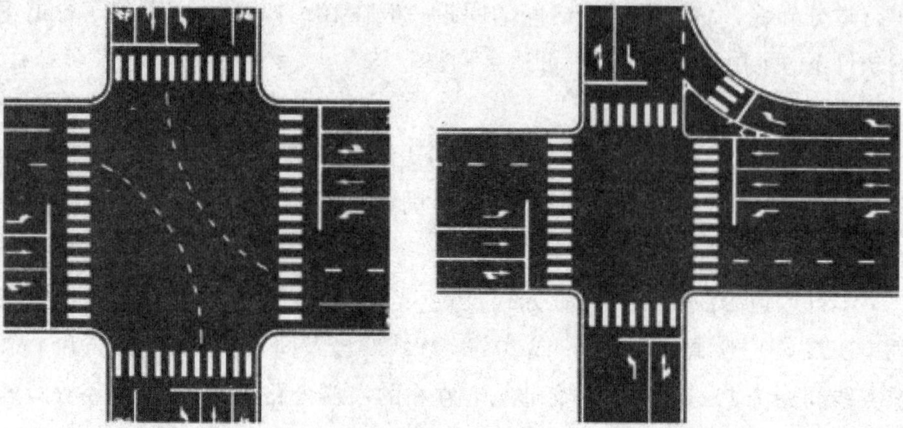

(a)　　　　　　　　(b)

图6-2　路口导向线

7.导向车道线

设置于路口驶入段的车行道分界线称作导向车道线,用于指示行车按导向方向行驶的导向车道的位置。可变导向车道线用于指示导向方向随需要可变的导向车道的位置,应与可变的车道行驶方向标志配合使用。

导向方向固定的导向车道线为白色实线,一般线宽为10 cm或15 cm,交通量非常小的农村公路、专属专用道路等特殊应用情况下,线宽可采用8 cm。导向车道线施划长度应根据路口几何线形及交通管理需要确定,一般不小于30 m。

可变导向车道线设置长度应不小于其他导向线的设置长度,施划了可变导向车道标线的导向车道内不应设置导向箭头。可变导向车道线尺寸如图6-3所示。导向车道线设置示例如图6-4所示。

图6-3　可变导向车道标线

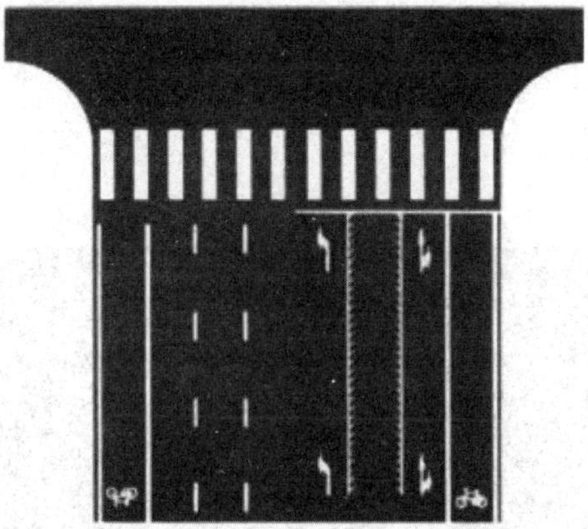

图6-4　导向车道标线设置示例

8.人行横道线

人行横道线为白色平行粗实线(斑马线),既标示一定条件下准许行人横穿道路的路径,又警示机动车驾驶人注意行人及非机动车过街。

人行横道线一般与道路中心线垂直,特殊情况下,其与中心线夹角不宜小于60°(或大于120°),其条纹应与道路中心线平行;人行横道的最小宽度为3 m,并可根据行人数量以1 m为一级加宽。人行横道线的线宽为40 cm或45 cm,线间隔一般为60 cm,可根据车道宽度进行调整,但最大不应超过80 cm。如图6-5所示。人行横道线的设置间距根据实际需要确定,但路段上设置的人行横道线之间的距离一般应大于150 m。

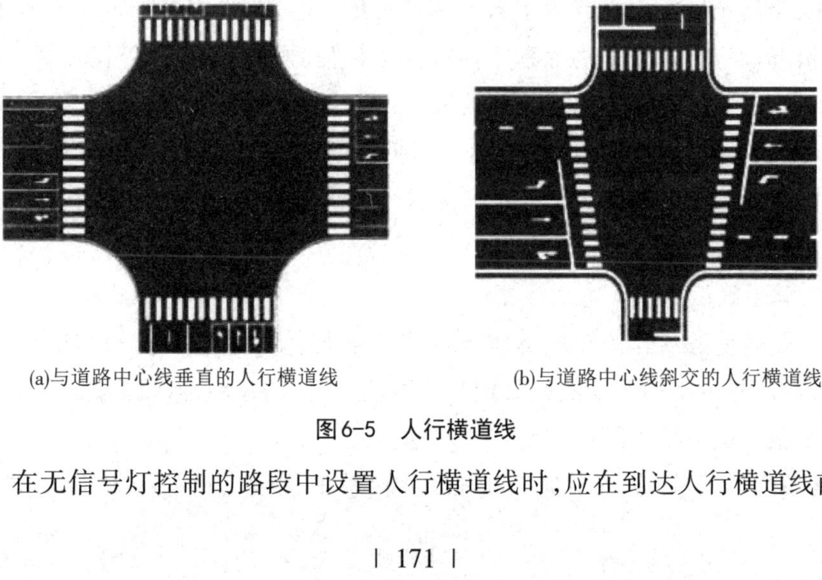

(a)与道路中心线垂直的人行横道线　　(b)与道路中心线斜交的人行横道线

图6-5　人行横道线

在无信号灯控制的路段中设置人行横道线时,应在到达人行横道线前的路面上设置停止线和人行横道线预告标识,并配合设置人行横道指示标志,视需要也可增设人行横道警告标志,如图6-6所示;人行横道预告标识为白色菱形图案,尺寸如图6-7所示。

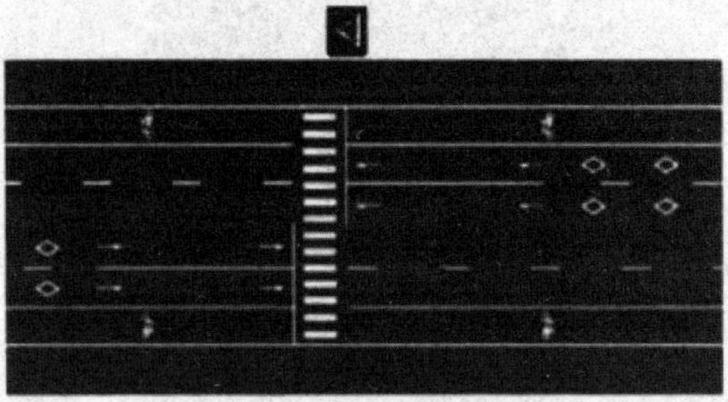

图6-6 路段人行横道设置示例

图6-7 人行横道预告标识线

一般应在综合考虑行人流量、行人年龄阶段、道路宽度、车流量、车辆速度、视距等多种因素后确定人行横道的设置宽度和形式。路面宽度大于30 m的道路上,应在中央分隔带或对向车行道分界线处的人行横道上设置安全岛。安全岛长度宜大于或等于人行横道宽度,宽度与中央分隔带相同或依据实际情况确定。在安全岛面积不能满足等候信号放行的行人停留需要、桥墩或其他构筑物遮挡驾驶人视线等情况下,人行横道线可错位设置。

行人过街交通量特别大的路口,可并列设置两道人行横道线,使斑马线虚实段相互交错,并辅以方向箭头指示行人靠左右分道过街,方向箭头一般长度为100 cm。

9. 车距确认标线

车距确认标线作为车辆驾驶人保持行车安全距离的参考,视需要设于较长直线段、易发生追尾事故或其他需要的路段,应与车距确认标志配合使用。

车距确认标线有两种类型:

(1)白色折线:标线总宽300 cm,线条宽40 cm或45 cm,从确认基点0 m

开始，每隔5 m设置一道标线，连续设置2道为一组，间隔50 m重复设置5组，也可在较长路段内连续设置多组。

(2)白色半圆状车距确认标线：设置于气象条件复杂，影响安全行车的路段两侧，半圆半径为30 cm，间隔50 m设置，一般在一定路段内连续设置。

10. 道路出入口标线

道路出入口标线用于引导驶入或驶出车辆的运行轨迹，提供安全交汇，减少与突出缘石碰撞的可能，一般由出入口的纵向标线和三角地带的标线组成。

出入口标线的颜色为白色，应结合出入口的形式和具体线形进行设计布置。出入口标线设置除指明仅表示行车方向的箭头外，其他导向箭头的尺寸、设置位置、设置间距、重复次数应符合相关的规定。

11. 停车位标线

停车位标线标示车辆停放位置。可在停车场或路边空地，车行道边缘或道路中间适当位置设置。无特殊说明时，停车位标线应和停车场标志配合使用。

停车位标线的颜色为蓝色时表示此停车位为免费停车位；为白色时表示此停车位为收费停车位；为黄色时表示此停车位为专属停车位。停车位标线的宽度可介于6～10 cm。停车位标线按两种车型规定尺寸。上限尺寸长为1 560 cm，宽为325 cm，适用于大中型车辆；限尺寸长为600 cm，宽为250 cm，适用于小型车辆。在条件受限时，宽度可适当降低，但最小不应低于200 cm。

停车位标线按设置方式可分为：车辆平行于通道方向停放的平行式、车辆与通道方向成30°～60°角停放的倾斜式、车辆垂直于通道方向停放的垂直式三种，可根据通道宽度、停放车辆种类、交通量等情况选择采用。

对停车方向有特殊要求时，可在停车位标线中附加箭头，箭头所指方向表示停车后车头的朝向。停车位里附加“出租车”文字，且停车位标线为实线时，表示出租车专用待客停车位；停车位附加“出租车”文字且停车位标线为虚线时，表示出租车专用上下客车位，仅允许出租车短时停车上下客。

12. 停靠站标线

停靠站标线包括港湾式停靠站标线和路边式停靠站标线两种。

(1)港湾式停靠站标线：标示车辆通向专门的分离引道的路径和停靠位

置,由渐变段引道白色虚线、正常段外边缘白色实线或白色填充线组成。港湾式停靠站正常段的长度一般不小于30 m,两侧渐变段引道的长度一般不小于25 m。标线形式一般用于停靠站较宽的情况,以保证停靠区域宽度处于合适的范围。当专用于公交车、校车等特定车辆停靠时,应在停靠站中间标注停靠车辆的类型文字,并以黄色实折线填充停靠站正常段其他区域,指示除特定车辆外,其他车辆不得在此区域停留。

(2)路边式停靠站标线:当公共汽车线路客流量较少、道路条件受限制或用于校车停靠时,可在路边施划路边式停靠站标线,指示公共汽车或校车停靠站的位置,并指示除公共汽车或校车外,其他车辆不得在此区域停留。

路边式停靠站标线的外围为黄色实线,内部填充黄色实折线,并在中间位置标注停靠车辆的类型文字。路边式停靠站的尺寸需考虑客流量大小、停靠站公共汽车线路数量等因素确定,长度一般不小于25 m。

13.减速丘标线

布置减速丘的路段,应在减速丘前设置减速丘标线,以提前告知道路使用者。减速丘标线由设置在减速丘上的标记和设置在减速丘上游的前置标线组成。减速丘标线应采用反光标线。减速丘与人行横道联合设置时,可省略减速丘上的标记部分。

14.导向箭头

导向箭头用以指示车辆的行驶方向。在行驶方向受限制的交叉入口车道内、车道数减少路段的缩减车道内、设有专用车道的交叉口或路段、畸形或复杂的交叉口、渠化后的车道内应设置导向箭头。导向箭头的颜色为白色,可根据实际车道导向需要设置,组合使用时不宜超过2种方向。交叉路口驶入段的车道内,应有导向箭头标明各车道的行驶方向。距路口最近的第一组导向箭头在距停止线3 ~ 5 m处设置,第二组在导向车道的起始位置设置,箭头起始端部与导向车道线起始端部平齐,第三组及其他作为预告箭头,在距第二组箭头前30 ~ 50 m间隔设置,预告箭头指示方向应与前方导向车道允许行驶方向保持一致。

15.路面文字标记

路面文字标记是利用路面文字指示或限制车辆行驶的标记。路面文字标记的高度应根据道路设计速度确定，除特殊规定外，路面文字标记的规格应符合相关规定。

速度限制标记表示车辆行驶的限制车速，用于需要限制车辆最高行驶速度或最低行驶速度的车道起点和其他适当位置。表示最高限速值数字的颜色为黄色，可单独使用；表示最低限速值数字的颜色为白色，应和最高限速值数字同时使用。限速标记数字高度按照表6-2选取。

需要设置路面限速标记且易发生事故的地点，也可将最高限速的标志版面图形施划于路面作为路面限速提示用标记，该标记应为反光标记且应与限速标志配合使用，并注意应用抗滑的标线材料。施划于路面的限速标志版面图形为长短轴之比为2.5∶1的椭圆，长轴与行车方向平行，长轴最长不超过6 m，其他尺寸按照规定选择。

路面文字标记可包括道路行驶方向的指示信息、特定时间段指示信息、出口提示信息等内容。汉字标记应沿车辆行驶方向由近及远竖向排列，数字标记沿车辆行驶方向横向排列。

16. 路面图形标记

设置于车道或停车位内的路面图形标记宽度应为车道或停车位宽度的一半，并就近取10 cm的整倍数。

非机动车路面标记：施划于车道起点或车道中时，表示该车道为非机动车道。如图6-8所示。

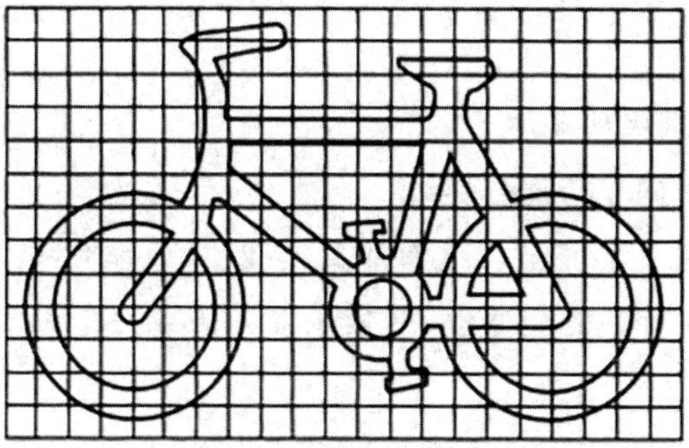

图6-8 非机动车道路面标记

残疾人专用停车位路面标记：施划于残疾人专用停车位内，即此车位为残疾人专用车或载有残疾人车辆的专用停车位，其他车辆不得占用。

注意前方路面状况标记：在不易发现前方路面状况发生变化的路段，需要提醒驾驶人注意以尽早采取措施，可设置注意前方路面状况标记。本标记为白色实折线，线宽20 cm，顶角为60°，设置高度及设置范围视实际需要而定，如图6-9所示。

图6-9　注意前方路面状况标记

二、禁止标线

（一）禁止标线的分类

1. 纵向禁止标线包括：禁止跨越对向车行道分界线；禁止跨越同向车行道分界线；禁止停车线。

2. 横向禁止标线包括：停止线；停车让行线；减速让行线。

3. 其他禁止标线包括：非机动车禁驶区标线；导流线；网状线；专用车道线；禁止掉头（转弯）线。

（二）禁止标线设计要点

1. 禁止跨越对向车行道分界线

禁止跨越对向车行道分界线有双黄实线、黄色虚实线及单黄实线三种类型，用于分隔对向行驶的交通流，并禁止双方向或一个方向车辆跨线或压线行驶。

双黄实线，禁止双方向车辆跨线或压线行驶。黄色实线线宽一般为15 cm，特殊情况下可降低至10 cm，两标线的间隔一般为10～30 cm。在路面较宽时，为保证车行道宽度不大于3.75 m，双黄线间距可以适当调整。在双黄线间距大于50 cm时应用黄色斜线或其他设施填充两条黄实线间的部分，禁止车辆压线或进入该区域。黄色斜线填充线线宽 45 cm，间隔 100 cm，倾斜角度为 45°。

黄色虚实线，实线一侧禁止车辆越线或压线行驶，虚线一侧准许车辆暂时越线或转弯。标线线宽一般为 15 cm，特殊情况下可降低至 10 cm，两标线的间隔一般为 10 ~ 30 cm，虚线段与间隔长分别为 4 m 和 6 m。施划中心黄色虚实线的三机动车道道路直线段，一个方向车行道数从两车行道改变为一车行道(或从一车行道改变为两车行道)时采用过渡标线；另有视距受限的平曲线路段黄色虚实线和视距受限的竖曲线路段黄色虚实线可参照《道路交通标志和标线 第 2 部分：道路交通标志》(GB 5768.2-2022)。

黄色单实线，禁止双方向车辆跨线或压线行驶。标线线宽 15 cm，在路面较宽时，为保证车行道宽度不大于 3.75 m，黄色单实线线宽可以适当增加，最大为 30 cm。

2.禁止跨越同向车行道分界线

用于禁止车辆跨越车行道分界线进行变换车道和借道超车。用于路口驶入段时，也可称作导向车道线，其施划长度应根据路口的几何线形确定，一般不小于 30 m。本标线为白色实线，一般线宽为 10 cm 或 15 cm，交通量非常小的农村公路、专属专用道路等特殊应用情况下，线宽可采用 8 cm。可采用振动标线的形式。

3.禁止停车线

禁止停车线分为禁止长时停车线和禁止停车线两种。

(1)禁止长时停车线：用以禁止路边长时停、放车辆，但一般情况下允许装卸货物或上下人员等的临时停放。本标线为黄色虚线，宜施划于道路缘石正面及顶面，无缘石的道路可施划于路面上，距路面边缘 30 cm。黄色虚线的宽度为 15 cm，或与缘石宽度相同，线段长 100 cm，间隔 100 cm。

(2)禁止停车线：用以指示禁止路边停、放车辆。本标线为黄色实线，施划于道路缘石正面及顶面，无缘石的道路可施划于路面上，距路面边缘 30 cm。黄色实线的宽度为 15 cm，或与缘石宽度相同，施划的长度表示禁停的范围。

4.停止线

停止线表示车辆等候放行的停车位置。可施划于有交通信号控制的交叉路口、铁路平交道口、左弯待转区的前端、人行横道线前及其他需要车辆停止的位置。

停止线为白色实线。双向行驶的路口，停止线应与对向车行道分界线连接。单向行驶的路口，其长度应横跨整个路面，其宽度可根据道路等级、交通量、行驶速度的不同选用20 cm、30 cm、40 cm。设有人行横道时，停止线应距人行横道100～300 cm，如图6-10所示。停止线对横向道路左转弯机动车正常通行有影响的，可适当后移，或部分车道的停止线作适当后移，后移距离可以根据实际情况决定，一般在100～300 cm，如图6-11所示。

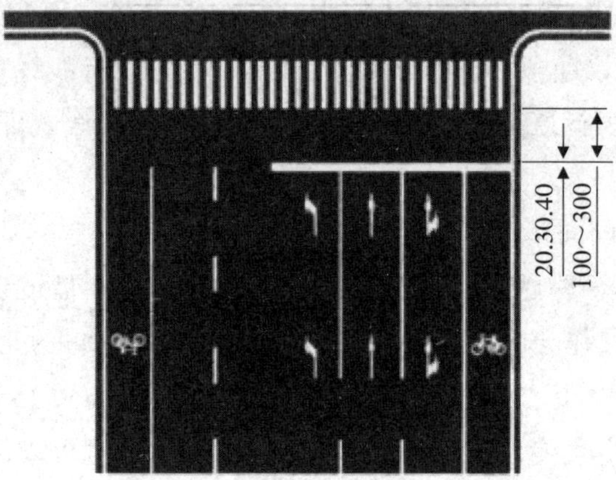

图6-10 停止线(尺寸单位:cm)

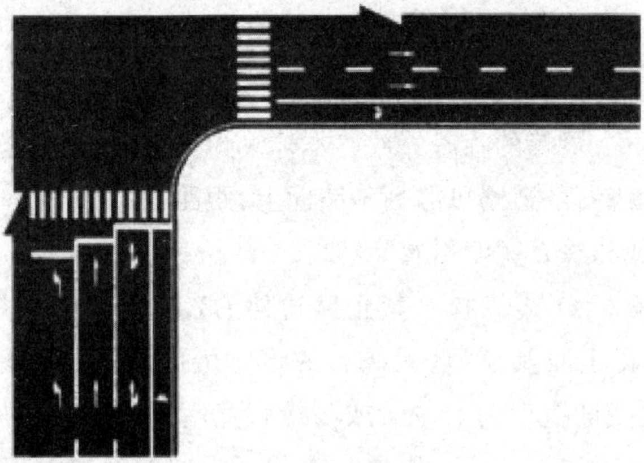

图6-11 停止线错位设置示例

5.停车让行线

停车让行线表示车辆在此路口应停车让干道车辆先行，设有“停车让行”标志的路口，除路面条件无法施划标线外均应设置停车让行标线。

停车让行线为两条平行白色实线和一个白色“停”字。双向行驶的路口，白色双实线长度应与对向车行道分界线连接；单向行驶的路口，白色双实线长度应横跨整个路面。白色实线宽 20 cm，间隔 20 cm，“停”字宽 100 cm，高 250 cm。如有人行横道线时，停车让行线应距人行横道线 100 ~ 300 cm，如图 6-12 所示。

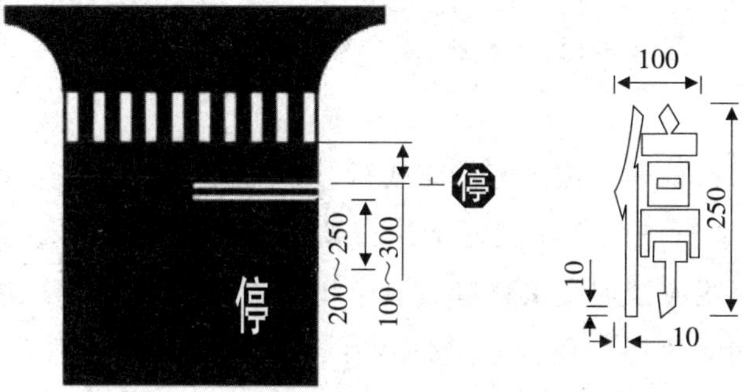

图6-12 停车让行线(尺寸单位:cm)

减速让行线表示车辆在此路口应减速让干道车辆先行。设有“减速让行”标志的路口，除路面条件无法施划标线外均应设置减速让行标线。

减速让行线为两条平行的虚线和一个倒三角形，颜色为白色。双向行驶的路口，白色虚线长度应与对向车行道分界线连接；单向行驶的路口，白色虚线长度应横跨整个路面。虚线宽 20 cm，两条虚线间隔 20 cm。倒三角形底宽 120 cm，高 300 cm。如有人行横道线时，减速让行线距人行横道线 100 ~ 300 cm。

6.非机动车禁驶区标线

在无专用左转弯相位信号控制的较大路口或其他需要规范非机动车行驶轨迹的路口内，可设非机动车禁驶区标线，用以告示非机动车使用者在路口内禁止驶入的范围。非机动车禁驶区范围以机动车道外侧边缘为界，可配合设置中心圈。左转弯非机动车应沿禁驶区范围外绕行，且两次停车，其停止线长度不应小于相应非机动车道宽度，如图 6-13 所示。

图6-13　非机动车禁驶区标线(尺寸单位:cm)

7.导流线

导流线表示车辆需按规定的路线行驶,不得压线或越线行驶。主要用于过宽、不规则或行驶条件比较复杂的交叉路口,立体交叉的匝道口或其他特殊地点。导流线应根据交叉路口的地形和交通流量、流向情况进行设计。

导流线的颜色为白色,与道路中心线相连时,也可用黄色。标线形式可分为单实线、V形线及斜纹线三种。外围线宽15 cm或20 cm,内部填充线宽为40 cm或45 cm,间隔100 cm,倾斜角为45°。

8.中心圈

中心圈可设在平面交叉路口的中心,用以区分车辆大、小转弯或作为交叉口车辆左右转弯的指示,车辆不得压线行驶。

中心圈有圆形和菱形两种形式,颜色为白色。中心圈直径及形状应根据交叉路口大小确定,圆形的直径不小于1 200 cm,菱形的对角线长度不小于1 500 cm。

9.网状线

网状线用以标示禁止因任何原因停车的区域,视需要划设于易发生临时停车造成堵塞的交叉路口、出入口及其他需要设置的位置。

标线颜色为黄色,外围线宽20 cm,内部网格线与外边框夹角为45°,内部网格线宽10 cm,斜线间隔100～500 cm。

10.车种专用车道线

公交车专用车道线由黄色虚线及白色文字组成,表示除公交车外,其他车辆及行人不得进入该车道。黄色虚线的线段长和间隔均为400 cm,线宽为20 cm或25 cm。标写的文字为:公交专用或BRT专用。如该车道为分时专用车道,可在公交专用文字下加标公共汽车专用的时间。汉字及数字字高、高宽比例、排列方式按相关规定确定。

公交车专用车道线从起点开始施划,每经过一个交叉口重复出现一次字符。如交叉口间隔距离较长,也可在中间适当地点增加施划字符。小型车专用车道线和大型车道标线类似设置。

乘员车专用车道线:由白色虚线及白色文字组成,表示该车行道为有多个乘车人的多乘员车辆专用的车道,未载乘客或乘员数未达规定的车辆不得入内行驶。白色虚线的线段长度和间隔均为400 cm,线宽为20 cm或25 cm。标写的文字为:多乘员专用。如该车道为分时专用车道,可在文字下加标专用的时间。汉字及数字字高、高宽比例、排列方式按规定确定。

非机动车道线由车道线、非机动车标记图案和“非机动车”文字组成,一般情况下可仅采用非机动车标记图案而不标文字标记。除特殊点段外,该车道为非机动车道,机动车不得进入。非机动车道标线颜色为蓝色时,表示此车道仅供非机动车行驶,行人及其他车辆不得进入。

11.禁止掉头(转弯)标记

用于禁止车辆掉头或转弯的路口或区间。禁止掉头(转弯)标记由黄色导向箭头和黄色叉形标记左右组合而成,黄色叉形标记位于左侧,如本车道为限时禁止掉头(转弯)车道,应在禁止掉头(转弯)标记下附加禁止掉头(转弯)时间段的黄色文字。黄色导向箭头的尺寸按表6-6的规定确定,叉形标记与导向箭头宽度及长度相同,两者之间间隔50 cm。禁止掉头(转弯)标记应与禁止掉头(转弯)标志配合设置。

三、警告标线

(一)警告标线的分类

1.纵向标线,包括:路面(车行道)宽度渐变段标线、接近障碍物标线、近铁路平交道口标线。

2.横向标线,包括:减速标线。

3.其他标线,包括:立面标记、实体标记。

(二)警告标志设计要点

1.路面(车行道)宽度渐变段标线

用以警告车辆驾驶人路宽或车道数变化,应谨慎行车,并禁止超车。标线颜色为黄色。渐变段的长度L按下式确定:

$$L=\begin{cases}V^2W/155 & (V\leqslant 60\ \mathrm{km/h})\\0.625VW & (V>60\ \mathrm{km/h})\end{cases}\tag{6-1}$$

式中:L——渐变段的长度(m);

V——设计车速(km/h);

W——变化宽度(m)。

计算结果大于如表6-6所示最小值时,采用计算结果作为实际渐变段长度,反之采用如表6-6所示最小值作为实际渐变段长度。对于设计速度与实际运行速度偏离较大的道路,可以用实际运行速度值代替设计速度值确定渐变段长度。

表6-6 渐变段长度最小值

设计速度/(km/h)	最小值/m	设计速度 V/(km/h)	最小值/m
20	20	60	40
30	25	70	70
40	30	80	85
50	35	80	100

2.接近障碍物标线

用以指示路面有固定性障碍物,警告车辆驾驶人谨慎行车,引导交通流顺畅驶离障碍物区域。接近障碍物标线的颜色,应根据障碍物所在的位置,与对向车行道分界线或同向车行道分界线的颜色一致。标线外廓为实线,内部以填充线填充,外廓实线宽度原则上与相接的对向车行道分界线或同向车行道分界线相同,填充线为倾斜的平行粗实线,线宽45 cm,间隔100 cm,倾斜角度为45°。当道路中心或车道中有上跨桥梁的桥墩、中央分隔带端头、标志杆柱及其他可能对行车安全构成威胁的障碍物时,应设置接近障碍物标线来指引驾驶员顺利地绕过障碍物。

收费岛迎车流方向地面标线用以标示收费车道的位置，为缴费车辆提供清晰标记。收费岛头地面标线的颜色为白色，线宽45 cm，间隔100 cm，倾斜角度为45°，外围标线宽20 cm。标线应划在迎车行方向，长1 500 cm。

当障碍物为中央分隔墩、隧道洞口、收费岛、实体安全岛或导流岛、灯座、标志基座等立体实物时，在实体立面上应设置立面或实体标记，地面标线处可配合设置防撞设施。标线距离实体障碍物的最小偏移距离为30 cm，从标线中间计算到障碍物表面。

3.近铁路平交道口标线

近铁路平交道口标线用以指示前方有铁路平交道口，警告车辆驾驶人应在停车线处停车，在确认安全情况下或信号灯放行时，才可通过。线条及标字规定如下：

(1)交叉线为白色反光标线，线宽40 cm，长600 cm，宽300 cm。

(2)“铁路”标字，白色反光，标写于交叉线的左右部位，单个字高200 cm，宽70 cm。

(3)横向虚线，白色反光，线宽40 cm，线段长60 cm，间隔60 cm。

(4)禁止超车线，黄色反光，与对向车行道分界线标线宽度一致，长度应大于30 m。

(5)停止线，白色反光，线宽40 cm。

近铁路平交道口标线应与铁路道口警告标志及停车让行标志配合设置，有关设施的设置应符合《工业企业厂内铁路、道路运输安全规程》(GB4387-2008)的规定。

4.减速标线

用于警告车辆驾驶人前方应减速慢行。收费广场减速标线设于收费广场适当位置，为白色反光虚线，根据设置位置的不同，可以是单虚线、双虚线和三虚线，垂直于行车方向设置。收费广场减速标线应按以下原则配置：使驶向收费车道的车辆通过各标线间隔的时间大致相等，以利于行驶速度逐步降低，减速度一般设计为1.8 m/s^2。第一道减速标线设置于距广场中心线50 m的地方，其余标线按表6-3的规定设置。视收费广场长度、景观及管理需求，收费广场减速标线设置数量以5道(最少)至12道(最多)为宜。

车行道减速标线设置于弯路、坡路、隧道洞口前、长下坡路段及其他需要减速的路段前或路段中的机动车行车道内，分为车行道横向减速标线和车行道纵向减速标线，可采用振动标线的形式。

车行道横向减速标线为一组垂直于车道中心线的白色标线，线宽45 cm，线与线间距45 cm。车行道横向减速标线的设置间隔应使车辆通过各标线间隔的时间大致相等，以利于行驶速度逐步降低，减速度一般设计为1.8 m/s^2。可按表6–4的规定设置。

车行道纵向减速标线为一组平行于车行道分界线的菱形块虚线。在车行道纵向减速标线的起始位置设置30 m的渐变段，菱形块虚线由窄变宽。

5.立面标记

立面标记用以提醒驾驶人注意，在车行道或近旁有高出路面的构造物。可设在道路净空范围内的跨线桥、渡槽等的墩柱立面、隧道洞口侧墙端面及其他障碍物立面上，标线为黄黑相间的倾斜线条，斜线倾角为45°，线宽及其间距均为15 cm。在设置时应把向下倾斜的一边朝向车行道。

6.实体标记

实体标记用以给出道路净空范围内实体构造物的轮廓，提醒驾驶人注意。可设在道路净空范围内的上跨桥梁的桥墩、中央分隔墩、收费岛、实体安全岛或导流岛、灯座、标志基座及其他可能对行车安全构成威胁的立体实物表面上，标线为黄黑相间的倾斜线条，线宽各15 cm，由实体中间以45°角向两边施划，向下倾斜的一边朝向车行道。

四、标线综合运用

（一）平面交叉标线

1.设置原则

（1）应充分体现平面交叉的形式、交通流特点，合理分配主、次公路，明确优先通行权，使主要公路或主要交通流畅通、冲突点少、冲突区小且分散。

（2）应减少驾驶人在平面交叉处操作的复杂程度，尽量减小平面交叉的通过距离。

（3）应使车辆较平稳地到达平面交叉处，减少车辆之间的速度差。

（4）应充分考虑弱势群体的需求，使其安全通过平面交叉。人行横道线的设置应充分考虑行人流量、公路等级和交通管理方式等因素。

(5)应与交通标志紧密配合,不应相互冲突或矛盾。

2.平面交叉标线分类

(1)平面交叉出入部分的路面标线,包括:车行道分界线、导向车道线、车行道导向箭头等。

(2)平面交叉内的路面标线,包括:停止线、停车让行线、减速让行线、人行横道线、非机动车禁驶区标线、中心圈、左弯待转区线、左(右)转弯导向线、导流线等。

3.平面交叉出入部分的路面标线

(1)左转弯专用车道标线。

①应积极设置左转弯专用车道。四车道公路除左转交通量很小者外,均应设置左转弯专用车道;二级公路符合下列情况之一者,应设置左转弯专通车道

a.与高速公路或一级公路互通式立体交叉连接线相交的平面交叉。

b.非机动车较多且设置慢车道的平面交叉。

c.左转弯交通会引发交通拥堵或交通事故时。

②当设置左转弯专用车道时,应首先考虑适当加宽路口或缩减车道宽度。当受条件限制无法实施时,可按下列顺序选择合理的左转弯专用车道线设置方法:

a.缩减中央分隔带宽度设置左转弯专用车道。当中央分隔带剩余部分宽度不足50 cm且本身未加高时,可仅设置路面标线。

b.当中央分隔带宽度较小,仅靠缩减中央分隔带宽度不足以设置左转弯专用车道时,可采用缩减中央分隔带宽度和缩减车行道宽度相结合的方法开辟左转弯专用车道。

c.当无法利用缩减中央分离带宽度确保左转弯专用车道宽度时,可偏移公路中心线并缩减平面交叉驶入处的车行道宽度,以设置左转弯专用车道。

d.缩减硬路肩或非机动车道的宽度设置左转弯专用车道:在设置了硬路肩或非机动车道的公路,可在平面交叉附近缩减硬路肩或非机动车道的宽度,以设置左转弯专用车道。如仍不能确保左转弯专用车道的宽度,则平面交叉处其他车行道的宽度可适当缩减。

e.当双车道公路条件受限制时,可通过对向车行道分界线向左适当偏移的方式设置简易鱼肚皮形标线,形成左转弯专用车道。

(2)右转弯专用车道标线。

右转弯专用车道的长度确定方法可参照左转弯专用车道,但应考虑行人对右转车辆的影响,对长度进行适当调整。

(3)出入口导向车道线及导向箭头。

①出入口导向车道线的长度应根据平面交叉的几何线形确定,最短长度应为30 m。导向车道线为单白实线,禁止车辆变换车行道。

②平面交叉驶入段的车行道内,除可变导向车道外,应有导向箭头标明各车行道的行驶方向。

4.平面交叉内的路面标线

(1)人行横道线

①行人一次横穿公路的距离应控制在30 m以下,否则应在合适的位置设置安全岛。

②人行横道的最小宽度应为3 m,可根据实际情况以1 m为一级加宽。

③当需要预告前方有人行横道时,应在人行横道前的车行道中央设置人行横道线预告标识。设置位置应综合考虑车辆的停车视距和夜间行驶时的可视性,一般在距离人行横道前30 ~ 50 m处设置一个,在其前10 ~ 20 m间隔处增设一个。根据具体情况,可再重复设置一个。当人行横道位于公路曲线转弯路段的前方或其他视距不足处时,应设置"注意行人"警告标志。

(2)停止线

①停止线宜与公路中心线垂直。

②当有人行横道时,停止线应设置在人行横道前1 ~ 3 m的位置。

③设置位置应能够被平面交叉周边行驶的车辆明确认知。

④停止线的设置不应妨碍平面交叉内左、右转弯车辆的运行。

(3)让行线

①公路功能、等级、交通量有明显差别的两条公路相交或交通量较大的T形交叉,当两相交公路的通视三角区能得到保证,次要公路与主要公路汇合处应设置减速让行线;否则次要公路应设置停车让行线或设置强制停车或减速设施。当主要公路受条件限制而难以设置应有长度的加速车道时,在其入

口附近宜设置减速让行线。

②当相交两条公路的技术等级均低且交通量较小时,行政等级低的被交公路应设置减速让行线;当两条公路的行政等级相同时,相交公路所有方向均宜设置停车让行线。

③进入环形交叉的车辆应让行环形交叉内正在绕行的车辆。

(4)导向线和导流线

①左转弯导向线:当条件允许时,应积极设置左弯待转区,并可根据左转弯交通流的需要设置左转弯导向线。

②当交通流在平面交叉内需要曲线行驶或相对路口有一定错位时,应设置路口导向线。

③右转弯导流线:在有导流岛的右转弯专用车道上,可设置右转弯导流线。

(5)非机动车禁驶区标线

①平面交叉内非机动车专用道的宽度宜根据非机动车交通量确定,不宜小于1.5 m。

②当设置有人行横道时,非机动车禁驶区标线应与人行横道线平行。

(二)互通式立体交叉标线

1. 设置原则

(1)应充分体现互通式立体交叉的形式和交通流特点,使交通流的转换平滑、顺畅。

(2)应使驾驶人充分体会到公路等级的差异,能充分预测到交通环境的变化。

2. 相交公路主线的交通标线设置

(1)相交公路主线路段的车行道边缘线、车行道分界线的设置标准、规格应与标准路段相同。

(2)当主线路段设置辅助车道时,应根据其车行道、硬路肩的宽度设置车行道边缘线和车行道分界线,并应与其他路段的线形相协调。

3. 相交公路匝道的交通标线设置

(1)应根据匝道的横断面类型设置对向车行道分界线、同向车行道分界线和车行道边缘线。

(2)交通标线的设置位置应考虑匝道圆曲线加宽值的影响。

(3)当汇流前的匝道仅为超车之需而采用双车道时,宜通过交通标线将汇流前的匝道并流为单车道,并施划相应的路面标记,如图6-14所示。

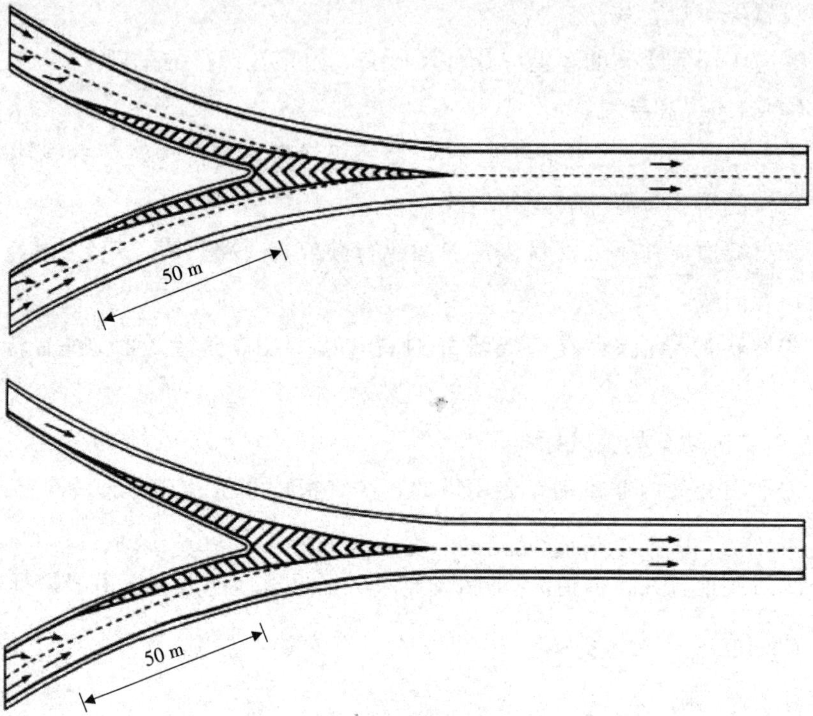

图6-14　匝道汇流前交通标线的设置

(4)当匝道之间分、合流或双向匝道分离为两条异向匝道时,由匝道车行道边缘线构成的连接部应设置斜向行车方向的斑马线。

(5)集散车道与主线连接处的交通标线,应参照匝道出入口端部的交通标线设置方法进行设置。

4.匝道出入口端部的交通标线设置

(1)匝道出入口的交通标线应根据变速车道的形式、匝道的横断面来确定。主线右侧车行道边缘线和匝道左侧车行道边缘线之间,应设置斜向行车方向的斑马线。斑马线及其设置范围两侧的车行道边缘线均应为白色。

(2)互通式立体交叉路段主线的分流、合流段和匝道间的分流、合流段,应设置分流、合流部标线。主线右侧车行道边缘线和主线或匝道的左侧车行道边缘线之间，应设置体现行车方向的斑马线。

(3)对应的主线相应位置处，宜设置导向箭头。

(三)服务区、停车区标线

1.服务区、停车区出入口端部及匝道标线的设置同互通式立体交叉标线。

2.服务区、停车区场区内，应根据其总体布局和交通流的组成、行驶方向设置必要的交通标线。

五、标志标线总体设计

道路交通标志和标线是引导道路使用者有秩序地使用道路，以促进道路交通安全、提高道路运行效率的基础设施，交通标志和标线是共同承担告知道路使用者道路通行权利，明示道路交通禁止、限制、遵行状况，告示道路状况和交通状况等信息的功能。在道路、周边空间条件、自然环境等合适的情况下，标志与标线应协调设置。

(一)标志标线配合设置的一般原则

1.如果条件具备，原则上应同时设置交通标志和标线。

2.路面未铺装，则应设置标志；道路空间受限无法设标志及基础，则应设置标线。

3.可以只设标线的，要考虑积雪的影响，确定是否设标志。

4.可以只设标志的，要考虑车辆遮挡等的影响，确定是否设标线。

5.标志和标线配合使用时，应互为补充或一致，不应产生歧义。

(二)交通标志与标线配合建议

如表6-7所示。

表6-7 交通标志和标线的配合建议

情形	标志	标线	说明
禁止掉头	必设	可选	
禁止超车	可选	必设	如果需要，在起点、终点设置标志

续表

<table>
<tr><th colspan="2">情形</th><th>标志</th><th>标线</th><th>说明</th></tr>
<tr><td colspan="2">禁止占用对向车道</td><td></td><td>只设标线</td><td></td></tr>
<tr><td colspan="2">禁止车辆停放</td><td>原则上必设</td><td>可选</td><td>要考虑积雪影响；
需要对对向车辆及时间进行限制时，标志必设</td></tr>
<tr><td colspan="2">最高限速</td><td>必设</td><td>可选</td><td></td></tr>
<tr><td colspan="2">禁止驶入的渠化区</td><td></td><td>只设标线</td><td></td></tr>
<tr><td colspan="2">平面交叉中心禁止停车</td><td></td><td>只设标线</td><td></td></tr>
<tr><td colspan="2">分车型分车道行驶</td><td>原则上必设</td><td>可选</td><td>路面标记可选</td></tr>
<tr><td colspan="2">专用车道</td><td>原则上必设</td><td>原则上必设</td><td></td></tr>
<tr><td colspan="2">公交专用、BRT等车道</td><td>原则上必设</td><td>原则上必设</td><td></td></tr>
<tr><td colspan="2">导向车道</td><td>原则上必设</td><td>原则上必设</td><td>可变导向车道，标志为可变标志</td></tr>
<tr><td colspan="2">转弯方法(中心圈)</td><td></td><td>只设标线</td><td></td></tr>
<tr><td colspan="2">环岛</td><td>原则上必设</td><td>可选</td><td>标志指环岛环行车辆优先的指示标志</td></tr>
<tr><td colspan="2">停车位</td><td>可选</td><td>原则上必设</td><td>有时段、时长要求时，以标志表示，车种要求可以标线表示</td></tr>
<tr><td colspan="2">自行车在平面交叉的行为</td><td></td><td>只设标线</td><td>专用或禁止</td></tr>
<tr><td rowspan="2">人行横道</td><td>设有信号灯的场所</td><td></td><td>只设标线</td><td>未铺装路、积雪等原因，标线的设置及管理困难时，只设标志</td></tr>
<tr><td>没有设信号灯的场所</td><td>必设</td><td>必设</td><td>标志指人行横道的指示标志；
是否设置“人行横道”警告标志根据实际情况</td></tr>
<tr><td>平面交叉处停、让控制</td><td>停车让行</td><td>必设</td><td>原则上必设</td><td>未铺装路、积雪等原因，标线的设置及管理困难时，只设标志</td></tr>
</table>

续表

情形		标志	标线	说明
平面交叉处停、让控制	减速让行	必设	原则上必设	未铺装路、积雪等原因,标线的设置及管理困难时,只设标志
铁路道口	无人看守	原则上必设	原则上必设	如果需要设警告标志。 路面未铺装、积雪等,要设斜杠标志

注:必设、原则上必设均指符合设置条件情况下。

第四节 交通标线材料

交通标线主要划设于道路面层,经受日晒雨淋、风雪冰冻,遭受车辆的冲击磨耗,对标线材料要求很高。所以,在选择标线材料时,对涂料的耐久性、耐磨性,黏结力、施工性和经济性等合理选择,提出了新的挑战和要求。一般,路面标线使用的材料应具有下述性能:

(1)成膜后的鲜明标识效果。标识功能是标线最主要、最基本的功能,道路标线涂料在形成标线后在其寿命周期内始终要保持特定的颜色效果。道路标线涂料应有足够的白色(黄色度),防褪色、抗污染,白天易于辨认。

(2)持续优良的反光性能。标线不仅在白天清晰醒目,更要在夜间能保持优良的反光性。

(3)优异的附着力。道路标线涂料不论是对新旧沥青路面还是水泥混凝土路面均应具有较强的附着力。

(4)施工时干燥迅速,施工方便容易、安全性能好。这是由道路上施工的特殊性所决定的。标线施工要尽量减少交通阻塞,尽可能地缩短施工时间。

(5)优异的耐磨性,使用寿命长。标线暴露在户外,风吹日晒,汽车磨损,应用条件恶劣,加之施工时会阻塞交通,施工作业人员暴露在交通流中极其危险,因此,通常希望道路标线涂料成膜后的寿命长一些,以减少作业次数。

(6)具有良好的环保性能,无毒害、无污染。

(7)道路标线涂料成膜后应具备一定的抗滑性。标线作为路面的一部分,应满足不低于所在道路路面的抗滑要求,保证行车安全。

一、标线材料的分类

路面标线材料按存在形态分为固态材料和液态材料两大类;按使用功能可划分为普通型路面标线涂料、反光型路面标线涂料、突起型路面标线涂料和彩色路面防滑涂料等;按材料的自身属性又可划分为溶剂型路面标线涂料、热熔型路面标线涂料、双组分路面标线涂料、水性路面标线涂料、道路预成型标线带和其他标线材料(主要包括:突起路标、轮廓标和彩色防滑路面材料等)。

参照《路面标线涂料》(JT/T280-2022)的分类(表6-8),其中按材料自身属性的具体分类见表6-9。除常用的几种标线材料外,还有些其他标线材料以及新型的标线材料,见表6-10。新的道路标线涂料发展的主要方向是:减少对周围环境的污染,提高标线的视认性,确保汽车行驶的安全性,延长标线的使用寿命使之经济实用。

表6-8　路面标线材料的分类

型号	规格	玻璃珠含量和使用方法	状态
溶剂型	普通型	涂料中不含玻璃珠,施工时也不撒布玻璃珠	液态
	反光型	涂料中不含玻璃珠,施工时涂布涂层后立即将玻璃珠撒布在其表面	
热熔型	普通型	涂料中不含玻璃珠,施工时也不撒布玻璃珠	固态
	反光型	涂料中含18%～25%的玻璃珠,施工时涂布涂层后立即将玻璃珠撒布在其表面	
	突起型	涂料中含18%～25%的玻璃珠,施工时涂布涂层后立即将玻璃珠撒布在其表面	
双组分	普通型	涂料中不含玻璃珠,施工时也不撒布玻璃珠	固态
	反光型	涂料中不含其表面(或含18%～25%)玻璃珠,施工时涂布涂层后立即将玻璃珠撒布在其表面	
	突起型	涂料中含18%～25%的玻璃珠,施工时涂布涂层后立即将玻璃珠撒布在其表面	

续表

型号	规格	玻璃珠含量和使用方法	状态
水性	普通型	涂料中不含玻璃珠，施工时也不撒布玻璃珠	液态
	反光型	涂料中不含(或含 18%～25%)玻璃珠，施工时涂布涂层后立即将玻璃珠撒布在其表面	

表 6-9　路面标线材料的分类

属性	类型	优点	缺点
溶剂型	常温型	施工速度快，施工简单方便；造价低	耐久性、耐磨性差，涂膜耐水性差；对玻璃珠黏结效果差，不易实现标线的夜间反光等
	加热型	固体含量高；易于喷涂；干燥时间短	施工设备复杂且昂贵
热熔型	刮涂型	施工简单工艺成熟；耐久性好；施工的造价相对较低；线形美观	裂纹大；反光亮度随时间下降快，与标线的磨损不成正比；重涂施工难度大
	喷涂型	材料消耗量少；标线物理寿命和标线的有效寿命接近；裂纹相对刮涂标线要小；防滑值较高；重涂性能较好	耐久性不如热熔刮涂；施工设备及施工工艺复杂
	振荡型	具有振荡效果和雨夜反光效果	振荡、雨夜反光效果持续性差；易产生裂纹；易在除雪中被铲除；施工难度大
双组分	喷涂型	耐久性好，无裂纹；反光亮度高，持续性强；重涂性能好	施工难度大，需要专用的施工设备，施工工艺复杂
	刮涂型	施工方式多样，附着力强、涂膜坚硬，在交通繁忙的路段仍能保持长久的使用寿命	
	结构型	振荡效果柔和，行车更安全；反光效果更好，强度更高，全方位反光；夏天不变形，冬天不脱落；二次重涂性能好	

续表

属性	类型	优点	缺点
水性	喷涂型	较低含量的挥发性有机化合物(VOC),产品固含量高;气体挥发量少,无污染;干结速度快;对玻璃珠有优异的黏结力,反光性能好;施工对设备要求不高,清洗方便;优异的耐久性、耐玷污性	以水为载体,挥发速率相对较慢,所以允许通车时间稍长,需15 min左右才能通车,不能在湿度大于90%或阴雨天施工;干结时间受温度和湿度的影响,尤其是受湿度影响较溶剂型道路标线涂料更甚
	刮涂型		
	结构型		
道路预成型标线带		表面附有玻璃微珠,夜间反光效果好,施工简单	价格昂贵,适用范围小

表6-10　其他标线材料及其特性

类型	简介	特性
彩色防滑路面材料	根据需求通过颜料、彩色耐磨骨料获得而设计成红、橙、黄、绿、蓝等多种颜色,施工时混合或撒布玻璃珠获得夜间反光性。有热熔型、双组分环氧树脂型、双组分丙烯酸树脂型、热塑性环氧树脂型、水基型等	附着力强,超级耐磨,柔轻性卓越,施工方便,特别适用于打滑的水泥路面;从视觉上提高安全性并以路面彩色化美化环境;减少交通事故
纳米道路标线涂料	一种纳米复合材料,以纳米级的粉体作为分散相,添加到涂料的基料中,现有的纳米道路标线涂料有水性和溶剂型,两种涂料固体含量达到70%～80%,成膜物的厚度范围为0.4～0.8 mm	使涂料具有耐老化、抗辐射、附着力强;涂膜无裂纹抗污染反光效果好
颜料包膜的道路标线涂料	采用在颜料外包裹一层硅或硅化物,减少道路标线涂料的黄颜料中铬黄粉尘的污染性	提高颜料的耐温性和分散性,有效延缓或阻止颜料粉尘进入人体,减少对涂料生产工人以及道路标线涂料施工工人的污染
冷塑型环保标线材料	经普通水性材料改性而得	综合热熔和水性涂料的优点,环保、高质、低成本、通用于现有施工设备,适用广泛,可制成任意一种路面标线
新型陶瓷一道钉组合标线	功能分开,白天利用陶瓷标示,夜间利用猫眼反光	使用寿命长、安装简便、管理容易

二、标线材料的性能及合理选择

(一)路面标线涂料技术条件

涂料的品质应符合《路面标线涂料》(JT/T280-2022)的技术要求。各类型标线涂料的性能见表6-11至表6-14。

表6-11 热熔型涂料的性能

项目	热熔型		
	普通型	反光型	突起型
密度/(g/cm³)	1.8～2.3		
软化点/℃	90～125		≥100
涂膜外观	干燥后,应无皱纹、斑点、起泡、裂纹、脱落、粘胎现象,涂膜的颜色和外观应与标准板差别不大		
不粘胎干燥时间/min	≤3		
色度性能/(45/0) 白色	涂料的色品坐标和亮度因数应符合JT/T280-2022规定的范围		
色度性能/(45/0) 黄色			
抗压强度/MPa	≥12		23 ℃±1 ℃,≥12 50 ℃±2 ℃,≥2
耐磨/mg (200转/1 000 g后减重)	≤80(JM-100橡胶砂轮)		
耐水性	在水中浸24 h应无异常现象		
耐碱性	在氢氧化钙饱和溶液中浸24 h无异常现象		
玻璃珠含量/%	–	18～25	
流动度/s	35±10		–
涂层低温抗裂性	-10℃保持4 h,室温放置4 h为一个循环,连续做3个循环后应无裂纹		
加热稳定性	200～220℃在搅拌状态下保持4 h,应无明显泛黄、焦化、结块等现象		
人工加速耐候性	经人工加速耐候性试验后,试板涂层不产生龟裂、剥落;允许轻微粉化和变色,但色品坐标应符合JT/T280-2022规定的范围,亮度因数变化范围应不大于原样板亮度因数的20%		

表6-12 溶剂型涂料的性能

项目		溶剂型	
		普通型	反光型
容器中状态		应无结块、结皮现象，易于搅匀	
黏度		80～120（KU值）	
密度/(g/cm³)		≥1.2≥1.3	
施工性能		空气或无空气喷涂（或刮涂）施工性能良好	
加热稳定性			应无结块、结皮现象，易于搅匀，KU值不小于140
涂膜外观		干燥后，应无发皱、泛花、起泡、开裂、粘胎等现象，涂膜颜色和外观应与标准板差异不大	
不粘胎干燥时间/min		≤15	≤10
遮盖率/%	白色	≥95	
	黄色	≥80	
色度性能白色(45/0)黄色		涂料的色品坐标和亮度因数应符合JT/T280-2022规定的范围	
耐磨性/mg （200转/1 000 g后减重）		≤40（JM-100橡胶砂轮）	
耐水性		在水中浸24 h应无异常现象	
耐碱性		在氢氧化钙饱和溶液中浸24 h无异常现象	
附着性（划圈法）		≤4级	
柔韧性/mm		5	
固体含量/%		≥60	≥65

表6-13 双组分涂料的性能

项目		双组分		
		普通型	反光型	突起型
容器中状态		应无结块、结皮现象，易于搅匀		
密度（g/cm²）		1.5~2.0		
施工性能		按生产厂的要求，将A、B组分按一定比例混合搅拌均匀后，喷涂、刮涂施工性能良好		
不粘胎干燥时间（min）		≤35		
色度性能（45/0）	白色	涂料的色品坐标和亮度因数应符合JT/T280-2022规定的范围		
	黄色			
耐磨性（mg）（200转/1000g后减重）		≤80（JM-100橡胶砂轮）		
耐水性		在水中浸24h应无异常现象		
耐碱性		在氢氧化钙饱和溶液中浸24h无异常现象		
玻璃珠含量（%）			18～25	18～25
人工加速耐候性		经人工加速耐候性试验后，试板涂层不产生龟裂、剥落，允许轻微粉化和变色，但色品坐标应符合JT/T280-2022规定的范围，亮度因数变化范围应不大于原样板亮度因数的20%		

表6-14 水性涂料的性能

项目		水性	
		普通型	反光型
容器中状态		应无结块、结皮现象，易于搅匀	
黏度		≥70（KU值）	80～120（KU值）
密度/（g/cm^3）		≥1.4	≥1.6
施工性能		空气或无空气喷涂（或刮涂）施工性能良好	
涂膜外观		干燥后，应无发皱、泛花、起泡、开裂、粘胎等现象，涂膜颜色和外观应与标准板差异不大	
不粘胎干燥时间/min		≤15	≤10
遮盖率/%	白色	≥95	
	黄色	≥80	
色度性能/（45/0）	白色	涂料的色品坐标和亮度因数应符合JT/T280-2022规定的范围	
	黄色		
耐磨性/mg（200转/1 000 g后减重）		≤40（JM-100橡胶砂轮）	
耐水性		在水中浸24 h应无异常现象	
耐碱性		在氢氧化钙饱和溶液中浸24 h无异常现象	
冻融稳定性		在-5 ±2 ℃条件下放置18 h后，立即置于23 ±2 ℃条件下放置6 h为一个周期，3个周期后，应无结块、结皮现象，易于搅匀	
早期耐水性		在温度为23 ±2 ℃、湿度为90%±3%的条件下，实干时间≤120 min	
附着性（划圈法）		≤5级	-
固体含量/%		≥70	≥75

(二)不同道路标线材料的性能比较

1.综合《路面标线涂料》(JT/T280-2022)中几种常见标线涂料的特性,得到的功能对比如表6-15所示。

表6-15 四种标线材料特性对比

特性		溶剂型	热熔型	双组分	水性
涂覆用底漆		不用	需用	需要	不用
涂覆方式		滚筒刷涂、喷涂	专用划线机刮涂、喷涂	喷涂、浇筑	冷漆喷涂
干燥速度		慢(3～20 min)	快(1～3 min)	快(8～120 s)	快(<3 min)
玻璃珠效果		中	良	好	好
附着力		良	中	强	强
可视性	白天	中	优-良	优	优
	夜晚	差	优-良	优	优
耐磨耗性		弱	良	强	强
防水性		弱	良	强	强
环保性		VOC>650 g/L,非环保涂料	施工时使用煤气和明火	无挥发性有机涂料,环保涂料	VOC<150 g/L,符合室内装修涂料标准
复涂性		不需要清除旧线	清除旧线	清除旧线	不需要清除旧线
抗紫线性		中	中	良	良
防滑性		弱	弱	较强	强

2.不同道路标线涂料在施工时的通常耗漆量、成膜厚度、价格水平如表6-16所示。

表6-16　不同道路标线涂料在施工时的通常耗漆量、成膜厚度、价格水平

<table>
<tr><th colspan="2">标线类型</th><th>耗漆量/(kg/m³)</th><th>成膜厚度/mm</th><th>寿命/月</th><th>价格水平</th></tr>
<tr><td colspan="2">溶剂型(常温)</td><td>0.4～0.5</td><td>0.3～0.4</td><td>3～8</td><td>低</td></tr>
<tr><td rowspan="3">热熔型</td><td>热熔喷涂型</td><td>2.5～3.0</td><td>0.8～1.2</td><td>24～36</td><td>较低</td></tr>
<tr><td>热熔刮涂型</td><td>4～5</td><td>1.8～2.0</td><td>30～40</td><td>较低</td></tr>
<tr><td>热熔振荡型</td><td>7.5～8.5</td><td>5.0</td><td>12～24</td><td>高</td></tr>
<tr><td rowspan="3">双组分</td><td>双组分喷涂型</td><td>0.8～1.2</td><td>0.5～0.7</td><td>24～36</td><td>中等</td></tr>
<tr><td>双组分刮涂型</td><td>2.5～3</td><td>1.5～2</td><td>30～40</td><td>较高</td></tr>
<tr><td>双组分结构型</td><td>3～4</td><td><5</td><td>36～40</td><td>较高</td></tr>
<tr><td colspan="2">水性(刮涂型)</td><td>1～1.3</td><td>0.6～0.8</td><td>24～30</td><td>较低</td></tr>
<tr><td colspan="2">预成型标线带</td><td>-</td><td>0.3～2.5</td><td>20～30</td><td>高</td></tr>
</table>

注:这里所说的使用寿命是对反光道路标线通过脱落数值和逆反射值的保留的最低要求来衡量;对结构振荡型道路标线是依据脱落数值、逆反射值、突起块的振荡效果来衡量。

(三)标线涂料的合理选择和应用

由于各种标线涂料的特性不同,因而导致各自的耐久性和养护时间也各不相同。所以,最重要的是根据道路条件、交通条件、气象等环境条件,尤其是冬季汽车使用钉齿轮胎、轮胎防滑链的情况以及考虑施工性和经济性,选择高效的施工方法。根据不同的道路交通条件,常用标线涂料的选择可参照表6-17执行。

表6-17　常用标线涂料的适用性

<table>
<tr><th rowspan="2">道路分类</th><th rowspan="2" colspan="2">路面状况及路面标线的划分</th><th colspan="2">温暖地带</th><th colspan="2">寒冷地带</th></tr>
<tr><th>交通量大</th><th>交通量小</th><th>交通量大</th><th>交通量小</th></tr>
<tr><td rowspan="2">一般道路</td><td rowspan="2">一般路面</td><td>纵向标线</td><td>M</td><td>M、H</td><td>M、H</td><td>H</td></tr>
<tr><td>横向标线、文字记号</td><td>M</td><td>M</td><td>M</td><td>M</td></tr>
</table>

续表

道路分类	路面状况及路面标线的划分		温暖地带		寒冷地带	
			交通量大	交通量小	交通量大	交通量小
一般道路	临时路面	纵向标线	C	C	C	C
	龟裂多的路面	纵向标线	H、C	H、C	H、C	H、C
	石、砖路面	纵向标线	C	C	C	C
高速公路	一般路面	纵向标线、横向标线、文字记号	H、M	H	H	H
	立面标记		C	C	C	C

注:C为常温型;H为加热型;M为热熔型。

第七章　道路护栏设计

第一节　护栏功能及分类

一、护栏的功能

护栏作为高速公路上重要的安全设施，通过自体变形或车辆爬高来吸收碰撞能量，从而改变车辆行驶方向、阻止车辆越出路外或进入对向车道，最大限度地减少对人员的伤害。在不能将路侧障碍物移除的路段以及高填方陡坡路段或存在危险的路堑路段，合理设置路侧护栏，对于防止车辆驶出道路，降低翻车或碰撞障碍物事故发生的概率十分重要。具体说来，正确设计、合理设置的护栏可以实现以下功能：

（一）能防止车辆越出路外，坠入深沟、湖泊等，也防止车辆碰撞到路侧危险物，保护路外建筑物的安全，确保行人不致受到重大伤害；能阻止失控车辆穿越中央分隔带闯入对向车道。

（二）有时护栏能使车辆恢复到正常行驶方向。车辆碰撞护栏的运动轨迹应能圆滑过渡，以较小的驶离角和较小的回弹量停留在不影响车辆正常行驶的地方，不致发生二次事故。

（三）一旦失控车辆与护栏发生碰撞，对驾驶人和乘客的损伤应不至于太严重，要求护栏具有良好的吸收碰撞能量的功能，也要求碰撞时的加速度小于20 m/s^2。

（四）能诱导驾驶员的视线，使驾驶人清晰地看到道路的轮廓及前进方向的线形，增加行车的安全性，使道路更加美观。

二、护栏的分类

护栏的分类，包括三种方式：按碰撞后的变形程度分类，按其在公路中的纵向位置分类，按其在公路中的横向位置分类。

(一)按碰撞后的变形程度分类

根据碰撞后护栏的变形程度，护栏可分为柔性护栏、半刚性护栏及刚性护栏。其中，柔性护栏变形最大，刚性护栏变形最小，半刚性护栏变形居中。

(二)按其在公路中的纵向位置分类

1. 路基护栏

路基护栏是指设置于路基上的护栏。

2. 桥梁护栏

桥梁护栏是设置于桥梁上的护栏，设置目的是防止失控车辆越出桥外。常用路侧桥梁护栏按防撞等级可分为C、B、A、SB、SA、SS、HB、HA八级，常用中央分隔带桥梁护栏按防撞等级可分为Bm、Am、SBm、SAm、SSm五级。

(三)按其在公路中的横向位置分类

1. 路侧护栏

路侧护栏是设置于公路路侧建筑限界以外的护栏，以防止失控车辆越出路外或碰撞路侧构造物和其他设施。按防撞等级划分，路侧护栏有C、B、A、SB、SA、SS、HB、HA八级。

2. 中央分隔带护栏

中央分隔带护栏是设置于公路中央分隔带内的护栏，以防止失控车辆穿越中央分隔带闯入对向车道，并保护中央分隔带内的构造物。按防撞等级划分，中央分隔带护栏有Am、SBm、SAm三级。

(四)按防护等级分类

1. 护栏标准段、护栏过渡段和中央分隔带开口护栏的防撞等级按设计防护能量划分为八级，见表7-1。

表7-1　护栏标准段、护栏过渡段和中央分隔带开口护栏的防护等级

防护等级	一	二	三	四	五	六	七	八
代码	C	B	A	SB	SA	SS	HB	HA
设计防护能量/kJ	40	70	160	280	400	520	640	760

2. 护栏端头和防撞垫的防护等级按设计防护速度划分为三级，见表7-2。

表7-2　护栏端头和防撞垫的防护等级

防护等级	一级	二级	三级
代码	TB	TA	TS
设计防护速度/(km/h)	60	80	100

第二节　护栏布设原则

按照护栏设置位置的不同,护栏的设置原则也不同,主要分为:路基护栏、桥梁护栏、中央分隔带护栏。

一、路基护栏布设原则

(一)路侧净区宽度范围内有以下情况时,事故严重程度等级为中,应设置护栏:

1. 二级及以上公路边坡坡度和路堤高度在图7-1的Ⅰ区、Ⅱ区阴影范围之内的路段。

2. 有江、河、湖、海、沼泽等水深1.5 m以上水域的路段。

3. 有Ⅰ级铁路、一级公路等。

4. 高速公路、一级公路路外设有车辆不能安全越过的照明灯、摄像机、交通标志、声屏障、上跨桥梁的桥墩或桥台等设施的路段。

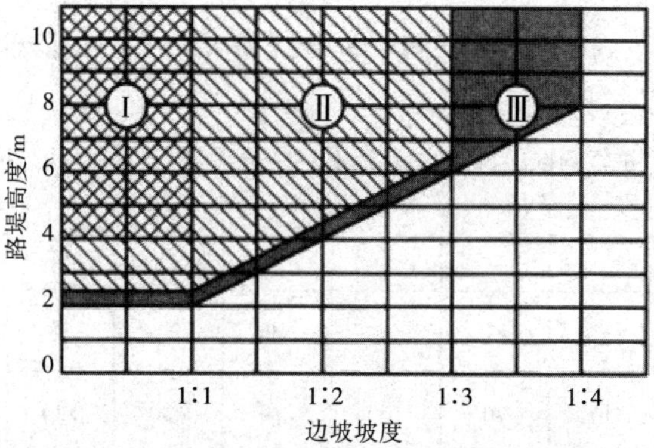

图7-1　边坡坡度、路堤高度与设置护栏的关系

（二）路侧净区宽度范围内有以下情况时，事故严重程度等级为低，宜设置护栏。

1.二级及以上公路边坡坡度和路堤高度在图7-1的Ⅲ区阴影范围之内的路段；三、四级公路边坡坡度和路堤高度在图7-1的Ⅰ区阴影范围之内的路段。

2.二级及以上等级公路路侧存在车辆无法安全越过的设施的挖方路段。

3.高出路面或开挖的边坡坡面有30 cm以上的混凝土基础或大孤石等障碍物时。

4.出口匝道的三角地带有障碍物时。

（三）存在下列情况时，导致事故发生可能性增加或后果更严重的路段，宜在表9-3的防护等级上提高1个等级。

1.二级及以上公路纵坡大于或等于现行《公路工程技术标准》（JTGB01-2014）规定的最大纵坡值的下坡路段；二级及以上公路圆曲线半径等于或小于现行《公路工程技术标准》（JTGB01-2014）规定的最小半径的路段外侧。

2.总质量超过25 t的货车运行速度比设计速度高20 km/h以上时。

3.设计交通量中，总质量超过25 t的车辆自然数所占比例大于20%时。

（四）AADT小于2 000且设计速度小于等于60 km/h的公路，宜进行交通安全评价（风险评估）及经济分析，确定是否设置护栏，根据评估与分析结果，护栏等级的选取可在表7-3的防护等级上降低1个等级。

表7-3　路基护栏防护等级的选取

公路等级	设计速度/(km/h)	事故严重程度等级		
		低	中	高
高速公路	120	三(A、Am)级	四(SB、SBm)级	六(SS、SSm)级
	100、80			五(SA、SAm)级
一级公路	60	二(B、Bm)级	三(A、Am)级	四(SB、SBm)级
二级公路	80、60		三(A)级	

续表

公路等级	设计速度/(km/h)	事故严重程度等级		
		低	中	高
三级公路、四级公路	40	一(C)级	二(B)级	三(A)级
	30、20		一(C)级	二(B)级

(五)路侧护栏最小设置长度应符合表7-4的规定,相邻两段路侧护栏的间距不小于表7-4中规定的最小长度时宜连续设置。

表7-4　护栏最小结构长度

公路等级	护栏类型	最小长度/m
高速公路、一级公路	波形梁护栏	70
	混凝土护栏	36
	缆索护栏	300
二级公路	波形梁护栏	48
	混凝土护栏	24
	缆索护栏	120
三、四级公路	波形梁护栏	28
	混凝土护栏	12
	缆索护栏	120

二、桥梁护栏布设原则

(一)各等级公路桥梁必须设置路侧护栏。

(二)高速公路、作为次要干线的一级公路桥梁必须设置中央分隔带护栏,作为主要集散的以及公路桥梁应设置中央分隔带护栏。

(三)设计速度为60 km/h及以下的公路桥梁设置人行道(自行车道)时,可通过护栏带将人行道(自行车带)和车行道进行分离;设计速度大于60 km/h的公路桥梁设置人行道(自行车带)时,应通过桥梁护栏将人行道(自行车带)与车行道进行隔离。

(四)根据车辆驶出桥外或进入对向车行道可能造成的风险等级,应按表7-5的规定选取桥梁护栏的防护等级,并应符合下列规定:

1.二级及以上等级公路小桥、通道、明涵的护栏防护等级宜与相邻的路基护栏相同。

2.公路桥梁采用整体式上部结构时,中央分隔带护栏的防护等级可按路基护栏的条件来确定。

3.因桥梁线形、桥梁高度、交通量、车辆构成、运行速度或其他不利现场条件等因素易造成更严重碰撞后果的路段,经综合论证,可在表7-5的基础上提高1个或以上等级。其中,跨越大型饮用水源和高铁的桥梁以及悬索桥、斜拉桥等特大漂浮式桥梁,防护等级宜采用八(HA)级。

表7-5 桥梁护栏防护等级的选取

公路等级	设计速度/(km/h)	车辆驶出桥外或进入对向车行道的事故严重程度等级	
		高:跨越公路、铁路或城市饮用水水源一级保护区等路段的桥梁	中:其他桥梁
高速公路	120	六(SS、SSm)级	五(SA、SAm)级
	100、80	五(SA、SAm)级	四(SB、SBm)级
一级公路	60	四(SB、SBm)级	三(A、Am)级
二级公路	80、60	四(SB)级	三(A)级
三级公路	40、30	三(A)级	二(B)级
四级公路	20	三(A)级	二(B)级

三、中央分隔带护栏布设原则

(一)中央分隔带护栏基本段布设原则

1.当整体式断面中间带宽度小于或等于12 m时,必须设置中央分隔带护栏;大于12 m时,应分路段确定是否设置中央分隔带护栏。

2.公路采用分离式断面时,行车方向左侧应按路侧护栏设置;上、下行路基高度高差大于2 m时,可只在路基较高的一侧按路侧护栏设置。

3.高速公路和禁止车辆掉头的一级公路中央分隔带开口处,必须设置活动护栏。我国对中央分隔带宽度规定的一般值为3 m和2 m。

(二)中央分隔带开口护栏设置原则

1.高速公路的中央分隔带开口必须设置中央分隔带开口护栏。

2.一级公路在禁止车辆掉头的中央分隔带开口处宜设置中央分隔带开口护栏。

3.中央分隔带开口护栏宜设置在中央分隔带开口处的公路中心线位置,设置长度应能有效封闭中央分隔带开口。

4.中央分隔带开口护栏的高度应与中央分隔带护栏的高度协调一致。

5.中央分隔带开口护栏上部应设置轮廓标或反射体,颜色和设置高度宜与中央分隔带轮廓标保持一致。

6.位于有防眩要求路段的中央分隔带开口护栏上宜设置防眩设施。

第三节　护栏形式选择

一、一般路段护栏的形式选择

当确定要设置护栏后,接着就要选择护栏形式。这个选择过程没有客观的标准,但仍有一些规则可依循。理想的护栏形式应既能达到要求的防撞强度,又能使成本相对较低。选择护栏形式应考虑的因素见表7-6。

表7-6　护栏形式选择因素

考虑因素	说明
防撞等级的选择	(1)护栏在结构上必须能阻挡并使设计车辆转向。 (2)选择防撞等级时,应综合考虑道路条件(平纵线形、中央分隔带宽度、边坡坡度、路侧障碍物等)和交通条件(车型构成、交通量、运行车速等)

续表

考虑因素	说明
变形量	(1)护栏的变形量不应超过容许的变形距离。柔性护栏变形最大,刚性护栏变形最小,半刚性护栏变形居中。 (2)如果护栏与被保护物体间距较大,则可选择对车辆和成员产生冲击力最小的方案。如果障碍物正好临近护栏,则只能选择半刚性或刚性护栏。大多数护栏可通过增加立柱或增加板的强度来提高整体强度。 (3)5.5 m以下宽度的中央分隔带不宜设置护栏
现场条件	边坡的坡度、与行车道的距离可能会限制某些护栏的使用: (1)在边坡上设置护栏时,若边坡坡度陡于1∶10,应采用柔性或半刚性护栏;若边坡坡度陡于1∶6,则任何护栏均不应在边坡上设置。 (2)若土路肩较窄,则立柱所受土压力减少,则需要增加埋深、缩短柱距或立柱焊接钢板
通用性	(1)护栏的形式及其端头处理、与其他形式护栏的过渡处理应尽量标准化,中央分隔带护栏形式还应考虑与其他设施(如灯柱、标志立柱和桥墩等)的协调性。 (2)当采用标准护栏不能满足现场要求时,才需要考虑非标准或特殊护栏的设计
全寿命周期成本	(1)在最终确定设计方案时,考虑最多的可能是各种方案的初期建设成本和将来的养护成本。 (2)交通量大、事故频发的路段,事故养护成本将成为必须考虑的因素,刚性护栏是较好的选择方案。各种护栏均不需要大量的常规养护
事故养护	(1)一般情况下,事故后柔性或半刚性护栏比刚性或高强度护栏需要更多的养护。 (2)在交通量大、事故频率较高处,事故养护成本将成为必须考虑的因素,此时,刚性护栏(如混凝土护栏)通常作为选择方案
材料储备	种类越少,所需要的库存类别和存储需求越少
方便性	设计越简单,成本越低,且越便于现场人员准确修复
美观、环境因素	(1)景观通常不是选择护栏形式的控制因素,但旅游公路或对景观要求高的公路除外。这种情况下,可选择外观自然、能与周边环境融为一体而又具有相应防撞等级的护栏形式。 (2)护栏的选择还要考虑沿线的环境腐蚀程度、气象条件和其对视距的影响等,如积雪地区应考虑除雪的方便性
实践经验	应对现有护栏的性能和养护需求进行监测,以确定是否需要通过改变护栏形式来减少或消除已发现的问题

二、旅游或景观公路护栏的形式选择

(一)设置护栏对提升公路景观没有任何作用,应尽量寻找可以替代护栏的措施。

(二)护栏的外观要求包括:力求简洁、减少装饰;充分考虑通透性;降低刚性护栏的存在感;采用有亲和力的设计和材料;色彩应与构造物及周边环境相协调。

三、桥梁护栏

选择桥梁护栏形式时,应考虑下列因素:

(一)所选取的护栏形式在强度上必须能有效吸收设计碰撞能量,阻挡小于设计碰撞能量的车辆越出桥外或进入对向车道并使其正确改变行驶方向。

(二)桥梁护栏受碰撞后,其最大动态位移外延值(W)或大中型车辆的最大动态外倾当量值(Vm)不应超过护栏迎撞面与被防护的障碍物之间的距离。桥梁通行的车辆以小客车为主时,可选取小客车的W为变形控制指标;桥梁外侧有高于护栏的障碍物时,选取各试验车辆最大的V为变形控制指标;桥梁外侧有介于护栏高度范围的障碍物时,选取各试验车辆最大的W为变形控制指标。

(三)环境和景观要求,包括:钢结构桥梁宜采用金属梁柱式护栏;对景观有特殊要求的桥梁宜选用金属梁柱式护栏或组合式护栏;积雪严重地区的桥梁宜采用金属梁柱式护栏或组合式护栏;二级及以上等级公路小桥、通道、明涵的护栏形式宜与相邻的路基护栏相同。

(四)需要减小桥梁自重、减轻车辆碰撞荷载对桥面板的影响时,宜采用金属梁柱式护栏。

(五)除考虑护栏的初期建设成本外,还应考虑投入使用后的养护成本,包括常规养护、事故养护、材料储备和养护方便性等。

第四节　护栏结构设计

一、波形梁护栏

(一)波形梁护栏的构造和尺寸

1.路侧波形梁护栏

波形梁护栏是半刚性护栏的主要代表形式,部分路侧波形梁护栏的构造和尺寸应符合表7-7的规定,部分横断面布置如图7-2所示。

表7-7 波形梁护栏各部分结构和尺寸

防护等级	代码	梁板/m	立柱/m	托架/防阻块/m	横梁/m	梁板高度/m	立柱埋深/m	立柱间距/m（土中/混凝土中）
一	C	310×85×2.5	ϕ114×4.5	300×70×4.5		600	1400	4 000/2 000
二	B	310×85×3	ϕ114×4.5	300×70×4.5		600	1400	2 000/1 000
三	A	506×85×4	ϕ140×4.5	196×178×400×4.5		697	1650	4 000/2 000
		506×85×4	ϕ140×4.5	300×270×35×6		697	1650	4 000/2 000
四	SB	506×85×4	ϕ130×130×6	300×200×290×4.5		697	1650	2 000/1 000
五	SA	506×85×4	ϕ130×130×6和ϕ102×4.5	300×200×290×4.5	ϕ89×5.5	697	1650	3 000/1 500
六	SS	506×85×4	ϕ130×130×6和ϕ102×4.5	300×200×290×4.5	ϕ89×5.5	697	1650	2 000/1 000
七	HB	506×85×4	ϕ130×130×6和ϕ102×4.5	300×200×290×4.5	ϕ89×5.5	697	1650	2 000/1 000

注：梁板高度是指护栏板中心距设计基准线的高度，以护栏面与路面的相交线为设计基准线。如路侧护栏面靠近公路中心线方向有路缘石，且路缘石左侧立面与护栏面不重合，则梁板高度还应增加路缘石的高度。

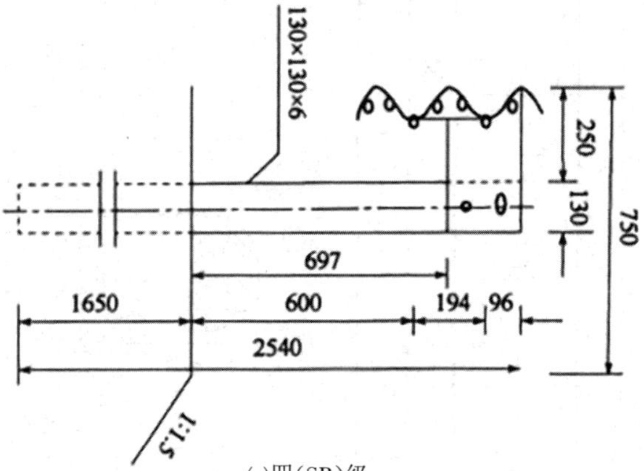

(a)四（SB）级

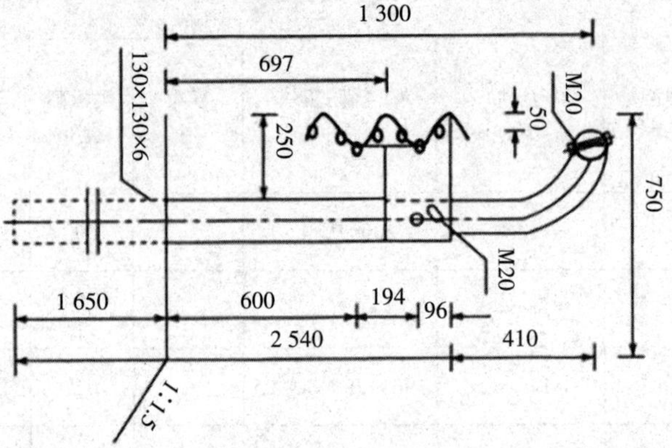

(b)五(SA)级

图7-2　路侧波形梁护栏横断面布置图(尺寸单位:mm)

2.中央分隔带波形梁护栏

部分中央分隔带波形梁护栏采用分设型或组合型,可根据中央分隔带的宽度、构造物和管线的分布加以确定。

分设型波形梁护栏规格和尺寸应符合表7-8的规定,部分横断面布置如图7-3所示。

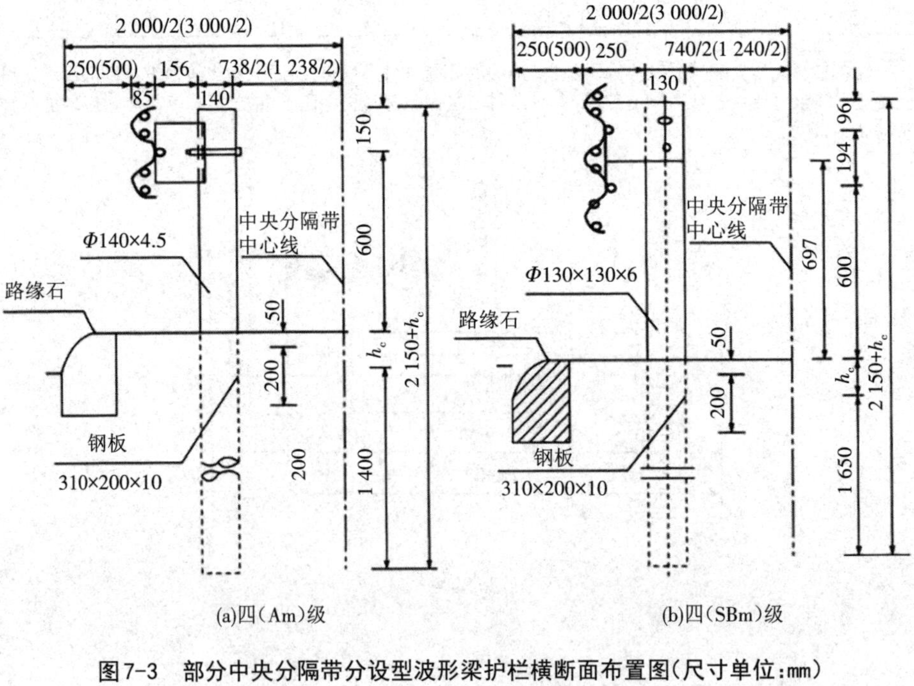

(a)四(Am)级　　(b)四(SBm)级

图7-3　部分中央分隔带分设型波形梁护栏横断面布置图(尺寸单位:mm)

组合型波形梁护栏规格和尺寸应符合表7-8的规定，横断面布置如图7-4所示。

表7-8　中央分隔带组合型波形梁护栏各部构造和尺寸

防护等级	代码	梁板/mm	立柱/mm	横隔梁/mm	梁板高度/mm	立柱埋深/mm	立柱间距/cm，土中/混凝土中）
三	Am	2（310×85×4）	140×4.5	480×200×50×4.5	600	1 400	200/100

注：梁板高度是指护栏板中心距设计基准线的高度，以护栏面与路面的相交线为设计基准线。如护栏面靠近公路右侧行车道方向有路缘石，且路缘石右侧立面与护栏面不重合时，则梁板高度还应增加路缘石的高度。

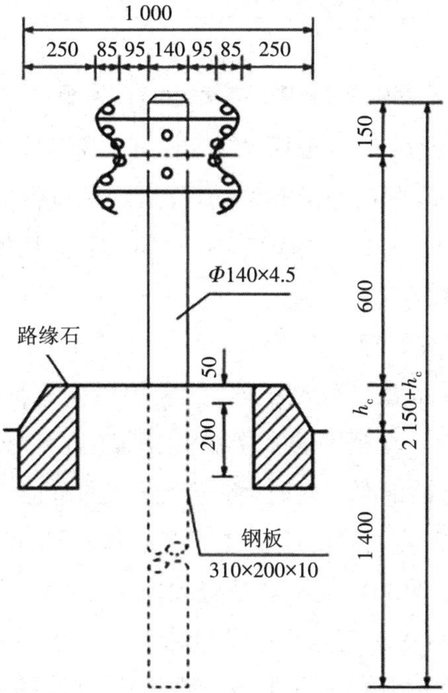

图7-4　中央分隔带组合型波形梁护栏三（Am）级横断面布置图（尺寸单位：mm）

（二）护栏端头处理

1.路侧波形梁护栏的端头处理

（1）行车方向的上游端头宜设置为外展圆头式、外展埋入式或吸能式（图7-5），端头与护栏标准段之间应设置渐变段。

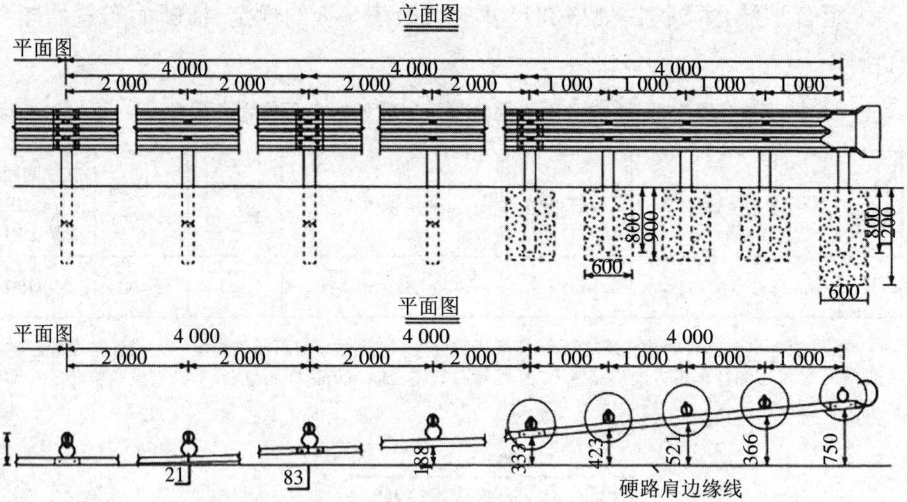

图7-5　护栏起始段外展圆头式端头结构图示例(尺寸单位:mm)

(2)行车方向下游端头可采用圆头式,可与标准段护栏呈一直线设置。二级公路考虑对向交通驶出路外碰撞的可能性,也可做成外展圆头式。

(3)在填挖路基交界处护栏起点端头的位置,应从填挖零点向挖方延伸20 m,并设置为外展埋入式。

2.中央分隔带端头处理

设置于中央分隔带起、终点及开口处的护栏应进行端头处理,不加处理的端头是极端危险的。车辆与金属类护栏碰撞时,可能导致端梁刺穿车厢,车辆与钢筋混凝土护栏正面相碰时,将产生巨大的碰撞力。

迎面碰撞时,端头处理的防撞装置不能带刺、产生拱起或使车辆翻滚,车辆在碰撞过程中产生的加速度不能超过要求的限度。在端头和标准段之间发生碰撞时,端头结构应具有与中央分隔带标准段护栏相同的改变车辆方向的性能。端头形式可分为分设型和组合型,分设型波形梁护栏端头应与中央分隔带线形相一致。在一定长度范围内,波形梁护栏从两条平行线逐渐按一定比例往分隔带内缩窄,一般呈抛物线形;立柱间距为2 m,圆端头的半径应与分隔带开口处的线形相一致,一般为25 cm。

(1)标准路段采用分设型波形梁护栏时,其圆形端头及过渡段线形应与中央分隔带相一致,立柱间距为标准路段间距一半,见图7-6。

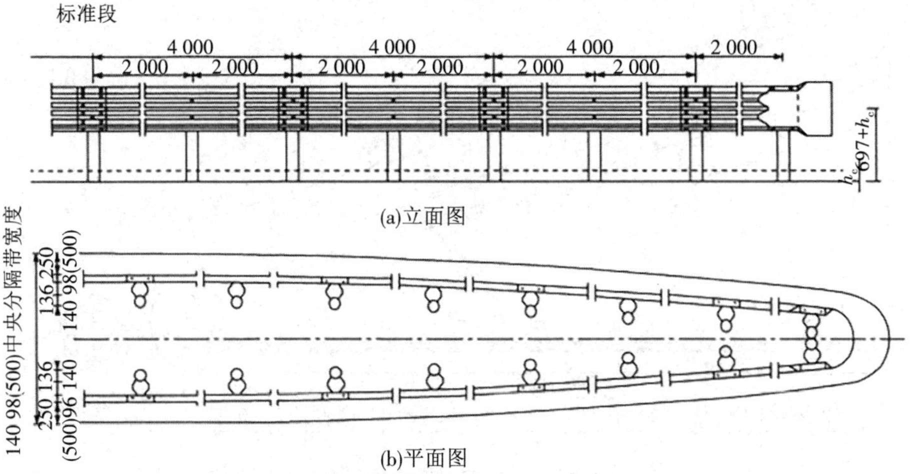

(a)立面图

(b)平面图

图7-6　中央分隔带分设型护栏端头构造图(尺寸单位:mm)

(2)标准路段采用组合型波形梁护栏时,可以圆头式端头开始或结束,但端部应根据本细则的规定设置缓冲设施或立面标记。

3.交通分流处三角地带端头处理

高速公路、一级公路互通式立体交叉匝道进出口及服务区、停车区进出口处的三角地带,符合护栏设置条件的,应进行特殊设计。该处的护栏构造,应与路侧波形梁护栏相一致,在布设时,靠高速公路、一级公路主线一侧的8 m范围内和靠匝道一侧的8 m范围内,立柱间距应加密一倍,三角区的顶端用圆形端头把两侧护栏连接起来。在迎着交通流方向的危险三角区范围内应设置缓冲设施,如防撞筒等,这样可以有效地吸收碰撞能量,降低正面碰撞车辆速度。侧面碰撞时,能改变车辆碰撞角度,导向正确方向。缓冲设施可广泛应用于交通分流的危险三角地带、上跨式桥墩的迎车面、中央分隔带混凝土护栏的起始端部,用来保护三角地带内的构造物,防止失控车辆发生正面碰撞。防撞设施的防撞能力应与相应的护栏防撞等级相当,并应设置较明显的诱导设施。三角地带护栏布设见图7-7。

4.隧道出入口端头处理

(1)隧道入口处的路侧波形梁护栏宜渐变向隧道延伸,在隧道洞口处设置与检修道断面相匹配的过渡翼墙。

(2)隧道出口处的路侧波形梁护栏可采用与隧道壁搭接的方式,端部护栏板应进行斜面焊接处理。

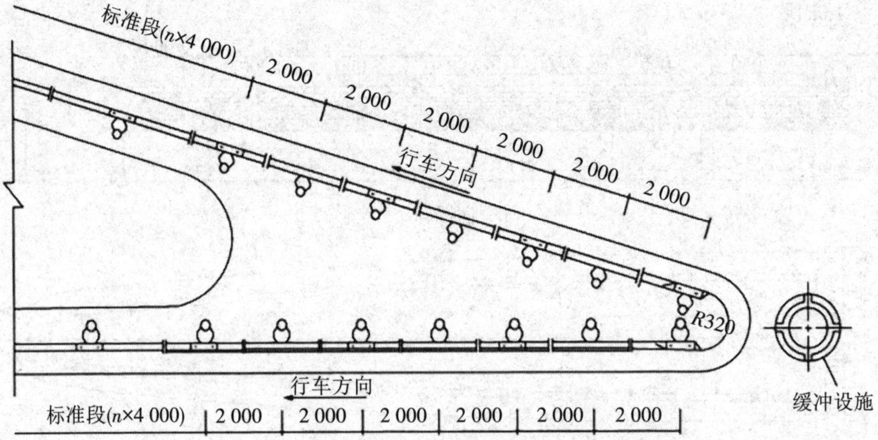

图7-7　三角地带护栏布设图示例(尺寸单位:mm)

注:本图仅适用于三角地带设置A级波形梁护栏的情况。

(三)护栏的过渡段处理

此外,护栏的过渡段处理也是必须考虑的因素之一。

目前,我国在护栏过渡段的设计中一般都采用比较简单的处理方式,如采用直接搭接的形式和干脆不处理等方式。当车辆直接到衔接处时,由于两类护栏的刚度、强度的不同,车辆会产生绊阻现象,直接导致驾乘人员受伤害。在路桥衔接段,由于路基时间久后容易产生沉降,这时两种护栏的高度会发生相对变化,进而影响过渡段护栏的防护性能。

国内调查结果和国外专项研究成果均表明,不同类型的护栏如混凝土护栏、波形梁护栏、缆索护栏等之间的连接过渡,或不同构造形式的路基护栏与桥梁护栏的连接过渡,如处理不当,对安全和美观都有重大影响。因此护栏之间均应进行过渡处理,以保持护栏的连续性,防止事故车辆在护栏不连续的地方穿过。

此外,过渡段的设置条件为:

1.路侧设置护栏时,路侧护栏和桥梁护栏之间应进行过渡段连接设计。

2.路侧没有设置安全护栏时,可按路侧护栏设置条件设计过渡段。

通过过渡段的设置保证了护栏整体刚度的逐渐过渡,避免了刚性护栏成为路侧障碍物。

二、缆索护栏

缆索护栏是公路柔性护栏中最具代表性的一种形式。它是以数根施加预应力的缆索固定于端柱上而组成的结构，主要通过缆索的拉应力以及基础牢固的立柱来抵抗车辆碰撞，吸收碰撞能量。缆索护栏不但能够达到B级防护等级以上标准，而且对车辆的破坏也比较小，并且其形式美观，具有良好的通透性，与周围环境协调地融为一体，给人以车在画中游的畅快感觉。

（一）缆索护栏的端部构造

缆索护栏由端部结构、中间端部结构、中间立柱、托架、缆索和索端锚具等组成。

端部结构由三角形支架、底板和混凝土基础组成，端部结构各部构造和尺寸应符合表7-9的规定。

表7-9　缆索护栏端部机构各部构造和尺寸

防护等级	端部立柱				混凝土基础				最后一根缆索的高度/cm	最大立柱间距/cm（土中/混凝土中）
	规格/mm	地面以上高度/cm	埋入深度/cm	形式	深度/cm	长度/cm	宽度/cm	体积/m^2		
一（C）	ϕ114×4.5	74	40	三角形	100	300	60	1.8	43	700/400
二（B）	ϕ140×4.5	87	45	三角形	120	330	70	2.8	43	700/400
三（A）	ϕ168×5	100	50	三角形	150	420	70	4.4	43	700/400

（二）缆索护栏的中间立柱

中间立柱的构造和尺寸应符合表7-10的规定。中间立柱的间距不宜大于6 m/7 m，设置于混凝土中的中间立柱间距宜大于4 m。设置于曲线路段的缆索护栏，应根据表7-11的规定调整立柱间距。在通过小桥、通道、明涵等无法打入的路段，有地下管线的路段或其他不能达到规定埋置深度的路段，中间立柱可设置于混凝土基础中。

表7-10 缆索护栏中间立柱的构造和尺寸

防护等级	中间立柱					最大立柱间距/cm
	埋置方式	埋入深度/cm	地面以上高度/cm	外径/mm	壁厚/mm	
一(C)	土中	140	74	d114	4.5	700
	混凝土中	40				400
二(B)	土中	165	87	9114	4.5	700
	混凝土中	40				400
三(A)	土中	165	100	0140	4.5	600
	混凝土中	40				400

7-11 曲线部的立柱间隔

防护等级	立柱间隔/m	4	5	6
一(C)、二(B)、三(A)	曲线半径R(m)	$120 \leq R \leq 200$	$200 < R \leq 300$	$R > 300$

(三)缆索护栏的中间端部结构

中间端部结构由一对三角形支架、底板和混凝土基础组成,各部分构造和尺寸同端部立柱。符合下列条件时,应设置中间端部结构:

1. 采用机械施工方式,路侧缆索护栏的设置长度超过500 m时。

2. 采用人工施工方式,路侧缆索护栏的设置长度超过300 m时。

(四)缆索和索端锚具

缆索和索端锚具应符合表7-12的规定。

表7-12 缆索护栏的缆索和索端锚具

防护等级(代码)	缆索			索端锚具与钢丝绳整体破断拉力/kN
	初拉力/kN	缆索直径/mm	缆索间隔/mm	
一(C)、二(B)、三(A)	20	18	130	170

三、混凝土护栏

混凝土护栏是一种具有一定断面形状的墙式护栏，它是一种承力结构。其作用特点是：当汽车与护栏碰撞时，在瞬间移动荷载作用下，护栏基本上不移动、不变形，碰撞过程中的能量主要是依靠汽车与护栏面接触并沿着护栏面爬高和转向来吸收，同时，碰撞汽车也恢复到正常行驶方向。

混凝土护栏的分类如表7-13所示。

表7-13 混凝土护栏的分类

<table>
<tr><th>安装位置</th><th>防撞等级</th><th colspan="2">构造特征</th><th>基础处理方式</th></tr>
<tr><td rowspan="4">中央分隔带</td><td rowspan="4">Am、SBm、SAm、SSm、HBm、HAm</td><td rowspan="2">整体式</td><td>F型</td><td rowspan="2">可直接支承在土基上，土基的承载力不应小于150 kN/m²，混凝土护栏嵌锁在基础内，埋置深度一般为10～20 m</td></tr>
<tr><td>单坡型</td></tr>
<tr><td rowspan="2">分离式</td><td>F型</td><td rowspan="2">护栏下设置枕梁，护栏之间应设置支撑块</td></tr>
<tr><td>单坡型</td></tr>
<tr><td rowspan="3">路侧</td><td rowspan="3">A、SB、SA、SS、HB、HA</td><td colspan="2">F型</td><td rowspan="3">(1)座椅方式
(2)桩基方式</td></tr>
<tr><td colspan="2">单坡型</td></tr>
<tr><td colspan="2">加强型</td></tr>
</table>

(一)路侧混凝土护栏的构造

路侧混凝土护栏按构造分为F型、单坡型等，应结合路侧危险情况、车辆构成比例及远期路面养护方案等因素选用。

1.F型混凝土护栏构造要求如表7-14、图7-8所示。

表7-14 F型混凝土护栏构造要求(单位:cm)

防护等级	代码	H	H_1	B	B_1	B_2
三	A	81	55.5	46.4	8.1	5.8
四	SB	90	64.5	48.3	9	6.8
五	SA	100	74.5	50.3	10	7.8
六	SS	110	84.5	52.5	11	8.9

续表

防护等级	代码	H	H_1	B	B_1	B_2
七	HB	120	94.5	54.5	12	9.9
八	HA	130	104.5	56.5	13	10.9

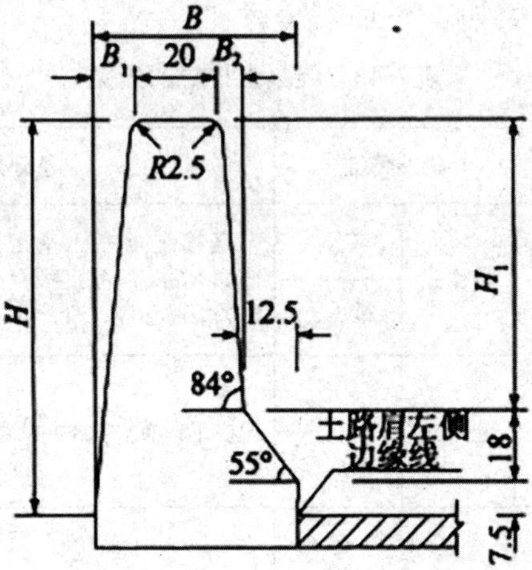

图7-8　F型混凝土护栏构造(尺寸单位:cm)

可根据需要在护栏顶部设置阻坎,如图7-9所示,其构造要求除H_1减去20 cm外,其他规格同表7-16。

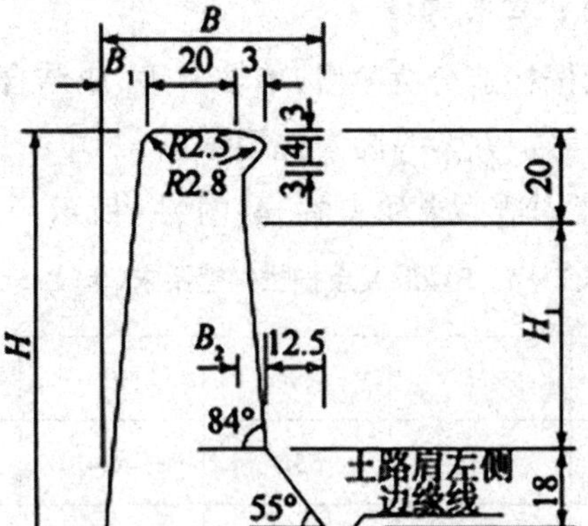

图7-9　加强型混凝土护栏(尺寸单位:cm)

2. 单坡型混凝土护栏构造要求如表7-15、图7-10所示。

表7-15 单坡型混凝土护栏构造要求(单位:cm)

防护等级	代码	H	B	B_1	B_2
三	A	81	42.1	8.1	14.0
四	SB	90	44.5	9	15.5
五	SA	100	47.2	10	17.2
六	SS	110	49.9	11	18.9
七	HB	120	52.6	12	20.6
八	HA	130	55.5	13	22.5

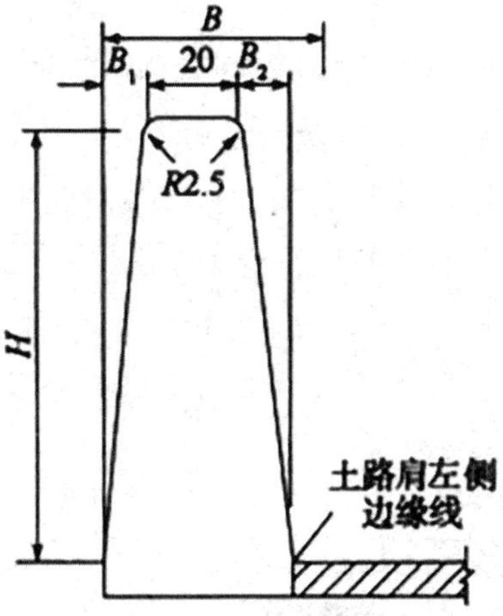

图7-10 单坡型混凝土护栏构造(尺寸单位:cm)

注:本图适用于防护等级为三(A)级的混凝土护栏基础设置。

3. 路侧混凝土护栏的基础可采用座椅方式和桩基方式。

座椅方式是将护栏基础嵌锁在路面结构中,借助路面结构对基础腿部位移的抵抗力来提高护栏的抗倾覆稳定性,如图7-11、图7-12所示。地基的承载力应不小于150 kN/m^2,基础应配置的构造钢筋,并与护栏钢筋牢固焊接,基础混凝土强度等级与护栏相同。

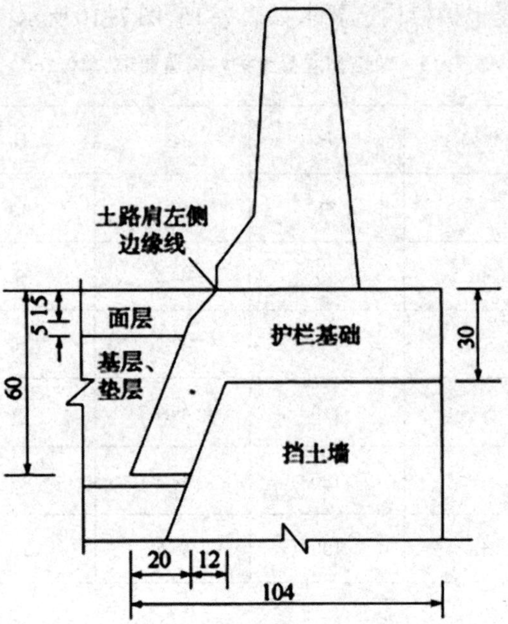

图7-11　挡土墙上的座椅式基础(尺寸单位:cm)

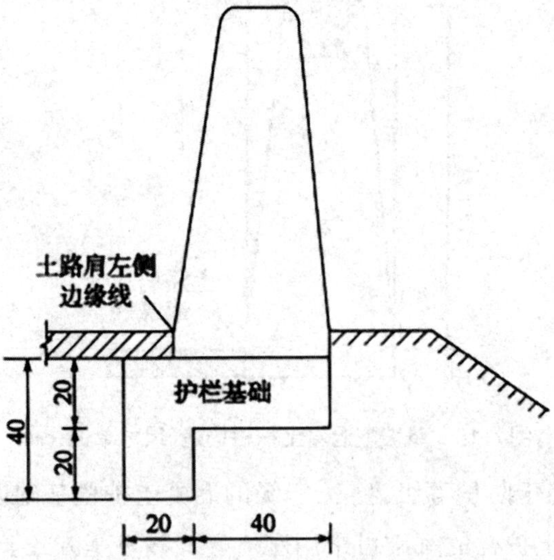

图7-12　土基上的座椅式基础(尺寸单位:cm)

注:本图适用于防护等级为三(A)级的混凝土护栏基础设置。

桩基方式是在现浇路侧混凝土护栏前先打入钢管柱,如图7-13所示。钢管柱规格为ϕ140 mm×4.5 mm,长90～120 cm,纵向间距为100 cm。钢管柱必须牢固埋入基座中，并与混凝土护栏连成整体。地基的承载力应不小于150 kN/m²。

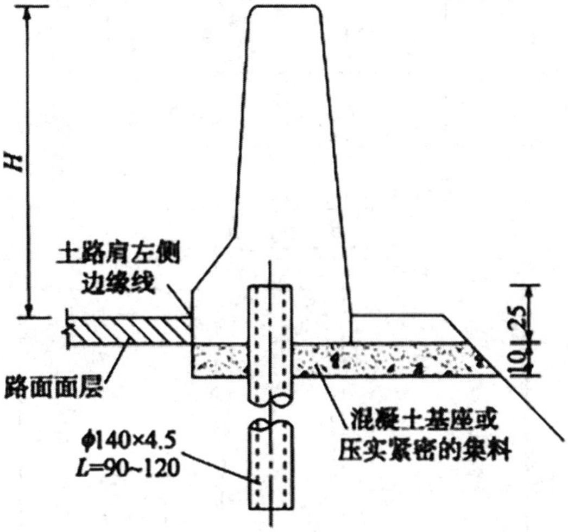

图7-13 桩基基础方式(尺寸单位:cm)

(二)中央分隔带混凝土护栏的构造

中央分隔带混凝土护栏可采用整体式或分离式，可根据中央分隔带的宽度、构造物和管线的分布加以确定。

1.整体式混凝土护栏

整体式混凝土护栏按构造可分为F型和单坡型两种。

(1)F型中央分隔带混凝土护栏构造要求如表7-16、图7-14所示。防护等级较高的路段可根据需要在护栏顶部设置阻坎。

表7-16 F型中央分隔带混凝土护栏构造要求(单位:cm)

防护等级	代码	H	H_1	B	B_1
三	Am	81	55.5	56.6	5.8
四	SBm	90	64.5	58.6	6.8
五	SAm	100	74.5	60.6	7.8
六	SSm	110	84.5	62.8	8.9

续表

防护等级	代码	H	H_1	B	B_1
七	HBm	120	94.5	64.8	9.9
八	HAm	130	104.5	66.8	10.9

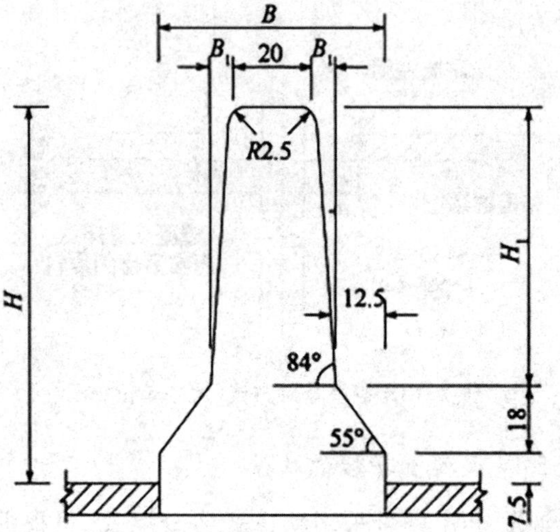

图7-14　F型中央分隔带混凝土护栏(尺寸单位:cm)

(2)单坡型中央分隔带混凝土护栏构造要求如图7-15、表7-17所示。

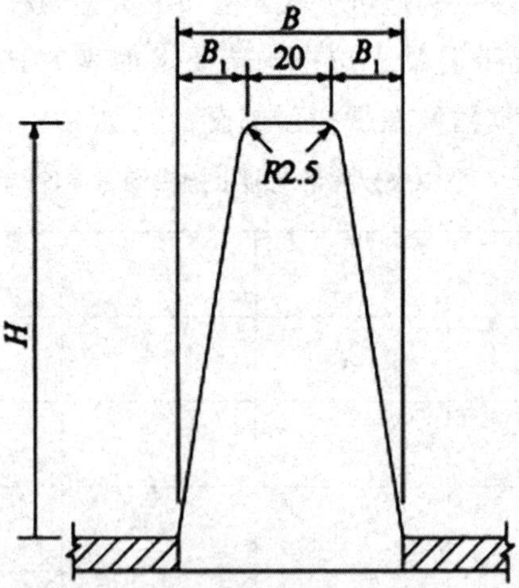

图7-15　单坡型中央分隔带混凝土护栏(尺寸单位:cm)

表7-17 单坡型中央分隔带混凝土护栏构造要求(单位:cm)

防护等级	代码	H	B	B_1
三	Am	81	48	14.0
四	SBm	90	51	15.5
五	SAm	100	54.5	17.2
六	SSm	110	57.8	18.9
七	HBm	120	61.2	20.6
八	HAm	130	65	22.5

2.分离式混凝土护栏

分离式混凝土护栏按构造可分为F型和单坡型两种,其断面形状应与对应的路侧混凝土护栏相同。混凝土护栏背部每隔2 m应设置一处宽40 cm、厚10 cm的钢筋混凝土支撑块,中间可填充种植土进行绿化,如图7-16所示。分离式混凝土护栏顶部间距不应小于40 cm,侧向净空值应满足现行《公路工程技术标准》(JTG B01-2014)的规定。分离式混凝土护栏中间的积水可通过纵向盲沟、再由横向排水管排出。

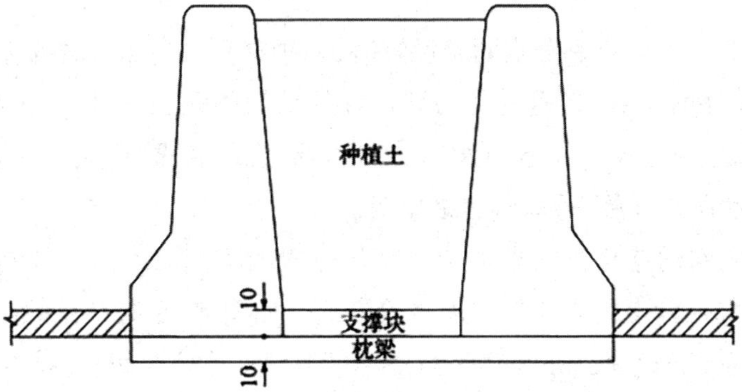

图7-16 中央分隔带分离式混凝土护栏构造图(尺寸单位:mm)

3.中央分隔带混凝土护栏

中央分隔带混凝土护栏需保护桥墩、标志立柱、照明灯柱等设施时，可用现浇混凝土护栏在构造物处作围绕包封处理，但加宽部分不得侵入公路建筑限界。在加宽段与标准段之间应设置渐变段，加宽段与渐变段的侧面形状应与标准段保持一致。加宽段的长度不应小于20倍的加宽宽度，且过渡段偏角不宜大于20°，如图7-17所示。

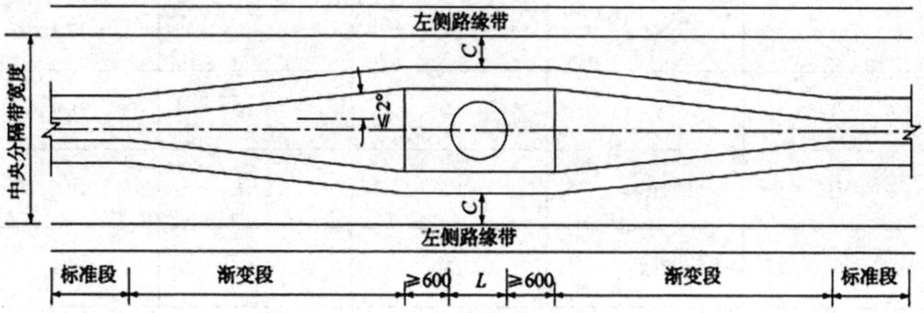

图7-17　中央分隔带混凝土护栏加宽段（尺寸单位：mm）

注：*L*-标志柱等设施的长度；*C*-中央分隔带建筑限界值。

（三）混凝土护栏的设计

每节混凝土护栏的纵向长度，在浇筑、吊装条件允许时，应采用较长的尺寸。预制混凝土护栏长度宜为4～6 m；现浇混凝土护栏的纵向长度应按横向伸缩缝的要求确定，一般为15～30 m。现浇混凝土护栏每3～4 m应设置一道假缝。

混凝土护栏与防眩设施同时设置时，在护栏顶部适当位置宜安装预埋连接件，预埋件的位置、数量应与防眩设施的结构相配合。对停车视距可能影响的路段，应对停车视距进行验算，如达不到规范要求时，应采取相应措施，如向内移动防眩设施、采取限速措施等。

护栏之间的连接方式根据护栏制作方式的不同而不同。预制混凝土护栏采用纵向企口连接法和纵向连接栓方式。如图7-18、图7-19所示，企口连接是通过企槽相互咬住共同受力，适用于A、Am防撞等级；连接栓方式适用于防撞等级A和Am以外的其他防撞等级混凝土护栏。

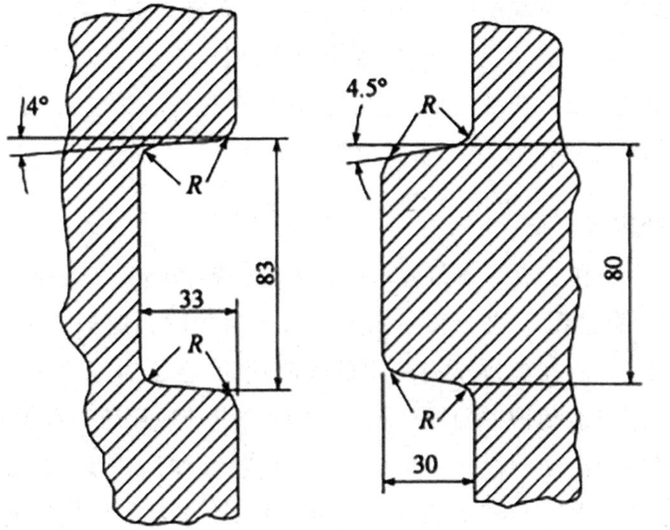

图7-18　纵向企口链接(尺寸单位:mm,其中R=5)

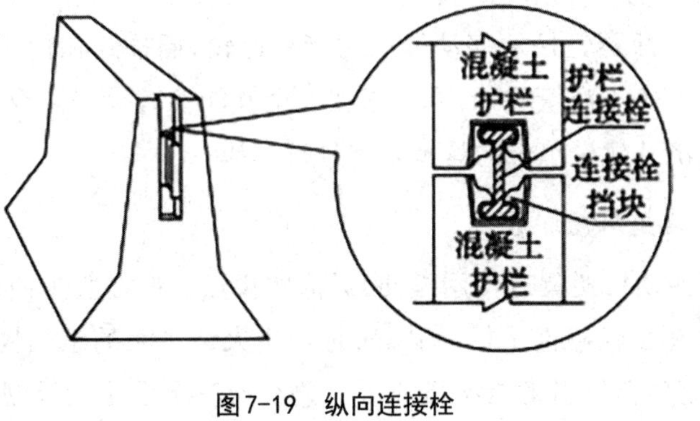

图7-19　纵向连接栓

中央分隔带混凝土护栏靠自重放置在基础上,在汽车碰撞力的作用下往往会被移动,严重时甚至会危及对向车道车辆的安全。规范规定对于整体式混凝土护栏,基础的承载力必须达到150 kN/m^2以上,然后将混凝土护栏嵌锁在基础中,即混凝土护栏需要镶嵌在下面的基础中。对于分离式混凝土护栏,应在混凝土护栏下设置枕梁,护栏之间应设置支撑块。

设计路侧混凝土护栏的基础时,需通过验算路侧混凝土护栏的抗倾覆稳定性,来确定基础混凝土的尺寸。根据路侧混凝土护栏所处的位置及路堤形式、施工工序。路侧混凝土护栏的基础可选用以下两种方式:一是座椅方式,其基础腿部伸入路面基层中,利用路面基层对基础腿部位移产生的抗力来提高护栏的抗倾覆稳定性,受力形式较为合理,用于修建在高挡墙、高路堤上的护栏;二是桩基方式,在现浇路侧混凝土护栏前先打入钢管桩,或钻孔插入钢管桩或开挖埋入钢管桩,用于高填土路堤路段。

四、活动护栏

活动护栏是在中央分隔带开口处,为方便特种车辆(如交通事故处理车、急救车)在紧急情况下通行和一侧道路施工封闭时临时开启放行的活动设施。这种护栏在正常情况下有一定的隔离性能,在临时开放时应能快速、灵活地移动。国外活动护栏的设计较多,不同的设计适用于不同的场所。国内目前主要采用的活动护栏形式分为三类:插拔式、伸缩式及充填式。其中,插拔式活动护栏在我国已经有很长的使用历史,有丰富的应用经验;伸缩式活动护栏具有使用方便、灵活的优点,但容易引发二次事故,不推荐使用;充填式活动护栏是近几年出现的新形式,在充水或细砂后具有较好的防撞能力,放水或细砂后即可轻松地移动。从功能上比较,插拔式在使用的便捷性、适用性及造价上优于充填式,而充填式在安全性能上有优势。设计时可根据景观、安全、经济及建设单位的具体要求进行选择。

(一)伸缩式活动护栏

伸缩式活动护栏具有使用方便、灵活的优点。但在实际使用中发现伸缩式活动护栏在车辆碰撞下极易破碎,且产生大量飞溅的杀伤性碎片,对驾乘人员不利,而且容易引发二次事故。《公路交通安全设施设计规范》(JTGD81-2017)中已经不推荐使用伸缩式活动护栏,在《公路交通安全设施设计细则》(JTG/TD81-2017)中推荐使用插拔式活动护栏和充填式活动护栏。

(二)插拔式活动护栏

插拔式活动护栏在我国已经有很长的使用历史,由护栏片、反射体、预埋基础等组成,具有适用地域广和造价低的优良功能。插拔式活动护栏的护栏片由直管、弯管、立柱等钢管构件焊接而成。插拔式活动护栏的每片长度应为 2 ~ 2.5 m。由于可采用预埋套管或抽换式立柱基础,插拔式活动护栏具有便捷性的优点,但缺点是插孔易积土、美观性不够。

（三）充填式活动护栏

充填式活动护栏是近几年出现的活动护栏新形式。护栏预制块可采用塑料或玻璃钢制作，断面形式可采用F型或单坡型混凝土护栏的断面形式，预制块中空，可以充填水或细砂。

这种活动护栏具有合理的截面形式，在充水或细砂后具有较大的自重，有较好的防撞能力，在去掉水或砂后即可轻松地移动。充填式活动护栏由多块护栏预制块连接而成，护栏预制块可采用塑料或玻璃钢制作。

（四）组合式活动护栏

内蒙古自治区公路局有关人员研制出一种组合式新型高速公路活动护栏，并已获得了国家专利（专利号ZL03244232.7）。这种新产品由若干护栏框等组成，护栏框下面有方向轮，护栏框为一矩形或近似于矩形框，各护栏框之间通过销轴铰接，材料采用钢管弯制。

此种护栏结构简单、组装及拆卸方便，可折叠、容易更换、造价低（仅为伸缩式活动护栏的1/2），由于销轴的顶部端面采用三角形或五角形或其他非标准形状，并且嵌入铰套内，采用这样的结构可以实现在结构简单的条件下不易被盗窃，稳定性好。

（五）预应力索式防撞活动护栏

如今高速公路护栏最突出的作用就是防护性和导向性能，框架结构和预应力钢索的协同作用提高了护栏的防护和导向性能。利用预应力索式防撞活动护栏，防护能量可达到160 kJ，可以有效地减少或避免二次事故，并且对乘客和驾驶人有一定的保护作用，填补了国内空白。

五、新型护栏介绍

随着对“以人为本、安全至上”等公路设计新理念理解的不断深入，“自然、安全、通透”等公路护栏设计新理念也相继提出，出现了许多不同材质、不同结构的护栏，丰富了护栏的形式，为护栏研究和发展提供了新的思路和方向。

（一）算盘式护栏

目前高速公路护栏新形式的应用中出现了一种算盘式护栏，这种护栏可以通过算珠式的滑动，使车辆碰撞时有效减少损伤。

(二)钢背木护栏

钢背木护栏属于半刚性护栏。这种护栏以方钢和槽钢作为护栏上下横梁,通过钢件与木材的巧妙结合,将木材包裹在横梁外面,以钢管作为护栏立柱,上面喷涂仿木色涂料,将防护设施与周围环境相结合的理念运用到了极致。

(三)缩骨式护栏

“缩骨护栏”由两个围栏组成,两端还配有两个带能量吸收器的支撑架和一个活动支架。驾驶时如果不慎撞上护栏,若是正面撞击,护栏的前组栅格就会吸收冲击能量,支撑梁将自动断裂,护栏随之自动向后缩进,防止车辆冲破防护设施;若是从侧面撞击护栏,护栏上的自动栅板还将导正车辆的行驶方向。

经测试,汽车在100 km/h的速度下,撞击“缩骨护栏”的正面,测试车辆的前风窗玻璃保持完整。

经公路学会有关专家介绍,除了高速公路,这种护栏还将应用于各种路边有危险隐患的设施,如桥墩、立交桥、收费亭等,防止汽车和路边设施碰撞而造成严重的伤亡事故。这种护栏如果全面装备到国内高速公路上,可以在未来十年内挽救约两万人的生命。

美国的端部挤压端头(Extruder Terminal)设有端部挤压器,即套在护栏板的端部,迎车面长方形平面后部安装有橡胶缓冲层,吸收正面冲撞能量。端部挤压器的外侧开有护栏挤出槽,一旦车辆碰撞端部,端头就会随着车辆向前推进,则护栏板就会在端头处的挤出槽中被挤出,同时,波形梁展开,吸收能量。当车辆撞击端头时,钢索组件起到了很好的缓冲作用,吸收了一部分撞击能量,并对车辆有一定的引导作用。

解体消能式护栏端头既具有一定的强度,又有较大的塑性变形能力,可以吸收较多的冲击动能,使之既能挡住、诱导碰撞车辆,又能及时解体消能,从而减轻事故伤害,不至于发生严重的二次碰撞事故,尽可能将事故限制在公路的一侧,有效地阻止汽车冲入对向车道。

六、其他安全设施设计

除了前述几章介绍的标志、标线、护栏等安全设施外,道路上使用的交通安全设施的种类还有很多,如隔离设施、视线诱导设施、防眩设施等。随着公路建设向“安全、环保、经济”发展,新材料、新技术层出不穷,交通安全设施也涌现出新的形式。这些安全设施在交通中具有吸能防撞、拦截失控车辆、诱导车辆行驶、减少眩光等作用,与标志、标线、护栏相辅相成,共同营造舒适、安全的交通环境。

七、隔离设施设计

隔离设施是对高等级公路进行隔离封闭的人工构造物的统称,其作用在于阻止无关人员、牲畜以及野生动物进入、穿越高速公路,防止非法侵占公路用地现象的发生。另外,隔离设施可有效排除横向干扰,避免由此产生的交通延误或交通事故。目前通常采用的隔离设施有刺铁丝、金属网、钢板网和焊接网。

(一)隔离栅的分类

按构造形式分类:可分为金属网、刺钢丝网、常青绿篱和隔离墙等。

按立柱断面形式的分类:可分为直缝焊接钢管立柱、型钢立柱、Y形钢立柱、混凝土立柱等。

按防腐形式的分类:可分为热浸镀锌、热浸镀铝及浸塑隔离栅。

按安装方法的分类:分整网连续安装和分片式(组合式)安装。其分类的一般规定如表7-18所示。

表7-18 隔离栅的分类

<table>
<tr><th colspan="2">类型</th><th>埋设条件</th><th>支撑结构</th></tr>
<tr><td rowspan="3">金属网</td><td>电焊网</td><td rowspan="3">混凝土基础或直埋土中</td><td rowspan="3">钢支柱</td></tr>
<tr><td>钢板网</td></tr>
<tr><td>编织网</td></tr>
<tr><td colspan="2">刺钢丝</td><td>混凝土基础或直埋土中</td><td rowspan="3">钢筋混凝土支柱或钢支柱</td></tr>
<tr><td colspan="2">常青绿篱</td><td>直埋土中</td></tr>
<tr><td colspan="2">隔离墙</td><td>混凝土基础或直埋土中</td></tr>
</table>

（二）隔离栅的形式选择

隔离栅的形式选择必须考虑其性能、造价、美观、与公路周围环境的协调、施工条件及养护维修等因素，并应与公路的设计标准相适应。

1.造价比较：按单位造价由高到低排列。其顺序依次为：钢板网、电焊片网、电焊卷网、编织网、刺钢丝网。

2.后期养护维修的比较：钢板网、电焊网、刺钢丝网在网面及局部破坏后，易修补，维修费用低。编织网在局部破坏后，将影响整张网，不易修补。维修费用高。

3.适应地形的性能比较：钢板网、电焊片网爬坡性能差，一般用于平坦路段。在起伏较大的路段，如用钢板网、电焊片网，需将其设计成阶梯状。或将网片设计成平行四边形顺坡设置，施工较困难。电焊片卷网和编织网爬坡性能较好。编织网网面的柔性、电焊卷网的波纹构造均可适应起伏地形，但其施工需要专门的机械设备，刺钢丝适应地形能力强，爬坡性能优，在地势起伏较大的地形条件下，无须特殊的施工机具，施工方便。

4.外观比较：钢板网、电焊网、编织网结构合理、美观大方，是城镇沿线、互通区、服务区、风景旅游区等处首选的隔离栅形式。刺钢丝隔离栅是一种比较经济适用的结构形式，但美观性较差，故主要适用于人烟稀少的路段、山岭地区的高速公路、郊外的公路保留用地、郊外高架构造物下面、路线跨越沟渠且需封闭的地方。在南方气候温暖、湿润地区，绿篱配刺钢丝综合使用，可增加其美观性。

5.隔离墙隔离效果最好、坚固耐用，但造价高，影响路容、路貌，可在横向干扰大、事故频发的路段使用。

（三）隔离栅的设置原则

1.除特殊路段外，高速公路需要控制出入的一级公路沿线两侧必须连续设置隔离栅，其他公路可根据需要设置。

2.凡符合下列条件之一者，可不设隔离栅：(1)高速公路、需要控制出入的一级公路的路侧有水渠、池塘、湖泊等天然屏障的路段。(2)高速公路、需要控制出入的一级公路的路侧有高度大于1.5 m的挡土墙或砌石等陡坎的路段。(3)桥梁、隧道等构造物，除桥头、洞口需与路基隔离栅连接以外的路段。

3. 隔离栅遇桥梁、通道时，应在桥头锥坡或端墙处围。

4. 隔离栅遇尺寸较小、流量不大的涵洞时可直接跨过。

5. 隔离栅的中心线应沿公路用地范围界限以内 20 ~ 50 cm 处设置。

6. 由于地形的原因，隔离栅前后不能连续设置时，就以该处作为隔离栅的端部，并处理好端头的围封。

7. 在地形起伏较大，隔离栅不易施工的路段，可根据需要把隔离栅设计成阶梯的形式。

8. 隔离栅宜根据管理养护需要在适当地点开口，开口处均应设门，以便控制出入。

9. 如有辅道时可设置在辅道内侧，为了方便清扫维修边沟，也可将隔离栅设在边沟内侧。

（四）隔离栅结构参数

1. 安装高度

隔离栅的安装高度是隔离栅设计中的一个重要设计指标，其取值大小直接影响工程与材料费用的开支和性价比，必须结合实际的地域地形、村镇人口的稠密程度以及人流流动的分布情况等诸多因素进行确定。为了保证隔离栅的整体美观效果和设计施工的便利性，应高度根据特殊的地形和其他特殊因素而产生间断式的变化，但变化不宜太频繁。

隔离栅的高度在一般城市道路上是以成人高度为参考标准，取值范围为 1.50 ~ 1.80 m。

在城市及郊区人口密度较大的地方，特别是青少年较为集中的地区，如中小学、体育场等地，该地城的道路隔离栅的设计高度值应取上限，并且根据实际需要，可在此基础上进一步加高到使人无法攀越的程度。在人烟稀少的山村或郊外，由于人流较小，攀登隔离栅穿越公路的可能性远远低于城市道路，其设计高度可取下限值。

2. 截面尺寸

隔离栅的稳定性直接关系到使用效果和使用年限，其设计荷载主要考虑风力，同时也考虑人、畜的破坏作用。

3. 网孔尺寸

隔离栅网孔尺寸的大小主要根据以下几个因素选定：

(1)不利于人和小动物攀爬并进入高速公路。

(2)在小型动物出没较多的路段,可设置变孔的刺钢丝网。

(3)结构整体和网面的强度。

(4)与公路沿线景观的协调性。

(5)性能价格比。

适宜于隔离栅的金属网、钢板网和刺钢丝的规格分别如表7-19~表7-21所示。

表7-19　金属网的规格尺寸

种类	线号/BWG	钢丝直径/mm	网格尺寸/mm	备注
编织网	12	2.8	100×50	
			150×75	
	10	3.5	160×80	常选用
			150×75	常选用
			100×50	
编织网	8	4.0	160×80	
			150×75	
			100×50	
电焊网	14	2.2	50×50	
			100×50	
	12	2.8	50×50	
			100×50	
			150×75	常选用

续表

<table>
<tr><th>种类</th><th>线号/BWG</th><th>钢丝直径/mm</th><th>网格尺寸/mm</th><th>备注</th></tr>
<tr><td rowspan="6">电焊网</td><td rowspan="3">10</td><td rowspan="3">3.5</td><td>75x75</td><td></td></tr>
<tr><td>100×50</td><td>常选用</td></tr>
<tr><td>150×75</td><td>常选用</td></tr>
<tr><td>10</td><td>3.5</td><td>150×80</td><td>常选用</td></tr>
<tr><td rowspan="2">8</td><td rowspan="2">4.0</td><td>150×75</td><td></td></tr>
<tr><td>160×80</td><td></td></tr>
</table>

表7-20　钢板网的规格尺寸

<table>
<tr><th>板材厚/mm</th><th>节距/mm</th><th>丝梗/mm</th><th>计算重量/(kg/m²)</th></tr>
<tr><td rowspan="4">2.0</td><td>150×50</td><td>2.1</td><td></td></tr>
<tr><td>22×60</td><td>2.5</td><td></td></tr>
<tr><td>29×80</td><td>3.2</td><td></td></tr>
<tr><td>36×100</td><td>4.1</td><td></td></tr>
<tr><td rowspan="4">2.5</td><td>44×120</td><td>5.0</td><td></td></tr>
<tr><td>29×80</td><td>3.2</td><td></td></tr>
<tr><td>36×100</td><td>4.1</td><td></td></tr>
<tr><td>44×120</td><td>5.0</td><td></td></tr>
<tr><td rowspan="4">3.0</td><td>36×100</td><td>4.1</td><td>5.29</td></tr>
<tr><td>44×120</td><td>5.0</td><td></td></tr>
<tr><td>55×150</td><td>4.9</td><td>4.27</td></tr>
<tr><td>65×180</td><td>4.6</td><td>3.33</td></tr>
</table>

表7-21　刺钢丝的规格尺寸

线号/BWG	钢丝直径/mm	刺间距离/mm	长度/(m/50kg)	重量/(kg/100m)	线号/BWG	钢丝直径/mm	刺间距离/mm	长度/(m/50kg)	重量/(kg/100m)
12	2.8	65	320	152	14	2.2	65	545	91.8
	2.8	75	360	139		2.2	75	575	86.9
12	2.8	100	395	127	14	2.2	100	650	76.9
	2.8	125	430	116		2.2	125	700	71.4

（五）隔离栅的构件设计

隔离栅主要构件由立柱、网片、基础、斜撑、连接件、门和张力钢丝等构件组成。

1.网片的构造及尺寸

隔离栅的网片一般有钢板网、电焊网、编织网和刺钢丝网，其构造和尺寸要求不同。

2.立柱、斜撑的构造及尺寸

钢板网、电焊网及编织网立柱、斜撑可采用直缝焊接钢管、等边槽钢、等边内卷边槽钢、Y形钢及其他断面形状钢。

门的规格和尺寸应符合隔离栅技术条件的规定，可根据进出大门的设备、人员情况进行设计，形式应力求简易、实用。

大门的形式一般可分为单开门和双开门两种，单开门宽度设计尺寸应不大于1.5 m，双开门总宽不应超过3.2 m。

3.门的规格和尺寸（防腐处理前）

门的规格和尺寸应符合隔离栅技术条件的规定，可根据进出大门的设备、人员情况进行设计，形式应力求简易、实用。

4.连接件

隔离栅的连接件主要有挂钩、螺母、垫片、抱箍、条形钢片、上横框、下横框、竖框等，通过这些连接件将网片与立柱和斜撑连接来固定网片。

通过螺栓、螺母、垫片、抱箍、条形钢片等连接附件将网片与立柱、立柱与斜撑连接。条形钢片用于网片端头与立柱的连接,其厚度不小于4 mm,抱箍用于钢管立柱与网片的连接,针对钢管的外径进行设计。

上横框、下横框、竖框用于网片固定,其宽度不小于40 mm,厚度不小于1.5 mm,横框、竖框与网片之间用直径为6 mm的铁铆钉固定,立柱与斜撑及网框用M8螺栓连接。斜撑如果采用锚钉钢筋固定,则其直径不小于20 mm,门柱与门通过连接件用M16螺栓连接。

5.张力钢丝

将编织网串联成整体需用3根张力钢丝,底部一根靠近地面,顶部一根靠近网边,张力钢丝用直径小于3.5 mm的低碳钢丝。

6.延伸臂

延伸臂用于挂刺钢丝或与网片规格相同的金属网,可以垂直或与柱夹40°~45°的角。延伸臂的长为250~350 mm,可由立柱直接折弯,也可另外设计,通过焊接或用M8螺栓与立柱连接。

7.基础尺寸

隔离栅的基础采用混凝土基础,其尺寸应符合30 cm×30 cm×50 cm或30 cm×40 cm×60 cm的大小要求。

(六)隔离栅的材料及其表面处理

1.隔离栅的材料

(1)网片材料

网片因其加工工艺和材质性能的不同,可分为钢板网、电焊网、编织网和刺钢丝网。

钢板网是用普通低碳退火薄钢板经专用机床的切削和拉伸一次成形的产品。钢板网的材料应符合《碳素结构钢和低合金结构钢热轧薄钢板和钢带》(GB/T3274-2017)和《碳素结构钢冷轧钢板及钢带》(GB/T 11253-2019)规定的技术条件。除了采用低碳退火薄钢板作为加工材料以外,也可采用低碳冷轧(或热轧)钢板,其化学成分和机械性能应满足《碳素结构钢冷轧钢板及钢带》(GB/T 11253-2019)的规定。钢板网扭曲90°应无折断现象。

电焊网是由钢丝机械编织或经过机械点焊加工而成。电焊网的钢丝宜采用低碳钢丝,其力学性能应符合《一般用途低碳钢丝》(YB/T5294-2009)的规定。对于片网,焊点脱落数应小于焊点总数的4%。对于卷网,任一面积为15 m^2的网上焊点脱落数应小于此面积上焊点总数的4%,焊点抗拉力应符合表7-22的规定。

表7-22 焊点抗拉力性能

钢丝直径/mm	2.2	2.8	3.5	4.0
焊点抗拉力/N	100	650	1 010	1 320

编织网用金属丝,应采用低碳钢丝,其力学性能应符合《一般用途低碳钢丝》(YB/T5294-2009)的规定,应采用纵向编织。

刺钢丝网的股线及刺线应采用低碳钢丝,其力学性能应符合《一般用途低碳钢丝》(YB/T5294-2009)的规定。刺钢丝每个结有4个刺,刺形应直,刺尖角α<25°,刺夹角β为90°±20°,刺长l为16±3 mm,刺线缠线股线不得少于1.5圈,捻扎应牢固,刺形应均匀。

(2)立柱、斜撑材料

立柱和斜撑是隔离设施的立体结构,应具有很好的稳定性和结构强度。立柱和斜撑一般采用直缝焊接钢管、型钢、Y形钢和混凝土柱等。

钢管材料以热轧钢带、冷轧钢带焊接或焊后冷加工方法制造,其化学成分及机械性能应满足《直缝电焊钢管》(GB/T13793-2016)的规定。

型钢材料用可冷加工变形的冷轧或热轧钢带在连续辊式冷弯机组上加工生产,其化学成分及机械性能应满足《碳素结构钢》(GB/T700-2006)的规定,连续铺设的型钢立柱上的挂钩经冲压加工而成。

Y形钢用普通碳素钢在普通的轧钢机上热轧而成,其化学成分及机械性能应满足《碳素结构钢》(GB/T700-2006)的规定。

混凝土立柱用混凝土强度等级不低于C20,搅拌混凝土所使用的各项材料及混凝土的配合拌翻、浇筑、养护应满足有关标准的规定。

(3)连接件材料

隔离设施连接附件一般包括螺栓、螺母、垫片和条形钢片等。

由于隔离设施的受力性质,决定其通常采用普通低碳钢螺栓、螺母作为紧固件,其机械性能分级应符合《紧固件机械性能 不锈钢紧定螺钉》(GB/T3098.16-2014)的规定。

条形钢片材料是热轧或冷轧钢板经专用设备的分割而成的条形钢片和抱箍，可采用冷轧或热轧钢板（带），其技术条件应符合《碳素结构钢和低合金结构钢热轧薄钢板和钢带》（GB/T3274-2017）、《碳素结构钢冷轧钢板及钢带》（GB/T 11253-2019）的规定。

2.隔离栅的表面处理

隔离栅完全暴露在大气之中，基础一般也是在农田、荒野等环境较差的地方，受外界侵蚀较大，因此无论何种的隔离栅原则上都应进行表面处理，其目的是增强材料的抗腐能力，延长使用寿命，此外还可增添隔离设施的美观、艺术效果。

金属件的表面处理方法有三种：镀锌、油漆和涂塑。镀锌技术已是一门成熟的专业技术，因其工艺简单、成本低、防腐性能好而广泛地应用在各行各业中。隔离设施金属材料（主要指立柱、斜撑等金属结构件）镀锌处理一般采用热浸镀锌工艺。镀锌量应尽量和路上其他设施镀锌的标准相一致。为求道路设施防腐保养年限平衡，热浸镀锌的镀锌量应符合表7-23的规定，热浸镀锌所用的锌应为《锌锭》（GB/T470-2008）中规定的0号或1号锌。

表7-23 镀锌量的规定

构件名称		镀锌重量平均值/(g/m²)	
		Ⅰ	Ⅱ
网片（板材厚或钢丝直径）/mm	2.0	105	230
	2.2	110	230
	2.5	110	240
	2.8	120	250
	3.0	125	250
	3.5	135	270
	4.0	135	270
连接件		350	
立柱、斜撑、门柱		500	

金属网表面处理可分为成品前期表面处理和成品后整网处理两种处理方法,成品前期处理是指钢丝在未用于编织前,其表面就已经被热浸镀锌,金属网的镀锌量应控制在350 g/m^{2}左右,过薄起不到防腐的作用,过厚会造成浪费。

随着油漆工业的不断发展。漆料产量逐年上升,已基本能满足市场需求,并且价格平稳。使用油漆作材料表面处理不仅能起到材料的防腐作用,更重要的是它能依环境的需要,使处理后的材料或设施与周围的环境相协调,产生艺术效果。不过,一般油漆处理后的防老化和耐久性问题应引起注意。油漆处理的技术规范和条件因选用的油漆型号不同而有不同的要求,一般按产品说明书的规定执行。

涂塑是近几年来用于材料表面处理的新工艺,由于增加了抗酸性能,更适合于沿海地区应用,涂层使用寿命受老化的影响,但随着涂塑材料和工艺的不断发展,涂塑产品应用有所增加。

八、视线诱导设施设计

交通安全设施是公路不可或缺的组成部分,对于发挥公路的效能、保证行车安全、预防和减少交通事故的发生具有十分重要的作用。作为公路交通安全设施的重要组成部分之一,视线诱导设施沿行车道两侧设置,用于指示道路线形、方向、行车道边界及危险路段位置等,并诱导驾驶人视线。车辆在道路上行驶需有一定的通视距离,以便掌握道路前方的情况,尤其在夜间行驶时,仅依靠汽车前照灯照明来弄清道路前方的线形、明确行驶的方向是有一定困难的。因为汽车前照灯的照明范围有限,要想达到白天的通视距离,就要依赖于视线诱导设施。

(一)视线诱导设施概述

视线诱导设施按功能可分为轮廓标、分合流诱导标、线形诱导标、突起路标及抗侧滑护轮带五类。其中,轮廓标用于指示道路线形轮廓;分合流诱导标用于指示交通分流、合流;线形诱导标用于指示或警告改变行驶方向;突起路标用于辅助和加强标线、提高道路服务质量;抗侧滑护轮带用于防止车辆滑入路侧水沟或滑下路基,保证行车安全。这些不同类型的视线诱导设施从不同侧重点来诱导驾驶人视线,使行车更趋舒适、安全。

视线诱导设施按设置方式可分为直埋式和附着式两种，其分类一般规定如表7-24所示。

表7-24 视线诱导设施按设置方式的分类

<table>
<tr><th colspan="2">类别</th><th>埋设条件</th></tr>
<tr><td colspan="2" rowspan="2">轮廓标</td><td>土中</td></tr>
<tr><td>附着</td></tr>
<tr><td rowspan="4">分合流诱导标</td><td rowspan="2">分流诱导标</td><td>土中</td></tr>
<tr><td>附着</td></tr>
<tr><td rowspan="2">合流诱导标</td><td>土中</td></tr>
<tr><td>附着</td></tr>
<tr><td rowspan="4">线形诱导标</td><td rowspan="2">指示性线形诱导标</td><td>土中</td></tr>
<tr><td>附着</td></tr>
<tr><td rowspan="2">警告性线形诱导标</td><td>土中</td></tr>
<tr><td>附着</td></tr>
</table>

视线诱导设施设计指导思想包含以下内容：

(1)视线诱导设施的反射体，在正常的入射角和观察条件下，必须保持恒定的、充足的亮度，应能满足大、小型车在近光和远光灯照射下的识别和确认要求。

(2)视线诱导设施的支撑结构应能支撑反射体，且应尽可能降低对误驶撞上的车辆和人员的伤害。

(3)在设置多种视线诱导设施的路段，应协调不同视线诱导设施之间的间距和高度，保证视线上的一致性和连续性。

(4)视线诱导设施应能满足降雨、降雪等特殊天气条件下显示公路轮廓的功能。

(二)轮廓标

为提高行车安全性和舒适性,明确、清晰地指示道路前方线形至关重要。白天,驾驶人一般以路面标志、标线和护栏作为行车指导,但在夜间上述设施的视线诱导功能将显著下降,特别是汽车从直线段向曲线段过渡时,驾驶人的视线很难及时适应随道路线形的急剧变化。轮廓标是沿道路两侧边缘设置、用于显示道路边界轮廓、指引车辆正常行驶、具有逆反射性能的一种交通安全设施。轮廓标可通过对汽车灯光的反射,使驾驶人提早了解前方路况,道路两侧设置的轮廓标作为道路车行道边界的警示标志,也可起到夜间诱导、警告驾驶人的作用,能有效预防事故的发生,确保行车安全。

1.一般规定

(1)轮廓标反射体的颜色分为白色和黄色。

按行车方向,配置白色反射体的轮廓标应安装于公路右侧,配置黄色反射体的轮廓标应安置于公路左侧。轮廓标不得侵入公路建筑限界以内。

(2)轮廓标是一种指示设施。

轮廓标的反射体与汽车前照灯及驾驶人视线的几何关系如图7-20所示。驾驶人从发射器正面驶来,由远至近逐渐接近并从侧面通过。在这个过程中,反射体的入射角由于线形关系,有可能在很大范围内变化。相反,观察角的变化却很小,且入射角变化可影响反射器的亮度。因此,在公路上使用的轮廓标反射体必须保持均匀、恒定的亮度,不允许闪耀,也不允许当入射角在某一范围时突然变亮或变暗,保持足够的反射亮度是轮廓标反射器必须具备的基本光学性能。

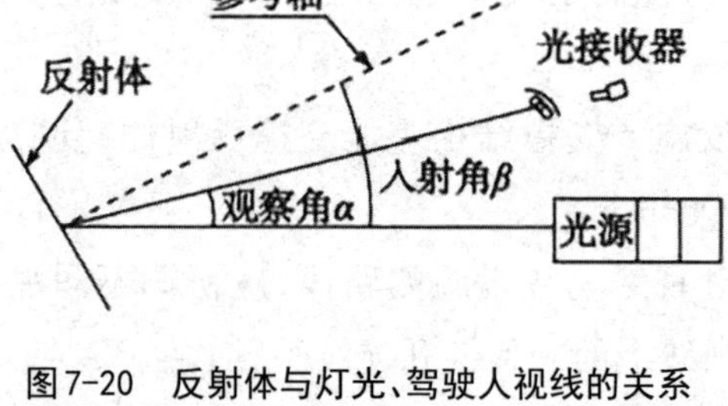

图7-20 反射体与灯光、驾驶人视线的关系

一般在静止条件下,用行驶光束(远光灯)照射轮廓标反射时,驾驶人能在500 m处发现,在300 m处能清晰地看见;用交会光束(近光灯)照射时,驾

驶人能在200 m处发现，在100 m处能清晰地看见。

(3)轮廓标应能满足降雪、降雨等特殊天气条件下显示公路轮廓的功能要求。

2.轮廓标的设置原则

(1)公路、互通立体交叉、服务区等处的进出口匝道，应全线连续设置轮廓标，中央分隔带开口路段应连续设置。

公路车辆行驶速度较快，而车辆在夜间行驶过程中，可视距离较短，这样都会大大降低行车安全性，连续设置轮廓标有助于驾驶人提前掌握前方路况，从而保障安全、舒适的行车，有效避免交通事故。在公路互通式立体交叉枢纽范围及服务设施、停车场等进出口匝道连线上，特别是在小半径曲线上，应在公路两侧连续设置轮廓标。

(2)轮廓标二级及以下等级公路的视距不良路段、设计速度大于或等于60 km/h的路段、车道数或车道宽度有变化的路段及连续急弯陡坡路段宜设置轮廓标。其他路段视需要可设置轮廓标。

(3)轮廓标在公路前进方向应左、右侧对称设置。

公路上车辆运行速度高，如只在右侧设置轮廓标，在多车道情况下，对行驶于快车道的车辆，视线诱导效果较差。因此，公路左侧也应连续设置轮廓标。

(4)轮廓标的设置间距要满足要求。

在直线段，轮廓标的设置间隔不应超过50 m，曲线段和直线段的设置间距见图7-21和表7-25。在竖曲线路段，为保持视线诱导的连续性，可对轮廓标的间距做适当调整。在路基宽度、车行道数量有变化的路段及竖曲线路段，应适当加密轮廓标的间距。

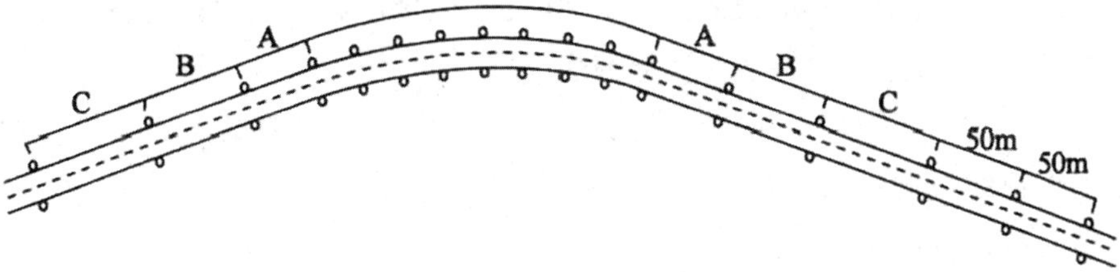

图7-21 轮廓标设置间距

表7-25　曲线路段、匝道处轮廓标设置间距(单位:m)

曲线半径	曲线段内设置	曲线段前后的设置间距		
		A	B	C
<30	4	4.5	7	15
30～89	8	13	22	45
90～179	12	15	26	48
180～274	16	18	30	50
275～374	20	27	45	50
375～999	30	36	50	50
1 000～1 999	40	45	50	50
>2 000	50	50	50	50

(5)安装柱式轮廓标时,反射体应面向交通流,其表面法线与路中心线成0 ~ 25°。

(6)轮廓标的布设要求。

轮廓标的标准设置高度为70 cm,最小设置高度为60 cm,最大设置高度为120 cm。另外,在轮廓标布设时,应特别注意从直线段过渡到曲线段或由曲线段过渡到直线段的布设处理,应使视线诱导保持连续性和平顺圆滑的过渡。

在具备照明条件的局部路段,驾驶人可通过护栏、缘石、标线等设施看清道路前方线形,则可不必设置轮廓标,但在照明区间较短的路段,需认真研究是否设置轮廓标,以保持视线诱导的连续性。

(7)轮廓标反射器的安装角度,无论在直线段或在曲线段上,应尽可能与驾驶人视线方向垂直。轮廓标反射体表面法线与公路中心线成25°角,主要适用于柱式轮廓标。

(8)隧道检修道上设置轮廓标,可有效显示检修道的位置,防止车辆撞击检修道。隧道轮廓带宽度一般为15 ~ 20 cm,根据需要可适当加宽。

3.轮廓标的形式选择

轮廓标按设置条件分为柱式轮廓标和附着式轮廓标两类;根据路侧设置的不同护栏形式及结构物的分布,轮廓标可分为附着于波形梁护栏、混凝土护栏、隧道侧墙和缆索护栏上,其他没有设置护栏的路段可设置柱式轮廓标。

(1)柱式轮廓标

主体结构为三角形断面的立柱,由柱体、反射器和基础等部分组成。柱体为空心圆角的三角形截面,顶面斜向车行道,柱身为白色,与距路面55 cm以上部分的25 cm黑色标记形成对比色,在黑色标记中间镶嵌一块18 cm×4 cm的反射器,反射器为定向反光材料,分白色和黄色两种。由于反射器经常发生丢失和破坏的情况,故在实际使用过程中可以采用二级以上反光胶取代反射器。反光膜相对较脆,粘贴后无法整片扯下,因此很难被破坏,即使反光膜被损坏,也很容易再次贴膜,而反射器则不易维护。

柱式轮廓标的基础采用混凝土基础。为使轮廓标损坏后更换方便,柱体与基础可采用装配的形式。在柱式轮廓标安装中,应使其含逆反射体的柱体表面与道路中线垂直。

(2)附着式轮廓标

轮廓标有的附着在各种护栏上,如波形梁护栏、混凝土护栏及缆索护栏,也有的附着在隧道、挡墙、桥墩台等侧墙上。由于所附着的建筑物部位不同,采用不同形状。轮廓标附着于波形梁护栏中间的槽内时,反射器为梯形,与后底板铆在一起,后底板固定在波形梁与立柱的连接螺栓上。后底板应做成一定角度,角度大小以保证汽车前照灯光线大致与其保持垂直为原则。

附着在其他各类侧墙上的轮廓标的形状可用圆形、长方形或者梯形,一般附件可与侧墙连接。

附着在缆索护栏上时,可采用夹具直接把轮廓标固定在缆索上,这种护栏上的轮廓标一般应为圆形或者梯形,在中央分隔带可采用两面反射的结构。

当道路处在经常有雾、阴雨、风沙、下雪和暴雨的地区,会给视认性带来困难时,可尽量提高轮廓标的反射性能,如采用面积较大的反射器,并将轮廓标安装于波形梁护栏的立柱上。这种轮廓标可以分为单面反射(A型)和双面反射(B型)两种,B型适用于需要为对向车道提供视线诱导的场合(如中央分隔带)。也可将圆形反射器装在波形护栏板的上缘,这种轮廓标通过专门加工的支架把轮廓标固定在波形梁上。

4.轮廓标的材料选择

近年来,柱式轮廓标的发展变化非常大。早期的柱体材料为水泥预制件,成本便宜。但是有两大缺点:当车辆撞击时,对车辆有二次伤害;色泽不明显,反射器同水泥表面不易附着。后来的柱体用钢板制成,表面镀锌再刷漆,这种情况下反射器可以比较方便地连接到立柱表面上,但是仍有成本高、有较大的二次伤害问题和易生锈三大缺点。

因此,《轮廓标》(GB/T 24970-2020)中明确指出,柱式轮廓标柱体宜采用合成树脂类材料,包括聚乙烯、玻璃纤维增强塑料、聚碳酸酯树脂、PVC树脂等,这些材料可用机械模具成型,立柱稳定、壁厚均匀、表面光滑、不易老化,又无二次伤害,且成本较低。

为进一步解决柱式轮廓标被损坏、被撞坏的情况,延长轮廓标的使用寿命,提高轮廓标的功能性,有必要从轮廓标的材料方面进行改进,而且是切实可行的。目前,有由改性PVC塑料制成的新型柱形反光反弹警示柱,高度约70 cm,此新型圆形立柱式警示柱能够承受来自360°不同方向的冲击,具有良好弹性,承受猛烈冲击后能够迅速恢复原状,结实耐用,具有良好反光性能,可清晰勾画道路轮廓。在雨雪天气可正常工作,无论在白天还是在晚上都有极佳的警示和导向作用,且生产速度快,成本低廉,安装简便,少有维护。

(三)分、合流诱导标

分流或合流诱导标是指设置于交通分流或合流区段的设施,它可以引起驾驶人对高速公路进、出口匝道附近的交织运行情况的注意。分、合流诱导标是以反射器制作符号粘贴在底板上的标志,汽车在高速公路上行驶,在分、合流标的诱导下,无论在白天还是黑夜,驾驶人都可以非常清楚地辨认交通流的分、合流情况。除反射器外,其他材料可按标志材料的技术要求处理。

分、合流诱导标原则上应在有分流、合流的互通立交进、出口匝道附近设置。分流诱导标设在减速车道起点和分流端部;合流诱导标设在加速车道终点和合流端部。

分、合流诱导标分为设置于土中和附着于护栏立柱上两种:

(1)设置于土中的分、合流诱导标

设置于土中的分、合流诱导标由反射器、底板、立柱、连接件和基础等组成,可按标志的计算方法,算出所需的立柱截面大小及基础尺寸,主要考虑的外力为风力,反射器与底板可用粘贴或螺栓连接,底板与立柱连接采用抱箍、滑动槽钢、螺栓连接。

(2)附着于护栏上的分、合流诱导标

反射器底板与埋置于土中的相同,立柱则附设在护栏立柱土,可直接用抱箍的形式与护栏立柱连接。

分合流诱导标的颜色规定为:高速公路诱导标的底为绿色,其他等级公路为蓝色,诱导标的符号均为白色。

(四)线形诱导标

1.线形诱导标的设置原则

(1)综合国内外相关规范,线形诱导标的设置应遵循以下原则:①线形诱导标应设置于行驶方向发生变化的路段,如小半径曲线路段、匝道、急弯路段等。②线形诱导标的设置应和线形一致,并垂直于车辆的行驶方向。③线形诱导标的设置间距应保证在驾驶员的视野内始终有三个线形诱导标。④线形诱导标的设置高度最低为标志下缘距地面1.2 m。

(2)设置于土中的线形诱导标的构造由反射器(或反光膜)、底板、立柱、连接件和基础组成。反射器(或反光膜)可用粘贴剂贴在底板上,也可采用螺栓连接。底板与立柱用抱箍、滑动槽钢通过螺栓连接。立柱埋置于混凝土基础中。

(3)附着于护栏上的线形诱导标,由反射器(反光膜)、底板、立柱或连接件组成。线形诱导标的立柱通过抱箍与护栏柱连接。

(4)线形诱导标的基本尺寸应符合表7-26的规定。表中,I型适用于行车速度大于100 km/h的公路,Ⅱ型适用于行车速度小于100 km/h的公路。

表7-26　线形诱导标的尺寸

类别	尺寸/mm					
	A	B	C	C′	D	E
I	600	800	300	300	400	30
Ⅱ	220	400	100	120	200	15

(5)线形诱导标的基本单元,可单独使用,也可把几个基本单元组合使用,如图7-22所示。

图7-22　线形诱导标组合

(6)线形诱导标所用的材料同轮廓标。

2.线形诱导标的分类

线形诱导标分为指示性线形诱导标和警告性线形诱导标两类。指示性线形诱导标为绿、白相间,一般设置在小半径曲线路段、匝道、急弯路段或通视较差对行车安全不利的曲线外侧。警告性线形诱导标颜色为红、白相间,一般设置在因道路施工或维修作业而需临时改变行车方向,提请驾驶人注意前方作业的路段。线形诱导标的设置应和线形一致,并垂直于车的行驶方向,至少在150 m远处就能看见,其设置间距保证驾驶人至少能看到3块线形诱导标或能辨明前方进入弯道运行。在曲线半径较小的匝道上,驾驶人应连续看到不少于3块线形诱导标。

(五)突起路标

1.突起路标的概念

突起路标又称路钮或道钉,是一种粘贴或锚固在路面上,用来警告、诱导或告知驾驶人道路轮廓或道路前进方向的装置。按颜色可以分为白、红、黄等；按反光面可以分为单面和双面突起路标，如表7-27所示；从功能上可以分为常规路钮、防除雪路钮、太阳能突起路钮等。

表7-27 突起路标的分类

种类	单面反光/双面反光	颜色	材料		与路面固结方式
			反射器	外体	
B型	双面	白色	塑料	塑料、铝合金	粘贴、打入
C型	双面	白色和红色	塑料	塑料、铝合金	粘贴、打入
D型	双面	黄色	塑料	塑料、铝合金	粘贴、打入
E型	双面	白色和黄色	塑料	塑料、铝合金	粘贴、打入
G型	单面	白色	塑料	塑料、铝合金	粘贴、打入
H型	单面	黄色	塑料	塑料、铝合金	粘贴、打入

突起路标一般配合路面油漆、热塑标线使用或以模拟路面标线的形式独立使用。突起路标黏结剂要根据不同路面形式，采用专用胶，以保证黏结牢靠，黏结剂要达到表7-28的技术指标。

表7-28 突起路标高分子黏结剂技术性能指标表

<table>
<tr><th colspan="2">指标项目</th><th>单位</th><th>技术性能</th><th>备注</th></tr>
<tr><td colspan="2">抗拉强度</td><td>MPa</td><td>≥3.0</td><td rowspan="2">采用C30混凝土做成试件</td></tr>
<tr><td colspan="2">抗剪强度</td><td>MPa</td><td>≥4.0</td></tr>
<tr><td rowspan="2">干燥性</td><td>>30 ℃</td><td></td><td>4 h初凝</td><td rowspan="2"><10 ℃不应施工</td></tr>
<tr><td>10～30 ℃</td><td></td><td>8 h初凝</td></tr>
<tr><td rowspan="2">颜色</td><td>灰色</td><td></td><td>适用水泥混凝土路面</td><td rowspan="2">应与路面面层类型
膨胀率相匹配</td></tr>
<tr><td>黑色</td><td></td><td>适用沥青路面</td></tr>
<tr><td colspan="2">特性</td><td></td><td>双组分高分子</td><td></td></tr>
</table>

路标的主要缺点是其突出路面对骑自行车和摩托车者存在潜在威胁，但可通过降低其高度使危险性降低；突起路标的另一缺点是如果与路面固定不牢，在高速行驶车辆的碾压下可能脱落而影响其他车辆安全行驶，解决这一问题的办法是提高路钮与路面的黏结强度。路钮在国外一些冬季不积雪的高速公路得到广泛使用，我国已经自主开发了一种楔形表面的防除雪突起路标，使得突起路标在我国的应用更为广泛。

2.突起路标的设置

突起路标可起帮助和加强标线作用，主要设置在高速公路、一级公路、二级公路和照明亮度不足的城市道路上，用来标记中心线、车道分界线、边缘线；也可用来标记弯道、进出口匝道、导流标线、车行道变窄、路面障碍物危险路段。

依据《公路交通安全设施设计细则》(JTG/TD81-2017)的规定：

(1)在下列情况下，应在路面标线的一侧设置突起路标，并不得侵入车行道。

①高速公路的车行道边缘线上。

②一级公路互通式立体交叉、服务区、停车区路段的车行道边缘线上。

③互通式立体交叉匝道出入口路段。

(2)隧道的车行道分界线上宜设置突起路标。

(3)下列情况下，可设置突起路标：

①高速公路的车行道分界线上。

②一级公路的车行道边缘线、车行道分界线上。

③纵向减速标线上。

④二级、三级公路的导流线及小半径平曲线、公路变窄、路面障碍物等危险路段。

(4)突起路标可单独设置成车行道边缘线和车行道分界线。

(5)隧道路段、雾区路段等可根据需要设置主动发光型突起路标。冬季积雪路段可不设置突起路标。

突起路标应符合现行《道路交通标志和标线 第2部分：道路交通标志》(GB 5768.2-2022)及《突起路标》(GB/T24725-2009)的规定，当与涂料标线配合使用时，应选用定向反光型，其颜色应与标线一致。考虑到在发生交通事故、火灾等紧急事件时,隧道内可能会临时调整为逆向行车,因此设置于路面中心线、隧道内的突起路标应选用双面反光型。

(六)示警桩(墩)及道口标注

1.示警桩(墩)

三级、四级公路达不到护栏设置标准,但存在一定危险因素的路段宜设置示警桩、示警墩等设施。为提高视认性,起到警示驾驶人道路线形的作用,示警桩、示警墩的颜色应为黄黑相间。在起到诱导视线的作用的同时,也可以起到一定的防护作用。示警桩一般设置于路侧有一定宽度净区、视距良好的路段。示警墩一般设置于路侧净区较小、视距良好、路侧有一定危险程度但危险程度不高的路段。

2.道口标柱

未设置相应指路标志或警告标志的公路沿线的较小平面交叉两侧应设置道口标柱,可提醒主线车辆提高警觉,防范支路车突然出现而造成意外。道口标柱一般沿主线方向,在路口两侧各设置2根,道口标柱的颜色应为红白相间。已经设置指路标志或平面交叉警告标志的路口可考虑不再设置。

(七)抗侧滑护轮带

在陡坡急弯的阴坡路段,冬季积雪,雨天路滑,极易造成车辆侧翻和对面相撞事故。抗侧滑护轮带能够防止车辆滑入路侧水沟或滑下路基,有效地保证了行车安全。抗侧滑护轮带一般设置于急弯或连续急弯的曲线内侧有边沟,且边沟较大、坡度较陡的路段。考虑到路面排水的需要,抗侧滑护轮带应分段布置,每段长4.5 m,间距0.5 m,5 m为一个单元。

(八)视线诱导设施的材料

作为指示和诱导性标志的视线诱导设施设置在道路边缘,如果没有优良的识别性能,特别是夜间的反射性能(识别性能),将不会起到良好的视线诱导效果。由此可见,视线诱导设施的反射器,必须具有优良的反射性能。

根据日本建设省土木研究所的试验研究,在静止条件下,用行驶光束(远光灯)照射时,无论是白色反射器,还是黄色反射器,均能在500 m远处发现,在300 m远处很清晰地看见;用交会光束(近光灯)照射时,无论是白色反射器,还是黄色反射器,均可在200 m远处发现,在100 m远处很清楚地看见。

视线诱导标的反射性能采用国际单位(cd/lx)。根据日本道路协会"《视线诱导标设置标准》"的规定。视线诱导标的反射性能如表7-29所示。

表7-29 视线诱导标不同颜色反射器的反射性能(单位:cd/lx)

坐标	白色			黄色		
	0°	10°	20°	0°	10°	20°
0.2°	3.2	2.6	1.9	2.0	1.7	1.2
0.5°	1.6	1.3	0.9	1.0	0.8	0.6
1.5°	0.05	0.04	0.03	0.03	0.02	0.02

国际标准化组织ISO,对透明(白色)反射器的反射性能(亮度系数)规定如表7-30所示。

表7-30 反射器的反射性能(单位:cd/lx)

入射角/°					
垂直0	±10	0	0	0	0
水平0	0	±20	±30	±240	±50
2.5	1.6	0.85	0.75	0.65	0.55
0.026	0.018	0.01	0.01	0.01	0.01

澳大利亚AS1906(Par2)《定向反射设施》的规定见表7-31。国产的反射器产品,已有厂家试生产,从反射性能测试情况看,可以与国外产品竞争。

表7-31 反射器的反射性能

颜色	观察角/°	最小CIL值/cd/lx	
		入射角/°	
		4	15
白	0.2	8.5	6.00
	0.5	1.5	1.00
	1.0	0.2	0.12

续表

颜色	观察角/°	最小CIL值/cd/lx	
		入射角/°	
		4	15
黄	0.2	5.5	3.00
	0.5	1.1	0.65
	1.0	0.13	0.08
红	0.2	2.5	1.70
	0.5	0.5	0.30
	1.0	0.08	0.05

根据国产反射器在京津塘高速公路、首都机场高速公路上的应用情况，反射器的夜间诱导效果十分明显，可以达到国外反射器的反射效果。

反射器的颜色不同，造成反射性能上的差异，这是由色透射率决定的。根据OECD研究小组的研究报告：在比利时标准中，白色与黄色反射器的反射性能比率为100∶65，日本JISD5500及美国SAEJ594f标准中的比率为100∶62.5，白色与红色的比例为100∶25。

（九）新型太阳能视线诱导标

1. 太阳能视线诱导标的分类

太阳能视线诱导标按功能可分为太阳能轮廓标、太阳能分合流诱导标、太阳能线形诱导标。其中，太阳能线形诱导标又分为太阳能指示性线形诱导标和太阳能警告性线形诱导标。

2. 太阳能视线诱导标的功能

（1）太阳能视线诱导标沿车行道两侧设置，用于明示道路线形、方向、车行道边界及危险路段位置，诱导驾驶员视线。车辆在道路上行驶需有一定的通视距离，以便掌握道路前方的情况。尤其在夜间行驶，仅仅依靠前车灯照明来弄清道路前方的线形，明确行驶方向有一定的困难，采用太阳能视线诱导标可解决这一问题。太阳能视线诱导的可视距离通常小于300 m，能使驾驶人提前对标志引起注意，迅速识别标志的种类和含义，降低车速，准备防范并采取应变措施，从而避免交通事故，保证行车安全和畅通。

（2）太阳能轮廓标主要用于城市道路和公路的地面引导，指示道路线形轮廓。太阳能分合流诱导标主要是指示交通流的分合；太阳能线形诱导标则以指示或警告改变行驶方向为主要目标，它们以不同的侧重点来诱导驾驶人的视线，使行车更趋安全、舒适。

（3）太阳能线形诱导标，分为警告性线形诱导标和指示性线形诱导标，主要设置在事故易发的弯道路段、小半径匝道、中央隔离设施和渠化设施的端部及施工路段处，用以警告或提醒车辆控制车速及行驶方向，避免发生交通事故。太阳能线形诱导标可单独使用，也可组合成群体使用，用户可根据需要任意选择。太阳能警告性线形诱导标设置在特别危险的小半径弯道、小偏角弯道、视距不良的急弯处，警告驾驶人提高注意力。曲线外侧可设置太阳能指示性线形诱导标志，以引导车辆驾驶员改变行驶方向，以便于安全行车。

3.太阳能视线诱导标的特性

太阳能视线诱导标采用太阳能光电技术和超高亮LED技术，它发光亮度高、穿透力强，并以闪烁警示清晰醒目，具有高可视性和高速闪烁特性，从而能有效提高注意力，并能减轻视觉疲劳并使视线更加清晰，可群体同步闪烁，以增强线形诱导警示效果，在夜晚和雨雾天气里可自动控制开启，并闪烁警示。

太阳能视线诱导标利用自然日光能源，故省电、经济、耐压而且简便、无污染，从而能很好地保护环境，节约成本，自发光、反光功能一体化，使夜间可视性大幅度增加；可视距离远，从而可有效促使驾驶人提高警觉，确保公路全线的安全、畅通，进而降低事故率，进一步提高公路现代化管理水平和整体形象，并美化道路景观。

系统设备自动通断无需维护、安全可靠，金属结构均采用热浸镀锌喷塑双层防腐处理，从而能适应恶劣的气候环境。

九、防眩设施设计

（一）眩光

眩光是指在视野范围内，由于亮度的分布或范围不适宜，在空间或时间上存在极端的亮度对比，导致驾驶人的视觉机能或视距降低的现象。

在道路交通中，产生眩光的光源主要有对向来车的前照灯、太阳光、送路照明光源、广告或标志照明、路面反光镜或其他物体表面的反射光。对太阳光，可在驾驶人座位前安装可折叠的遮阳板，在早晨或傍晚正向太阳方向行驶时将其打开，或者佩戴太阳镜；对道路照明光源，可采用截光型或半截光型的灯具来调整光源光线的分布，以减小眩光影响；对广告或标志照明，可采用发光表面柔和的低压荧光灯、外部投光照明或内部照明；而对于对向车辆前照灯带来的眩光影响，就需要设置专门的防眩设施。

1.眩光的分类

眩光按其视觉效应可分为失能眩光和不舒适眩光。前者造成视觉功能方面可度量的损失，它可通过改变眩光条件，根据目标视距的减少量来测定；后者造成舒适程度的降低，但不会损害视觉，目前还没有公认的定量值。失能眩光又称生理性眩光，不舒适眩光又称心理性眩光，它们的影响不同，但无严格的界限。随着亮度由低向高的变化，驾驶人首先有不舒适感，但还不至于影响视觉功能，此时即产生了心理眩光。随着光线亮度的进一步增强，不舒适感趋于严重并伴有视觉功能下降，此时既有心理眩光又有失能眩光；再增加亮度，视觉功能受到严重影响，再提高亮度，严重影响视觉功能，甚至视觉作业无法进行，直至暂时失明——强光盲，这时完全成为失能眩光。汽车在夜间行驶时，驾驶人多数是受到对向来车间断性前照灯强光的直射而出现生理性眩光，又称危害性眩光。

2.眩光对驾驶人的影响

分析驾驶人对行车环境的感觉表明，从道路景观中获得视觉信息对驾驶人来说是相当重要的。驾驶人在行车中要达到安全、快速、舒适的目的，就必须清楚地观察到道路前方一定距离内的情况，获得道路前方线形走向等对安全行驶有用的信息。但在夜间行驶时，视觉环境改变了，驾驶人的视野比白天狭窄，加之眩光干扰，使驾驶人在夜间获得视觉信息的质量显著地降低，行车比白天更困难和更危险。具体表现为：

(1)根据心理研究的成果，驾驶人发现目标经理解、判断，到采取行动，需1.7～2.4 s，因此最少要看到前方80 m路况。在无眩光的情况下，普通车辆的远光灯照射距离都在150～200 m，有的甚至达350 m，可以保证车辆的安全行驶。然而驾驶人遇到强光直射时，常将头转向一边，避开强光，使视线与强光束之间的夹角增大,以减弱眩光的影响。

(2)通过观察驾驶人在会车时车辆在车道上的横向位置表明,在距会车点大约250 m处,大部分驾驶人有一种朝对向车辆方向行驶的趋势,随着距离减小,操纵偏离有明显的降低,这种现象解释为驾驶人在接近冲突点(目标物、会车)。之前“沉着”或“紧张”地操作和侵占别人车道的行为,会车时的眩光还会促使驾驶人意识到对面危险的存在,驾驶人还会有意识地改变横向位置和减速以免与对向车辆碰撞。而在失能眩光的作用下,如果驾驶人不能及时做出上述操作,就有可能导致车辆碰撞或越出路外的事故。实际实验也证明,在夜间会车的过程中,车辆往往会偏离原来正常车道,由于习惯性的转头避光动作和避免碰掩的心理作用,车辆往往会向路侧偏离,如不及时修正操作,车辆就有可能冲出路外,造成严重后果。

(3)由于瞬间的强光直射,将使驾驶人视觉经历一个暗适应过程,眼前“一片漆黑”。发生视力障碍的时间为10 s左右,在这期间驾驶人不适应黑暗环境,看不清前方路况,往往冒险行车而可能发生事故。

(二)防眩设施分类

防眩设施按构造可分为三类:防眩板、防眩网、植树防眩。

1.防眩板是通过其宽度部分阻挤对向车前照灯的光束。防眩板按其原材料材质性能又可分为金属材料防眩板、塑料防眩板、玻璃纤维增强塑料防眩板等。

2.防眩网是通过网格的宽度和厚度阻挡光线穿过,同时将光束分散反射,通过减少光束强度而达到防止对向车前照灯眩目的。

3.植树防眩是在中央分隔带上最先试验采用的防眩措施。它具有防眩、美化路容、降低噪声和诱导交通等多重功能,分为间距型和密集型。

目前在高速公路上广泛应用的防眩设施结构形式主要是防眩板,其次是植树、防眩网。防眩板是一种经济美观、对风阻挡小、积雪少、对驾驶人心理影响小的比较理想的防眩结构形式。

(三)防眩设施设计指导思想

1.防眩设施应按部分遮光原理设计

防眩设施既要有效的遮挡车辆前的照灯眩光,也应使横向通视好,能看到斜前方，以减小对驾驶人的心理影响，因此防眩设施应采用部分遮光原理设计。国外的试验研究结果表明，相会两车达到某一距离时，眩光会对视距产生较大的影响，但当非常接近（小于50 m）时，光线对视距影响不大。通过试验得出防眩设施不需要很大的遮光角就可获得良好的遮光效果，因此设计时允许部分车灯光穿过防眩设施。

2.设置防眩设施不应减少公路的停车视距

（1）在曲线半径较小且中央分隔带较窄的弯道上，设置防眩设施可能会影响曲线外侧车道的视距。因此，在设置防眩设施之前应进行停车视距的分析，保证设置防眩设施后不会减小停车视距。

（2）弯道上设置的防眩设施如果经检验影响了视距，则可考虑降低防眩设施的高度。降低高度后的防眩设施可阻挡对向车前照灯的大部分眩光，且驾驶人能看见本车道前方车流中最后一辆车的顶部，这个高度值一般为1.2 m左右。另外也可考虑将防眩设施的设置位置偏向曲线内侧，但此方法对于较小半径的弯道来说，效果并不明显，景观效果也不好，因而主要在较大半径的曲线路段采用。

如采取上述方法仍不能得到较好的防眩效果和景观效果，则不宜在中央分隔带上设置防眩设施。如确需设置，则可采取加宽中央分隔带的方法，使车到边缘至防眩设施之间有足够的余宽，以保证停车视距。

3.防眩设施所用材料不得反光

防眩设施各部件可采用钢材、塑料或其他不易变形的材料加工制作。其表面不允许反光，其颜色应符合《视觉信号表面色》（GB/T 8416-2003）的规定。

4.防眩设施结构计算可参考交通标志的相关内容

防眩设施在满足构造要求的前提下，一般能抵抗风载的破坏，可不进行力学计算。但在经常遭受台风袭击的沿海地区和常年风力较大、会刮倒树木或破坏道路设施的地区，在设计上应对防眩板及其连接部件或基础进行力学验算。

（四）防眩设施设置依据与原则

1.设置依据

防眩设施可防止对向车辆前照灯的眩目，改善夜间行车条件，增大驾驶员的视距,消除驾驶人夜间行车的紧张感,降低事故发生率。防眩设施还可以改善道路景观,诱导驾驶员视线克服行车的单调感。下列情况可作为考虑设置防眩设施的依据:

(1)夜间相对白天事故发生率较高的路段。

(2)夜间交通量大,特别是货车等大型车混入率较高的路段。

(3)不寻常的夜间事故(尾撞、碰撞路侧结构物或从弯道外侧越出路外)较多的路段。

(4)中央分隔带宽度小于3 m的路段。

(5)平曲线半径小于一般最小半径的路段。

(6)夜间事故较集中的凹形竖曲线路段。

(7)道路使用者对眩光程度的评价。

2.设置原则

(1)高速公路、一级公路凡符合下列条件之一者,应设置防眩设施,详述如下:①中央分隔带宽小于9 m的路段。②夜间交通量较大,服务水平达到二级以上的路段。夜间车流量大、大型车混入率较高的路段,需设置防眩设施。③圆曲线半径小于一般值的路段。④凹形竖曲线半径小于一般值的路段。⑤公路路基横断面为分离式断面,上下车行道高差≤2 m时。⑥与相邻公路或交叉公路有严重眩光影响的路段。⑦连拱隧道进出口附近。

(2)非控制出入的一级公路平面交叉、中央分隔带开口两侧各100 m(设计速度≥80 km/h)或60 m(设计速度60 km/h)范围内可逐渐降低防眩设施的高度,由正常高度降至开口处的高度,否则不宜设置防眩设施。

(3)在无封闭设施的路段是否设置防眩设施、选择什么类型的防眩设施应予慎重考虑。如确需设置,则应选择好防眩设施的形式和高度,即尽量不给人、牲畜随意穿越的可能,又要有利于驾驶人横向通视。

(4)公路沿线有连续照明设施的路段,可不设置防眩设施。在有连续照明设施的路段,车辆夜间一般都以近光灯行驶,会车时眩目影响不大,因此,可考虑不设置防眩设施。

(5)防眩设施连续设置时,应符合下述规定:①应避免在两端防眩设施中间留有短距离间隙。防眩设施的设置应考虑连续性,避免在两端防眩设施之间留有短距离的间隙。②各结构段应相互独立,每一结构段的长度不宜大于

12 m。防眩板应以一定长度的独立结构段为制造和安装单元，这种结构段的长度一般小于12 m，视采用材料、工艺情况而定。③结构形式、设置高度、设置位置发生变化时应设置渐变过渡段，过渡段长度以50 m为宜。防眩设施的设置高度原则上应全线统一。不同防眩结构的连接应注意高度的平滑过渡，不要出现突然的高度变化。

（五）防眩设施的形式选择

1.选择防眩设施形式时，应针对公路的平纵线形、气候条件，充分比较各种防眩设施的性能，分析行驶安全感、压迫感、景观要求，并考虑与公路周围环境的协调性，结合经济性、施工条件及养护维修等因素综合确定。

除植树灌木外，在公路上设置的防眩设施有很多形式，总的来说有网格状的防眩网、栅栏式的防眩网、扇面式的防眩扇板、板条式防眩板等。在制造材料方面，有金属、塑料、玻璃钢等。防眩板、防眩网和植树防眩综合性能比较如表7-32所示。根据三种构造物在高速公路或一级公路上的使用效果以及综合评判，认为防眩板的防眩效果最好。防眩板是一种经济、美观对风阻挡小、积雪少、对驾驶人心理影响小的防眩设施，尤其是适当板宽的防眩板与混凝土护栏配合使用效果更佳。

表7-32　不同防眩设施的综合比较

特点	植树(灌木)		防眩板	防眩网
	密集型	间距型		
美观	好		好	较差
对驾驶人的心理影响	小	大	小	较小
对风阻力	大		小	大
积雪	严重		轻微	严重
自然景观配合	好		好	不好
防眩效果	较好		好	较差

续表

特点	植树(灌木)		防眩板	防眩网
	密集型	间距型		
经济性	差	好	好	较差
施工难易	较难		易	难
养护工作量	大		小	小
横向通视	差	较好	好	好
阻止行人穿越	较好	差	较好	好
景观效果	好		好	差

2. 高速公路、一级公路宜采用防眩板和植树两种方式交替设置进行防眩,在进行技术经济论证后,也可采用其他的防眩形式。

3. 中央分隔带护栏间距小于树冠直径时,或植树对中央分隔带通信管道有影响时不宜采用植树防眩。

(六)防眩设施结构设计

1. 防眩设施构造主要参数

防眩板的结构设计要素主要有:遮光角、防眩高度、板宽、板的间距等。其中,遮光角和防眩高度是重要指标。

(1)遮光角

由于在中央分隔带连续设置一定间距、一定宽度的防眩板后,当与前照灯主光轴成一定水平夹角(遮光角)的光线照射到防眩板上,刚好被相邻两块板条所阻挡,所以说遮光角是重要参数。

(2)防眩高度

防眩设施的高度与驾驶人的视线高度和前照灯的高度有直接关系。在公路线形设计中我国采用的驾驶人视线高度标准值是1.2 m,而在实际行驶的车辆群体中,由于车辆结构和驾驶人个体等因素的差别,驾驶人的视线高度变化很大。根据调查,我国汽车驾驶人视线高度和汽车前照灯高度建议值如表7-33所示。

表7-33 我国驾驶人视线高度和汽车前照灯高度值(单位:m)

车种	视线高度 h_1	前照灯高度 h_2
大型车	2.0	1.0
小型车	1.3	0.8

(3)防眩板的板宽

防眩板宽度可采用8～25 cm,所用材料应符合《防眩板》(GB/T24718-2023)的规定。

(4)防眩设施的间距

防眩板条的间距规定为50～100 cm,主要是为了与护栏的设置间距相吻合,同时也有利于加工制作。另外,还在于按此间距计算出的板宽能很好地与护栏顶部宽度尺寸相配合。植树防眩的树丛间距应根据树冠有效直径经计算确定。

2.防眩板的结构形式

防眩板与中央分隔带护栏配合设置,在结构处理上可以有三种方法:防眩板单独设置、防眩板设置在波形梁护栏的横梁上、防眩板设置在混凝土护栏上。

(1)防眩板与混凝土护栏结合

这种结构形式主要依赖混凝土顶上预埋件来实现,一般采用焊接。

(2)防眩板与波形护栏结合

这种结构形式可在护栏上加横梁(槽钢),防眩板定在横梁上,也可在组合型护栏立柱上固定防眩板。

(3)防眩板单独竖立

立柱将防眩板埋设在中央分隔带护栏的中央。

参考文献

REFERENCES

[1]白苡琨.营运车辆技术状况及安全隐患对道路交通安全的影响分析及对策研究[D].西安:长安大学,2014.

[2]柴如丛.公路交通工程中安全设计的若干问题浅析[J].建筑工程技术与设计,2013,(9):92-93.

[3]戴帅.我国城市道路交通安全问题及对策[J],综合运输,2015,5,07:9-12+21.

[4]董伟.城市道路交通管理设施设置技术[J].科技资讯,2022,20(7):97-99.

[5]冯引军.公众道路交通安全教育问题研究[D].太原:山西财经大学,2014.

[6]何杰.道路交通安全分析方法体系与应用[M].南京:东南大学出版社,2022.

[7]李达.道路交通标志识别方法与实验系统开发研究[D].天津:天津职业技术师范大学,2023.

[8]李锦裳.城市道路交通安全管理措施研究[D].西安:陕西师范大学,2013.

[9]李亚军.国省道路交通安全管理与事故预防策略研究[J].辽宁警察学院学报,2022,24(1):74-79.

[10]栗海翔.基于环境的道路交通安全分析[J].河北交通职业技术学院学报,2011(1):38-40,55.

[11]刘海涛.道路交通安全设施设计措施分析[J].运输经理世界,2021(16):121-123.

[12]马骏.数据赋能让道路交通安全管理更高效[J].道路交通管理,

2022(4):1.

[13]邱智宣.建成环境对城市道路交通安全风险的影响研究[D].重庆:重庆交通大学,2023.

[14]上海市路政局,上海市城市建设设计研究总院(集团)有限公司.城市道路交通标志、标线、信号设施养护技术标准[M].上海:同济大学出版社,2018.

[15]谭正平,牟小军,廖文俊,等.交通事故车辆安全技术状况鉴定实务探讨[J].警察技术,2023(2):23-27

[16]唐劲婷,黄合来. 城市交通"灰色违规"驾驶行为巧探的[J]. 交通信息与安全,2014,05:191-197.

[17]汪利利,当代中国安全文化及其对交通安全的影响研究[D].西安:长安大学,2015

[18]王金彪.关于道路交通应急管理的实践与思考(上)[J].道路交通管理,2015(11):10-12.

[19]王亮,赵磊,赵新勇,等.城市交通信号控制实战应用 以北京城市副中心为例[M].南京:东南大学出版社,2022.

[20]王雪松.交通安全分析[M].上海:同济大学出版社,2022.

[21]王岩作.道路交通安全过程基础理论与应用[M].北京:机械工业出版社,2021

[22]魏丽英,邵春福,闫学东.城市交通系列教材 城市交通调查 第2版[M].北京:北京交通大学出版社,2022.

[23]汶爱萍.浅析道路交通安全治理的关键因素及国外经验[J].道路交通管理,2022(9):21-23.

[24]徐跃如.冬季道路维护对交通安全的影响分析[D].南京:东南大学,2015.

[25]喻恺,王安格,薛逻维等.道路交通安全主动防控探究[J].中国交通信息化,2022(7):132-136.

[26]张健. 交通安全设施的施工技术剖析[J],江西建材2015,15:121-122.

[27]张杰,陆宇红,张娱,等.重特大交通事故中道路设施及安全管理问题解析.2021.

[28]张显强，孟娇，徐梅，李寓星.道路交通安全理论与实践[M].北京：中国人民公安大学出版社，2021.

[29]赵鹏燕.路侧干扰影响下低等级道路交通安全风险韧性研究[D].昆明：昆明理工大学，2023.

[30]赵艳艳.城乡居民应急文化培育研究[D]北京：中国政法大学，2014.

[31]周忠华.基于环境的道路交通安全分析[J].北方交通，2011(9)：72-74.